Franz Schiermeier

AU

Reiseführer für Münchner

Franz **Schiermeier** Verlag **München**

Ein besonderer Dank für ihre Hilfe geht an
Herrn Plechinger von den Freunden der Vorstadt Au,
Frau Waldher vom Landratsamt München,
Matthias Stolz, den Geschäftsführer der Museums-Lichtspiele, Karin Schnell vom Bayerischen Nationalmuseum,
Peter Klimesch für seine Informationen zur Nockherstraße, das Statistische Amt der Landeshauptstadt
München, die Paulanerbrauerei, Frau Hagn von der
Bayerischen Hausbau, die Familie Koppenhöfer und an
die „Auer" Christopher Knoll und Alexander Deeg für die
Unterstützung bei der Bearbeitung des Buches.

Die Au **bei** München. Das gilt eigentlich immer noch. So richtig angekommen ist die Au nämlich immer noch nicht in der Großstadt. Zum Glück. Denn damit hat sich der Stadtteil viel von seiner liebenswerten Art erhalten und ist noch nicht durchgentrifiziert wie Schwabing und die Isarvorstadt.

Lange wollte man die Au und viel mehr noch die Auer und die Auerinnen auch gar nicht in der Stadt haben. Jahrhundertelang hat die Stadt mit allen Mitteln versucht, Abstand zu halten: die Münchner Handwerker und ihre Zünfte, die sich von den billigeren Arbeitskräften in der Au das Geschäft nicht kaputt machen wollten und die reichen Münchner Bürger, die den Armenhaushalt der Au nicht mitfinanzieren wollten.

Gebraucht hat man sie schon die einfachen und ärmeren Leute der Au – für die Baustellen in der Stadt und die schlecht bezahlten Arbeitsplätze – aber bevor die Stadttore geschlossen wurden, wollte man sie auch wieder loswerden.

In dieser so anderen parallelen Gesellschaft der Au haben sich dadurch ganz spezielle Eigenheiten entwickelt, nicht nur in der Bauweise – bis ins 20. Jahrhundert war die Au durch die zwar malerischen aber meist armseligen Herbergen geprägt. In kaum einem anderen Stadtviertel haben sich mehr Postkartenmaler herumgetrieben als in der Auer Quellengasse. Auch das *Charakter-Gemälde* der Auer und Auerinnen hat eine besondere Farbigkeit, wie Adolf von Schaden 1835 schreibt. Mit großem volkskundlichen Interesse hat man die Bewohner der Au studiert, während die Auer selbst in ihren Eigenheiten durchaus ihren Stolz und ihr Selbsbewusstsein entwickelt haben.

Heute ist davon nicht viel übrig geblieben: die Herbergen sind bis auf wenige Reste durch Krieg und Abriss entsorgt und großräumig ersetzt durch recht simple Wohnstangen, die man in den letzten Jahren etwas aufgemöbelt hat und die Auer werden ihrem zweifelhaften Ruf von früher schon lange nicht mehr gerecht.

Geblieben ist ein erstaunlich unaufgeregtes und lebenswertes Stadtviertel unterhalb und oberhalb der Isarhangkante, das sich hoffentlich noch etwas den Aufwertungen entziehen kann, auch wenn in den nächsten Jahren auf dem Paulanergelände eine der größten Umwertungen ansteht. Zu Entdecken gibt es jedenfalls immer noch genug in der Au.

Franz Schiermeier
München, im Herbst 2016

Inhalt

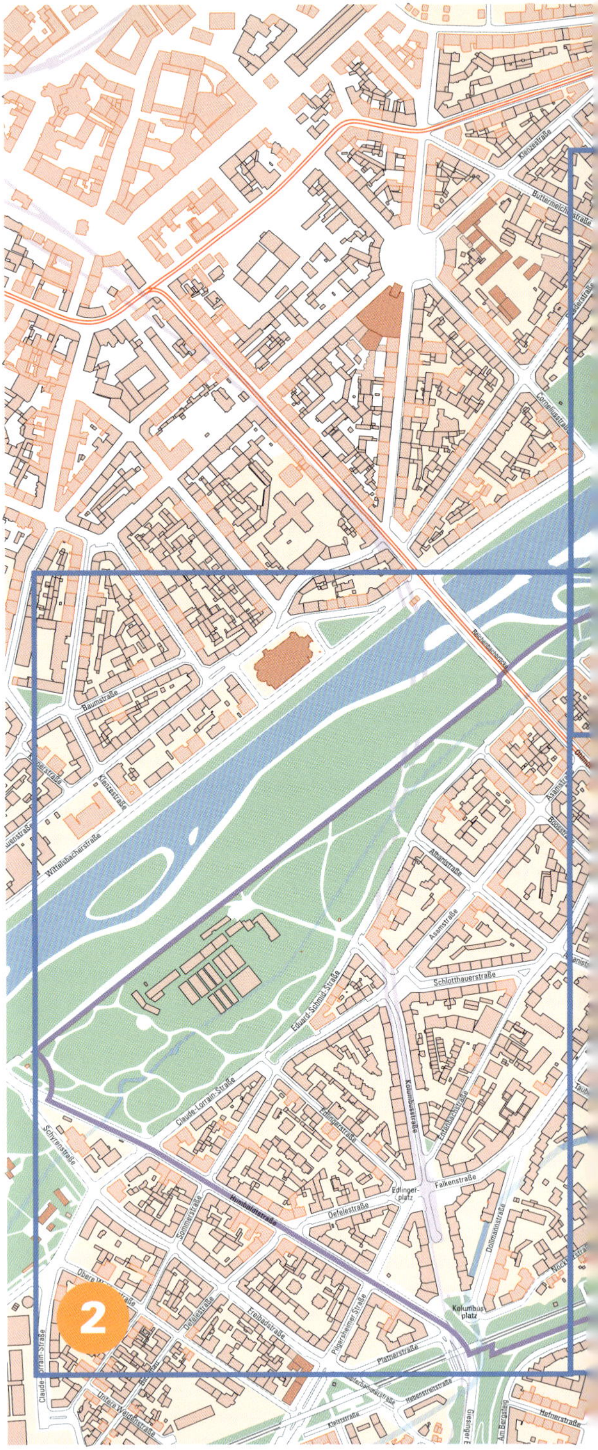

2
Baumstraße
Wittelsbacherstraße
Schlotthauerstraße
Asamstraße
Kolumbusstraße
Falkenstraße
Humboldtstraße
Claude-Lorrain-Straße
Pilgersheimer Straße
Kolumbusplatz

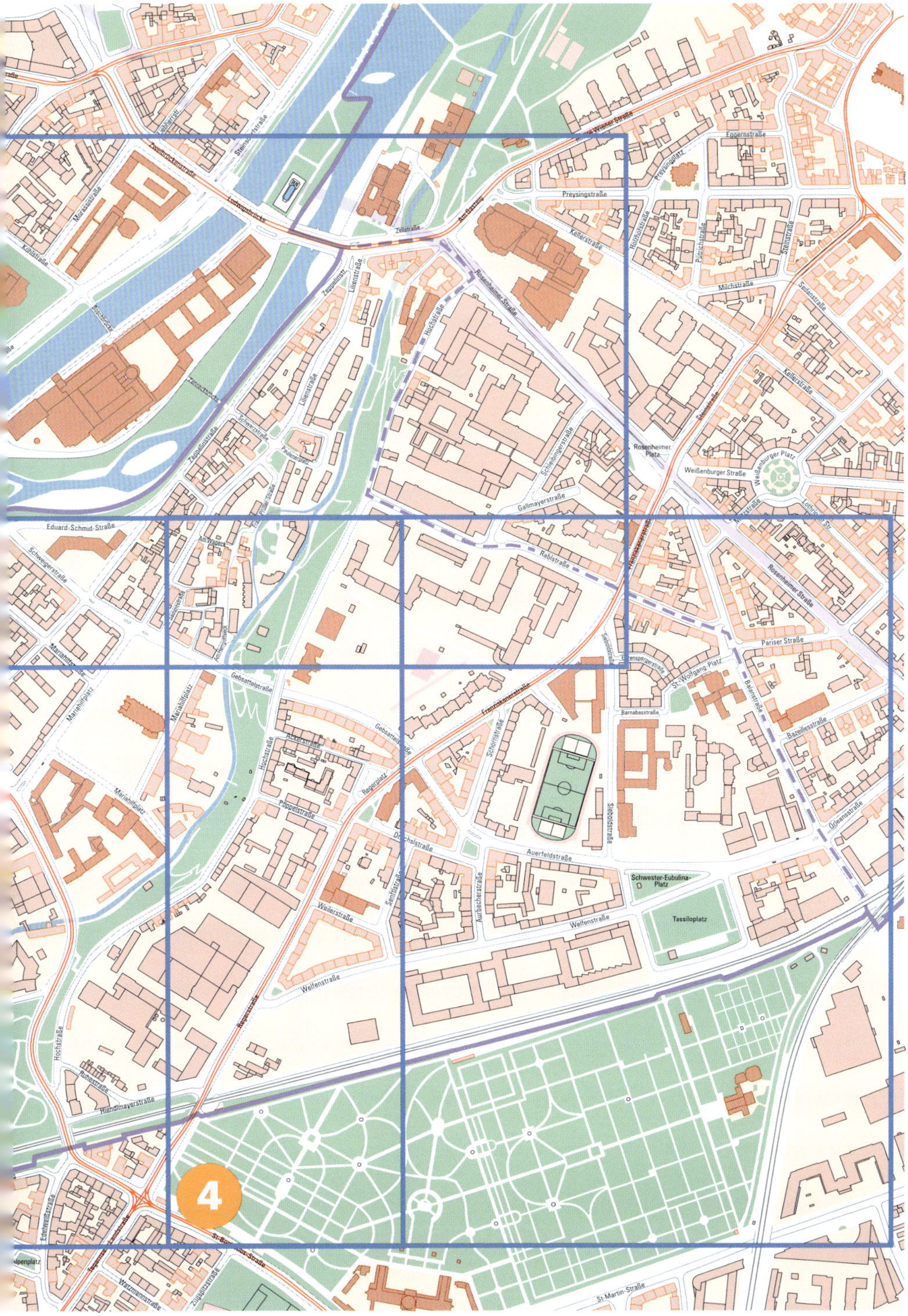

Ludwigsbrücke
Zellstraße
Am Gasteig
Preysingstraße
Preysingplatz
Eggernstraße
Kellerstraße
Milchstraße
Steinstraße
Lilienstraße
Hochstraße
Rosenheimer Straße
Rosenheimer Platz
Weißenburger Platz
Weißenburger Straße
Gallmayerstraße
Rablstraße
Pariser Straße
St.-Wolfgang-Platz
Barnabasstraße
Balanstraße
Bazeillesstraße
Orleansstraße
Eduard-Schmid-Straße
Gebsattelstraße
Mariahilfplatz
Franziskanerstraße
Sieboldstraße
Regerplatz
Auerfeldstraße
Schwester-Eubulina-Platz
Tassiloplatz
Welfenstraße
Weilerstraße
Regerstraße
Hiendlmayrstraße
St.-Bonifatius-Straße
St.-Martin-Straße
4

Topographie

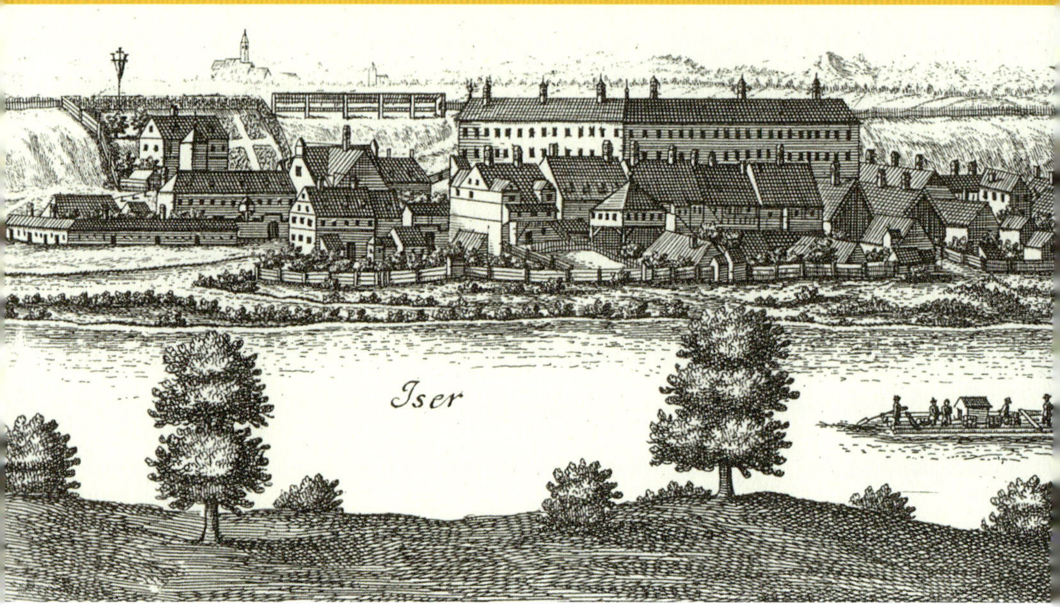

Die Entstehung der Au

Die Oberflächengestalt des Münchner Stadtgebiets in seiner heutigen Form hat sich im Wesentlichen in der letzten Eiszeit, der so genannten Würm-Eiszeit, vor ca. 20.000 Jahren gebildet. Die Form des Geländes wird bestimmt durch die schräge, nahezu gleichmäßig abfallende Fläche der Münchner Schotterebene und den Verlauf des Isarflusses, der sich in diese Ebene eingetieft hat. Die Schotterebene, die das ganze Stadtgebiet übergreift, ist das Ergebnis mehrerer Eiszeiten, in denen große Kies- und Geröllmassen von den Schmelzwasserbächen der Alpengletscher aufgeschüttet wurden, die bis an das heutige Stadtgebiet reichten.

In diesen Schotterkegel und in den darunterliegenden tertiären Flinz hat sich die Isar tief eingeschnitten. Die Ränder der Ausschwemmungen durch den Flusslauf, bzw. die Kanten der dadurch entstandenen Uferterrassen zeigen sich heute am östlichen Isarufer in Form des steil abfallenden Hochufers von der Menterschwaige bis Bogenhausen. Im Westen wird die so genannte Niederterrasse durch die Geländestufe begrenzt, die im Stadtgebiet an der Prinz-Ludwig-Höhe in Thalkirchen beginnt, über das Sendlinger Hochufer zur Hangkante an der Theresienwiese und bis zum Maßmannsbergerl verläuft und weiter nördlich verflacht. In diesen älteren Trog der eingeschnittenen Niederterrasse hat die Isar neuere Terrassen in der letzten Eiszeit aufgeschüttet. Auf der Altstadtterrasse wurde die Münchner Siedlung gegründet, in sicherem Abstand zur Isar.

Veränderungen des Flussbetts seit 1704

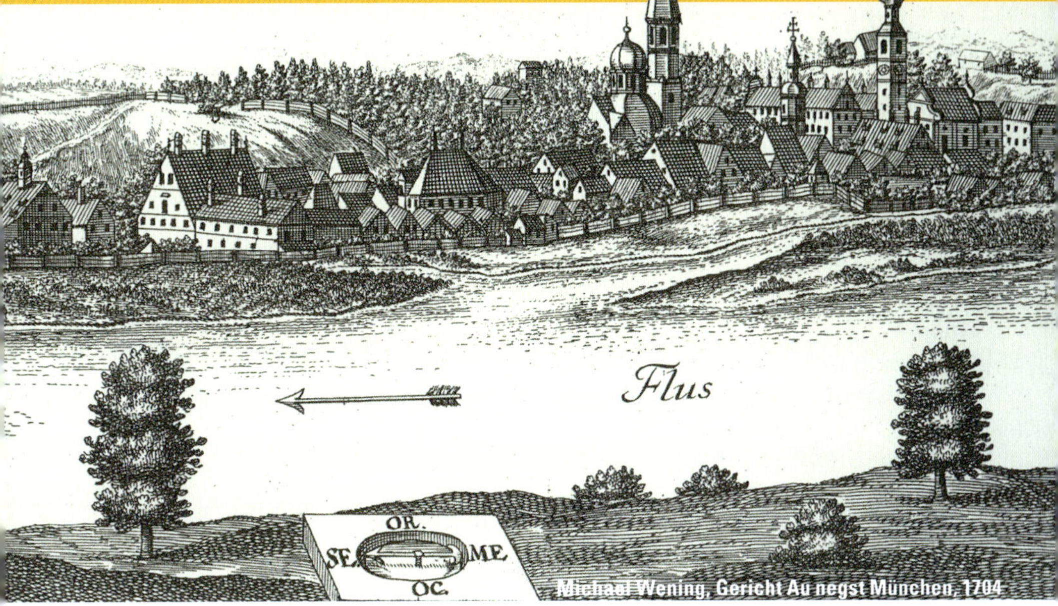

Michael Wening, Gericht Au negst München, 1704

Die Bildung von Auen

Die Grundfläche der Au hat sich erst sehr spät gebildet. Im Prinzip besteht die gesamte untere Au aus den Anschwemmungen der Isar, die im Verlauf der Jahrtausende, aber auch seit der Stadtgründung durch technische Einflüsse ständig ihren Lauf verändert hat und vor ihrer Regulierung gewaltige Mengen an Kies aus dem Oberland hierher und weiter transportiert hat. Da sich die Isar über die Zeit immer mehr in den Kiesgrund eingegraben hat, bildeten sich Auen und fielen die angeschwemmten Bereiche trocken, wenn sie nicht beim nächsten Hochwasser wieder weggeschwemmt wurden.

Arbeiten am Fluss

Im Verlauf der Stadtgeschichte wurde der Flusslauf der Isar ständig bearbeitet. Die Floßfahrt und die Holztrift waren bedeutende Wirtschaftszweige, dafür mussten die Flussstrecke und die Ufer in der Stadt aufwändig in Schuss gehalten werden. Für die Versorgung der Stadtbäche mit Wasser zum Antrieb der Mühlen musste der Hauptstrom des Flusses über Jahrhunderte mit Wuhren und anderen Wasserbauten in günstige Richtungen gelenkt werden und genauso wichtig war der Schutz der Stadt vor der ständigen Hochwassergefahr.

Erst die Lenkung des Flusslaufs in westliche Richtungen zum Auslass des Großen Stadtbachs beim heutigen Flaucherwehr, der Bau von Dämmen und die geplante Eintiefung des Flussbetts in den Schottergrund durch Begradigungen hat die Au „trockengelegt". Und hochwasserfrei geworden ist die Au erst Ende des 19. Jahrhunderts – hoffentlich.

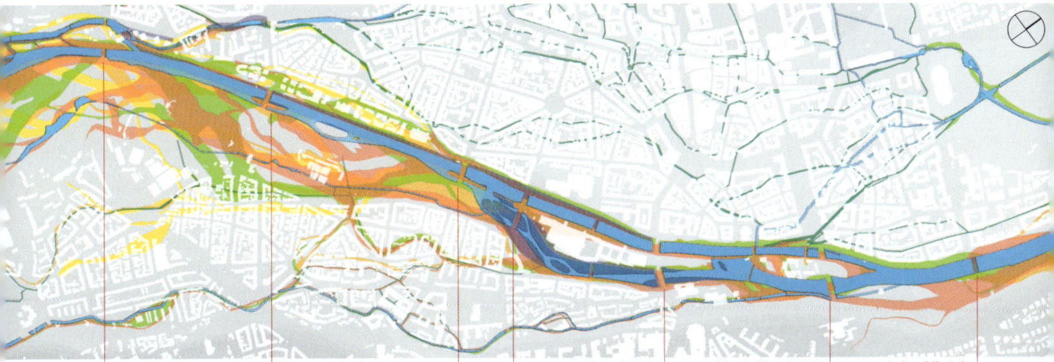

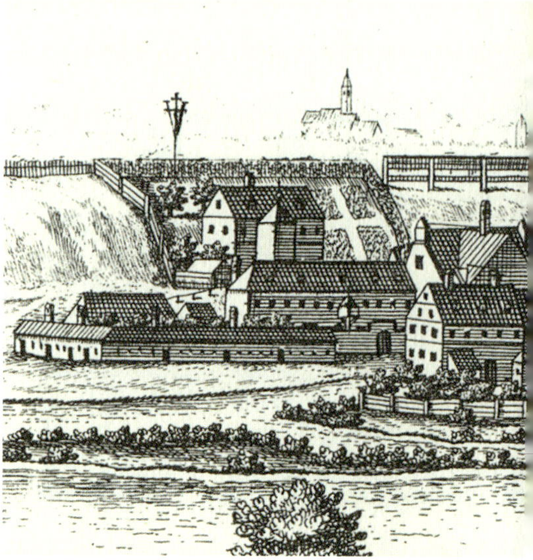

Erste Besiedlungen

Die frühesten Besiedlungen der Au sind urkundlich nicht belegt. Als eine der ersten verbürgten Einrichtungen am Auer Mühlbach gilt die heutige Bäckerkunstmühle, 957 wurde sie auf einer Urkunde erwähnt, sie liegt heute in Untergiesing. Als Ort „Owe" wird die Au erstmals in Urkunden von 1249 und 1289 genannt: der Münchner Bürger Konrad Munsterer verkaufte seine Besitzungen in der Au an die Äbtissin des Klarissinnenklosters. Die Lage dieser Grundstücke kann man heute nicht mehr bestimmen.

Lange – bis zur Mitte des 15. Jahrhunderts blieb die heutige Au nur spärlich bebaut. Nur 127 Steuerzahler gab es im Jahr 1583 in der Au. Die geringe Humusdeckung auf den sandigen und kiesigen Böden verhinderte eine ertragreiche Landwirtschaft, die ständige Hochwassergefahr erschwerte den Hausbau. Vorwiegend Fischer nutzten die zahlreichen Fischweiher und das Quellwasser aus dem Isarhang. Auch für die *niedere Jagd*, also die Jagd auf Niederwild war die Au geeignet, eines der ersten Häuser in der Au soll das Anwesen eines Wild- und Aumeisters gewesen sein.

Gartenhäuser für die Münchner

Große Teile der Au blieben im Besitz von adligen *Grundherrn*, bekannten und bedeutenden Adelsfamilien wie den Preysing, den Maxlrainer, der Familie Waldeck und den bayerischen Herzögen, auch das Angerkloster gehörte zu den bedeutenden Grundbesitzern. Herzog Wilhelm IV. als leidenschaftlicher Jäger ließ das Jagd- und Lustschloss Neudeck anlegen als Ausgangspunkt für herzogliche Jagden bis nach Grünwald, dazu kamen später ein Falkenhof für die Aufzucht und den Unterhalt der Jagdfalken, Einrichtungen zur Fischzucht, der Erwerb weiterer Grundstücke – die Au wurde zum Sommersitz der bayerischen Herzöge bis ins 17. Jahrhundert. Auch begüterte Münchner Bürger ließen sich am Isarhang in der Nähe des Auer Mühlbachs Gartenhäuser errichten bzw. erwarben Grundstücke wie die Familien Ridler und Ligsalz.

Großen Einfluss für die weitere Entwicklung der Au hatte die Entscheidung des bayerischen Herzogs Wilhelm V., des Frommen, der sich nach seiner Abdankung 1597 um eine klösterliche Einrichtung an seinem Alterssitz bemühte. Schließlich wurde das Kloster 1627 mit Paulanermönchen besetzt, die auch die Seelsorge der neuen Pfarrei Neudeck/Au übernahmen. Bis dahin gehörte das Gebiet der Au zur Pfarrei Bogenhausen.

Die Paulaner versorgten auch die sich rasch entwickelnde Wallfahrt, für die bis 1639 eine erste Mariahilfkirche gebaut wurde und betrieben eine Klosterbrauerei, aus der sich eine der bedeutendsten Brauereien Münchens entwickelte.

Arbeiter für die Stadt

Die wirtschaftliche und politische Entwicklung der Residenzstadt führte zu großen Neubauten wie dem Ausbau der herzoglichen Residenz, dem Neubau des Jesuitenklosters und der Michaelskirche. V.a. aber der Ausbau der Befestigungsanlagen im Vorfeld des 30jährigen Kriegs erforderte eine große Zahl von Fachkräften und einfachen Arbeitern. Die meisten kamen aus dem Umland. In der Au sammelten sich viele von ihnen, die es auf der Suche nach Arbeit vom Land in die Nähe der Stadt getrieben hatte. Als Einwohner oder Bürger aufgenommen wurden sie jedoch in der Residenzstadt nicht. Außerdem gab es zahlreiche Landstreicher, Bettler und Kriminelle, die ebenfalls von der Stadt angezogen wurden. In der Au kamen sie mehr schlecht als recht in den Herbergen unter, die meist auf Grundstücken des Adels und der Fürsten und beinahe planlos entstanden, teils unter hygienisch bedenklichen Umständen, die erst Ende des 19. Jahrhunderts langsam verbessert wurden.

Gegenüber der bürgerlichen Residenzstadt auf dem linken Isarufer entstand eine Art Gegenstadt auf dem gegenüberliegenden Ufer und bis 1854 außerhalb des Münchner Burgfriedens. Das Verhältnis des althergebrachten Stadtbürgertums zu den unterprivilegierten Bevölkerungsschichten war über Jahrhunderte geprägt von gegenseitigem Misstrauen und argwöhnischer Beobachtung. Erst in der Zeit nach dem Zweiten Weltkrieg haben sich diese Unterschiede geglättet.

Manufakturen und Handwerker

Die Lage am Auer Mühlbach war der entscheidende Faktor für die Entwicklung der Au zu einem frühen Gewerbegebiet. Seit Mitte des 14. Jahrhunderts bestand auf dem Kegelhofgelände eine der frühesten Papiermühlen, lange die bedeutendste im Münchner Raum, wenige Jahre später begann eine weithin bekannte Klingenschmiede im Wageck mit der Herstellung von Waffen, die weit über Bayern hinaus Anerkennung fanden.

Der Versuch, den oft unbeschäftigten Einwohnern der Au Arbeitsplätze zu verschaffen, war mit ein Grund für die Ansiedlung von Gewerbe, der kurfürstliche Hof baute 1679 ein großes Fabrikgebäude zur Herstellung von Seide. Nach dem Scheitern der Einrichtung folgten hier Produktionsstätten für die Armee, in denen bis zu 2.000 Beschäftigte arbeiteten. Aufgrund der wechselnden Erfolge dieser Betriebe blieben nach dem Scheitern in der Au nur noch mehr arbeitslose Bewohner, die zunächst für die Manufakturen und Werkstätten angeworben worden waren.

Die Auer Handwerker waren jedoch bis 1776 nicht den Handwerkszünften der Stadt München verpflichtet, daher konnten sie viele Leistungen deutlich billiger anbieten. Zahlreiche Auseinandersetzungen mit den Münchner Handwerkern waren die Folge. Die jeweiligen Landesherren reagierten durchaus nicht im Sinne der Münchner Besitzbürgerschaft, denn die billigen Arbeitskräfte aus der Au waren ihnen eine willkommene Konkurrenz zu den Münchner Handwerkern.

Städtebauliche Entwicklung der Au

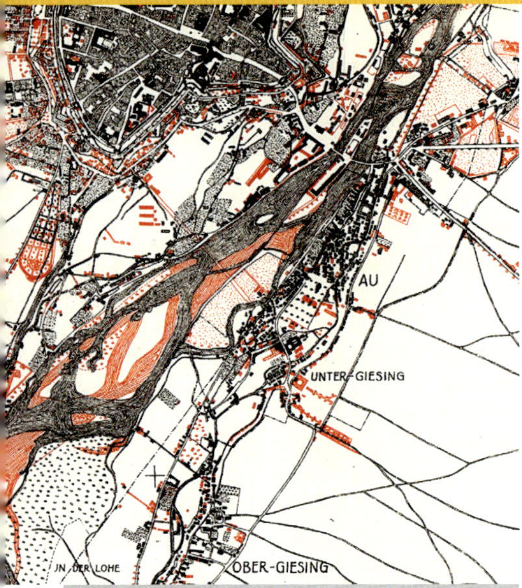

1808 bis 1833

1858 bis 1883

Vom Fischerdorf zur Vorstadt III. Klasse

Um 1800 gab es in der Au kaum mehr als 5.000 Einwohner in ca. 400 Häusern. Der Großteil der Bebauung lag im nördlichen Teil zwischen dem Isarhang und der Isar bzw. dem Entenbach, der 1863 überwölbt und 1901 aufgelassen wurde. Der Entenbach bildete die Grenze des Auer Gemeindegebiets, die Fläche westlich davon – der Bereiteranger zur Isar hin – gehörte bereits zur Stadt München. Frei geblieben ist über Jahrhunderte die große Fläche des heutigen Mariahilfplatzes aufgrund von Weiderechten der Giesinger Bauern. Im Süden davon sind die ehemaligen Gebäude des herzoglichen Sommersitzes Neudeck und v.a. die Klosteranlage der Paulanermönche zu sehen, seit 1813 im Besitz des Bierbrauers Zacherl. Bis 1833 ließ Zacherl auf dem Hochufer einen großen Bierkeller anlegen, aus diesem Bau entstand bis ins 20. Jh. die Produktionsstätte der Hacker/Pschorr- und Paulanerbrauerei. Nahebei ist die neue Anlage des Auer Friedhofs zu sehen und am nördlichen Ende der Hochstraße zum Gasteig hin die Schießstätte der Vorstadt Au.

Eingemeindung 1854

Die jahrhundertelangen Auseinandersetzung zwischen der Residenzstadt München und der Au fanden erst 1854 zumindest ein formales Ende, als Giesing, die Au und Haidhausen zur Gemeinde München eingemeindet wurden. Bereits 1832 war mit der Reichenbachbrücke eine weitere Brückenverbindung nach Westen zum Münchner Stadtgebiet entstanden – nach jahrzehntelangen Forderungen der Auer Bürger und großenteils von ihnen finanziert. Um 1870 wurde der ehemalige Bereiteranger besiedelt. Erst durch die Hochwasserdämme auf beiden Seiten der Isar war dies möglich geworden. 1872 entstand eine weitere Fußgängerbrücke über die Isar: ein Vorläufer der Wittelsbacherbrücke. Der Ausbau der Bahnlinie nach Braunau führte auch durch das Gebiet der Au – einen Bahnhof erhielten weder sie noch die Giesinger. Besiedlungen der Hochau erfolgten zunächst entlang der alten Fürstenstraße, der heutigen Hochstraße. Bis 1859 wurde der große Komplex der Irrenanstalt in die Hochau gesetzt.

1883 bis 1908

1933 bis 1958

Erschließung der Hochau

Um die Jahrhundertwende begann der Abriss der Herbergen, die teils von Investoren aufgekauft wurden, teils von der Stadtgemeinde. Nach dem schweren Hochwasser von 1899 entstanden mehrere Isarbrücken neu, mit der Corneliusbrücke im Zusammenhang mit dem Neubau des Muffatwehrs erhielt die Au eine weitere Verbindung zur Innenstadt, die mit der Auffahrt zum Gebsattelberg und der Durchführung der Hochstraße über die Gebsattelbrücke auch eine lange geforderte Weiterführung zur Hochau bildete.

Gebsattelbrücke

Große Teile der unteren Au wurden bis 1908 besiedelt. Bis 1893 entstand an der heutigen Eduard-Schmid-Straße eine neue Stadtgärtnerei und Baumschule mit Gewächshäusern.

Bis 1899 war eine durchgehende Promenade entlang der Isar am rechten Ufer von der Au bis zur Großhesseloher Brücke fertig. Auch in der Hochau erfolgte eine Verdichtung. Südlich der Bahnlinie entstand seit 1989 der neue Ostfriedhof als Erweiterung des alten Auer Friedhofs.
Von 1883 bis 1908 stieg die Einwohnerzahl der Au beinahe auf das Doppelte auf ca. 24.000 Einwohner, kaum weniger als heute.

Zerstörung und Wiederaufbau

Wie der Großteil der Münchner Innenstadt wurde auch die Au, v.a. in den letzten Kriegsjahren des Zweiten Weltkriegs durch Luftangriffe schwer getroffen. Bei dem bis dahin schwersten Luftangriff am 25. April 1944 erhielt die Mariahilfkirche weitere Treffer, die Mariahilfschule und auch ein großer Teil der noch erhaltenen Herbergen wurden zerstört – die alte Au existierte nicht mehr. Von den 8.564 Wohnungen in der Au waren 4.120 zerstört.
Beim Wiederaufbau wurden im Wesentlichen zwar die alten Straßenführungen beibehalten, die vielteiligen Formen der Herbergen wurden nicht übernommen sondern durch eine Mischung aus Block- und Zeilenbauten ersetzt. Auf der Hochau folgte zum Einen der Ausbau der Produktionsanlagen der Paulanerbrauerei aber auch zum Anderen neue Wohnsiedlungen nach der Auflassung der Franziskanerbrauerei an der Hochstraße.

Die zerstörte Au, 1945

Vorstadt III. Klasse

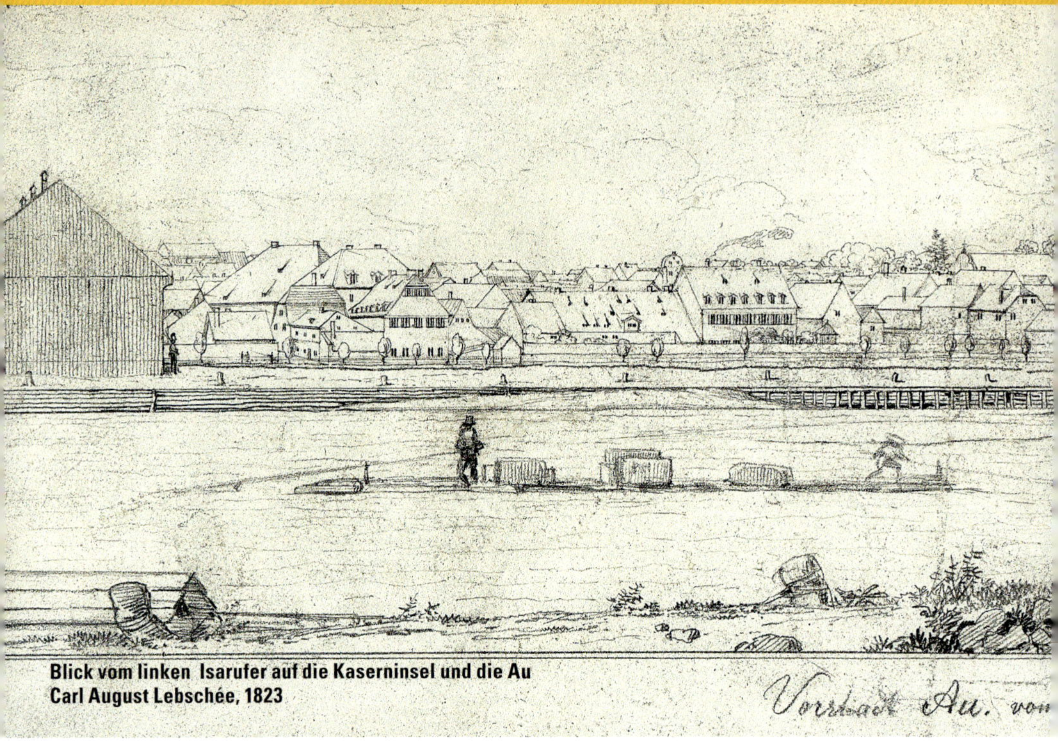

Blick vom linken Isarufer auf die Kaserninsel und die Au
Carl August Lebschée, 1823

Der Landrichter

Im Rahmen eines umfassenden Modernisierungsprozesses wurden 1803 unter Kurfürst Max IV. Joseph die unteren staatlichen Behörden und Gerichte reformiert. Es entstanden neue Landgerichte, die sowohl für die Gerichtsbarkeit als auch für allgemeine Verwaltungsaufgaben verantwortlich waren. Das seit 1612 bestehende Gericht „Au negst München" mit Untergiesing und Haidhausen wurde aufgehoben und das Landgericht München eingerichtet, das große Gebiete um die Residenzstadt herum beinhaltete. Neuer Landrichter wurde der Klosterrichter von Andechs, Johann Nepomuk Oeggl mit Sitz in der Au, im ehemaligen Kloster Lilienberg, drei Jahre später wurde er bereits abgelöst durch den Miesbacher Landrichter Franz Xaver Steyrer – nicht zu dessen Begeisterung. Denn das Landgericht München war, wie Freudenberger schreibt: „der Sitz der Armut und Dürftigkeit und eine unerschöpfliche Quelle lästiger und verdrußbringender Arbeit". Auf die Landrichter gehen die ersten Entscheidungen zur Verbesserung der Zustände in der Au zurück: Verminderung der Feuersgefahr, Verbesserung der Verkehrsverhältnisse, Sauberkeit auf Plätzen und Straßen, Straßenbeleuchtung und -kennzeichnungen, Schutz vor Hochwasser. Mit der Bestätigung der Au als Vorstadt III. Klasse 1818 entwickelten dann auch die Gemeinde selbst und die Bewohner mehr Engagement.

Feuerschutz

Eine allgemeine Feuerordnung schrieb zwar seit 1791 für jeden Ort im Kurfürstentum das Aufstellen einer detaillierten Feuerordnung vor, in der auch geregelt war, wie Hilfeleistungen organisiert wurden, die Auer hatten dies lange vernachlässigt, obwohl es hier mehr als notwendig gewesen wäre, aufgrund der vorwiegend hölzernen Bauweise der oft nahe beieinander stehenden Herbergshäuser. Bis Ende April 1813 gab es zwei Nachtwächter, danach Patrouillen der Bürgerwehr, allerdings nur bis um 12 Uhr nachts, nach einem nächtlichen Brand im Juli 1821 wurden wieder zwei Nachtwächter für 50 Gulden Gehalt eingestellt „mit Mantel, Spies und Laterne", 1847 erließ der Magistrat der Stadt Au eine detaillierte Feuerlöschordnung und ab Juli 1868 wurde eine Feuerwache auf dem Turm der Mariahilfkirche eingerichtet. Bis 1830 gab es ein Spritzenhaus in der Nähe des Federstablerwirts in der Kirchplatzstraße.

Straßenbeleuchtung

Mit den wenigen Finanzmitteln, die zur Verfügung standen, wurden Bürgersteige angelegt und eine Straßenbeleuchtung angeschafft, ab Januar 1809 brannten 80 Talglampen, vor allem an der Lilienstraße, allerdings kaum länger als fünf Stunden in der Nacht, wenn sie der Wind nicht schon vorher ausgeweht hatte. Bis 1827 stieg die Zahl der Lampen zwar auf 136 ohne dass der Haushaltsetat der Gemeinde ausgeweitet wurde. Da man die nicht sonderlich hellen Talglampen aber über mehrere Straßen verteilt hatte, war es lange recht dunkel in der Au, eine moderne und effizientere Gasbeleuchtung wie sie in der Stadt München seit 1850 bestand, konnten sich die Auer nicht leisten, erst 1864 wurde die letzte Talglampe abgebaut.

Wasserversorgung

Zu den vordringendsten Aufgaben des Landgerichts gehörte die Versorgung der Au mit Trinkwasser. Über Jahrhunderte konnten die Auer nur Wasser aus Zisternen schöpfen, erst mit dem Bau einer Brunnenwasserleitung und der Anlage von 23 Brunnen stand den Einwohnern *laufendes Wasser* zur Verfügung. Später bildeten sich im Weißen und Blauen Viertel je eine *Wassergenossenschaft* mit einer eigenen Leitung. Das Wasser kam aus dem *Freifluss* des Isarhangs, wobei in den Sommermonaten weniger Wasser verfügbar war. Mit dem Neudecker Brunnhaus am Auer Mühlbach wurde zwar sehr viel mehr Wasser gefördert (150 Steften – mit Steften wurde die Durchflussmenge der Leitungen und damit die Wassermenge gemessen), davon erhielt die Au aber nur 6–8 Steften, der Rest wurde von dem privaten Besitzer des Brunnhauses, dem Neudecker Wirt Mareis selber verbraucht bzw. vertrieben. Der Großteil des Wassers wurde aber für das Pumpwerk gebraucht, mit dem Trinkwasser bis in die Hochau gefördert wurde. Erst 1833/35 konnte der Auer Magistrat das Brunnhaus und den notwendigen Grund erwerben, um ein Wasserrad in den Auer Mühlbach zu hängen, mit dem die ganze Au versorgt werden konnte.

Eingemeindung 1854

Oktoberfestumzug im Jahr 1835

Einverleibungen

Auch wenn die Au bis 1854 eine selbständige Gemeinde blieb, gab es aufgrund der unmittelbaren Nähe zur großen Stadt auf der anderen Isarseite viele Abhängigkeiten und schon seit langem Überlegungen, die Au der Haupt- und Residenzstadt „einzuverleiben". Kurfürst Karl Theodor wollte 1785 aus der Au eine *Karls-Vorstadt* machen – das Vorhaben scheiterte. Immerhin wurde den Auern vom Kurfürsten zugestanden, dass die Armen in der Au die gleiche Berechtigung wie die Münchner Armen haben sollten, Unterstützungen vom neu eingerichteten Armeninstitut zu erhalten. Die Au musste zwar auch Beiträge in die Armenkasse einzahlen, konnte aber weit höhere Beträge wieder für ihre arme Bewohnerschaft zurück erhalten. Daher gab es von Münchner Seite mehrfach Bestrebungen, die Au in ihr Stadtgebiet einzugemeinden, auch der alte Streit um Konzessionen für Gewerbetreibende schien den Münchnern damit leichter zu lösen.

Zu konkreten Verhandlungen kam es 1829/30, wobei der Auer Magistrat auf zahllosen Privilegien, Sonderrechten und Forderungen bestand, die der Münchner Magistrat

Stadtmodell von 1863 von Johann Baptist Seitz

Zacherl'sche Bierbräuerei in der Vorstadt Au.

für „überspannt" hielt – die Au blieb selbständig, die Münchner zahlten weiter in die Armenpflegekasse.

1818 wurde den Gemeinden in Bayern ihre Selbständigkeit und Selbstverwaltung wieder zurückgegeben, bis dahin waren sie „unter Kuratel" des Staates. Die Au wurde zu einer Stadt III. Klasse erhoben. Die Klassifizierungen entsprachen der Größe der Städte bzw. ihrer Anzahl an Familien. Der bisherige Verwalter, Josef Nußbaum, wurde zum ersten Bürgermeister der Stadt Au gewählt. Rathaus gab es noch keines, man erwarb einen Teil der Neudecker Wiese für einen Neubau. Der Bau wurde jedoch erst 1829/30 an der Südseite des Mariahilfplatzes erstellt. Davor wurden andere Standorte vorgeschlagen und wieder verworfen: an der Westseite zur Isar hin um die etwas armselige Bebauung und die anrüchige Wirtschaft *Sixtnitgern* zu verdecken bzw. auf der Mitte des Platzes, wohin dann aber der Neubau der Mariahilfkirche gesetzt wurde – man wollte ja den Mariahilfplatz auch städtebaulich als *Stadtmitte* aufwerten. Baumeister des Rathauses war wie bei vielen anderen Gebäuden dieser Zeit Joseph Höchl, am 25. August 1830, dem Namenstag des Königs konnte der Neubau eingeweiht werden. Im Rathausneubau gab es auch Büros des kgl. Landgerichts und Räume für die Gerätschaften der Auer Feuerwehr.

Auer Bürgermilitär

Seit 1807 waren im ganzen Königreich Kompanien des Bürgermilitärs aufgestellt worden. Kommandant der zwei Auer Füsilier-Kompanien und der Schützenkompanie war jeweils der Landrichter, als erster Franz Xaver Steyrer. Das Bürgermilitär spielte durchaus eine bedeutende Rolle z.B. bei den Kämpfen von 1809 gegen österreichische Truppen und v.a. zur Sicherung der Ordnung in der Au selbst. Wegen seiner hervorragenden Disziplin und *schönen Haltung* wurden die Auer Kompanien auch gerne bei örtlichen Feierlichkeiten dekorativ eingesetzt, wie bei der Einweihung der neuen Mariahilfkirche.

Die Au im Stadtmodell von 1860

Seit 1840 hatte der Kupferstecher und Kartograph Johann Baptist Seitz an einem Modell gearbeitet, das die Residenzstadt im Maßstab 1:700 nachbildete. Sein Sohn Franz Seitz und der Bildhauer Anselm Sickinger haben das Modell nach seinem Tod 1850 bis Mitte der 1860er Jahre weitergeführt. Im Bild links der Blick von Osten auf die Au zwischen dem Isarhang und dem Auer Mühlbach mit der Schmederer-Brauerei, der Strafanstalt, dem Rathaus der Vorstadt Au und dem Mariahilfplatz mit der 1839 fertig gestellten Pfarrkirche bis zum Entenbach.

Eintheilung der Vorstadt in Sektionen
und deren Farben-Bezeichnung.
I. Sektion Abzeichen weiß, Haus No 1 bis 82.
II. · · blau · · 83 - 205.
III. · · gelb · · 206 - 294.
IV. · · grün · · 295 - 351.
V. · · roth · · 352 - 435.
VI. · · grau · · 436 - 506.
VII. · · violett · · 507 - 591.
Die Auer Lüften · violett · · 1 dann 9 18.
Reitschule
Ludwigs Brücke
Alte Isar Kaserne
I S A R
Überfälle
Reichenbach Brücke
Bereiter Anger
Mariahilf Platz
Mariahilf Kirche
Mariahilf Gasse
Lilien Gasse
Insel
Entenbach
Gebr. Schmederer Bierbrauerei
Straf Arbeits Haus
Hof-Fischerei
Untergiesing
Gottes Acker

Einführung

Grenzen

Bis 1612 gehörte die Au zum Gerichtssprengel von Wolfratshausen, danach wurde sie dem neu geschaffenenen Gericht „ob der Au" einverleibt, dem 1713 auch die Lohe angeschlossen wurde. Das heutige Gebiet der Au gehörte zur Gemeinde Giesing. Am 25. Juli 1808 wurde die Au zur Vorstadt aufgewertet und erhielt 1818 eine eigenständige Gemeinde-Verwaltung als Stadt III. Klasse. Damit verbunden war auch die Zuteilung eines eigenen Wappens. 1814 wurde die Bebauung am oberen Nockherberg (eigentlich Untergiesing) zum Gemeindegebiet zugeschlagen, die Lohe und Birkenleiten schon 1812, die letzteren aber wieder an die Landgemeinde Obergiesing abgetreten. Die Grenze zur Gemeinde Giesing blieb lange strittig. Die Grenze zur Residenzstadt verlief unterhalb des Gasteigs hinter dem Kaisergarten und zur Isar hin entlang des Entenbachs, der Bereiteranger gehörte bereits zum Burgfrieden der Stadt München. Bis zur Eingemeindung zusammen mit Giesing und Haidhausen im Jahr 1854 blieb die Au eine eigenständige Gemeinde.

Stadtviertel

Im 16. Jahrhundert war das Gebiet der Au in vier Viertel eingeteilt: das Isar-, Sämer-, Bach- und Klafter- oder Streicherviertel. Das Sämerviertel soll nach den hier wohnenden Säumern, die den Salztransport betreuten, benannt sein, das Klafterviertel nach einem der Grundeigentümer. Die heutige Sammtstraße erinnert möglicherweise noch an den alten Viertelnamen. Auf dem Stadtplan links ist die Au mit ihren Grenzen um 1858 dargestellt und der neuen Vierteleinteilung in sieben Viertel, die nach Farben unterschieden wurden.

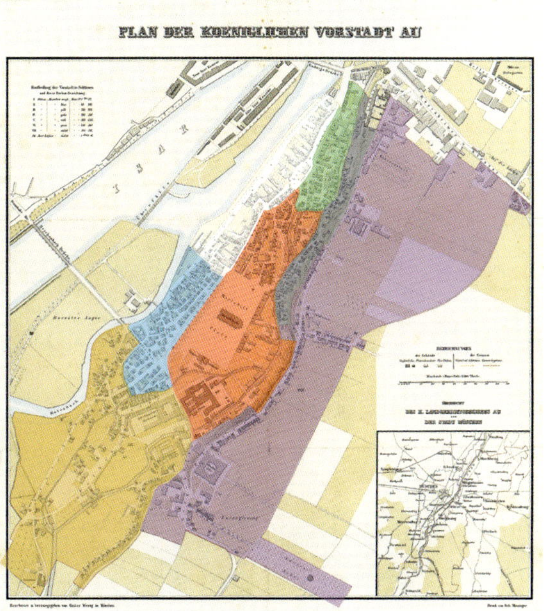

Wappen der Au

Mit der Ernennung der Au zur Vorstadt erhielt die Gemeinde auch ein eigenes Wappen: vor einem blauen Hintergrund drei Hügel als Symbol für die Auen und den Isarhang mit drei Lilien, die aus dem mittleren Hügel entspringen als Verweis auf den Lilienberg und sein Kloster. Das oben dargestellte Wappen entwarf der berühmte Heraldiker Otto Hupp.

Verliehen wurde das Wappen durch das kgl. bayrische Landes-Commissariat am 25. Juli 1808 zunächst für das ein Jahr vorher eingeführte Bürgermilitär, die *Nationalgarde* der Vorstadt Au, es galt anfangs auch für Haidhausen.

Viertelfarben

Seit 1810 hatte die Polizei an den Gassen und Straßenecken hölzerne Tafeln angebracht mit den Straßennamen, die in unterschiedlichen Farben die sieben Viertel der Au kennzeichneten: das weiße, blaue, gelbe, grüne, rote, graue und violette Viertel – man wollte den Vielen des Lesens Unkundigen entgegenkommen.

Die Stadtkarte links aus dem Jahr 1858 vom Kartographen Gustav Wenng, der sein Gewerbe auch in der Au hatte, zeigt in einem Überdruck die sieben Viertel der Au.

Ethnologisches

Ein Sitten-Gemälde von 1835

Adolph von Schaden (1791–1840) stammte aus Marktoberdorf im Allgäu. Eine militärische Karriere blieb ihm lange verwehrt, weil er durch einen Pferdetritt verletzt wurde. Schließlich wurde er Platzadjutant der bayerischen Armee in Lindau und Kempten. Seine Leidenschaft galt aber letztlich der Literatur – er schrieb mehrere Bühnenstücke, von denen keines aufgeführt wurde, manche Biographen glauben, sie waren nie dafür gedacht. Schließlich verlegte er sich auf Reiseberichte und topographische, statistische und humoristische Werke, u.a. verfasste er mehrere Reisehandbücher zu München, die den gerade aufkommenden Tourismus bedienten. Eine launige Betrachtung seiner Umwelt, schneidende Analysen, bissige Kommentare und eine künstlerische Umsetzung prägen seine Bücher.

Hin- und hergerissen zwischen Zuneigung und Abstoßung, zwischen Neugier und Abscheu beschreibt Adolph von Schaden 1835 die Auer und die Auerinnen in seinem Buch *München, wie es trinkt und ißt, wie es lacht und küßt, Skizze zu einem Original-, Sitten- und Charakter-Gemälde.*

„Untugenden"

„Die Auer neigen sich insbesondere zu zwei Hauptuntugenden hin, nämlich zu einem unbegränzten Leichtsinne *und zum* übermäßigen Trinken. *Der Winter ist für die meisten Auer eine gar schlimme Jahreszeit; dann hört der Verdienst bei den Bauten u. dgl. in der Residenzstadt auf, die wenigsten Familienväter haben daran gedacht, vom Verdienste des Sommers etwas zurückzulegen, und in manchem Haushalte tritt nun die bitterste Noth ein. Man hilft sich indessen so gut es gehen will; man bettelt, borgt, hungert und schlachtet fette Hunde, die man sich auf eine höchst wohlfeile Art zu verschaffen weiß. Die Noth macht erfinderisch und die Auer sind speculativ, das muss man ihnen lassen. – Uebrigens ist es selbst dem* solideren *Auer der ärmeren Klasse ein durchaus nicht zu überwindendes Bedürfniß, sich je zuweilen en canaille zu betrinken, und –*

Gefährlich ist's den Leu zu wecken,
Doch der schrecklichste der
Schrecken
Bleibt der Auer in seinem Rausche.

Ich habe in Hamburg *betrunkene Matrosen und in* Berlin *betrunkene* Voigtländer *gesehen; es waren unfreundliche Erscheinungen, aber ein* betrunkener Auer *übertrifft sie noch an Bestialität... besonders zeigt sich während dem Kirchweihfeste im Herbste Alles toll und voll."*

Die Auer.

Skizze zu einem Original= Sitten= und Charakter Gemälde.

Die Auer Burschen

„Diese Bursche(n), viel zu frühe, wie in der Au gewöhnlich, sich der väterlichen Gewalt entschlagend, fallen auf die seltsamsten Mittel, sich Geld zu verschaffen... Zwei speculative junge Auer geriethen auf den drolligen Einfall, sich über und über mit kupferrother Farbe zu bemalen, ihre erfinderischen Köpfe mit von schwarzen, starren Pferdehaaren verfertigten Perücken zu bedecken und sich, in dieser Gestalt in übrigens gut passenden Costümen, von einem dritten mit ihnen einverstandenen Auer als Ureinwohner Brasiliens *für Geld zeigen zu lassen. Die Pseudo-Botokuden durchzogen das Land und spielten ihre Rolle in ganz vorzüglicher Weise; sie fraßen rohes Fleisch und zerrissen rohe Hühner mit den Zähnen, tanzten und beteten auf botokudische Art so natürlich, daß wohl selbst das Kennerauge eines* Martius *hätte getäuscht werden mögen und trieben allerhand anderes tolles Zeug."*

Über die Auerinnen

„Eine sehr schwere Aufgabe bleibt uns nun noch zu lösen übrig; nämlich von dem schönen Geschlecht der Au zu sprechen … kein Billiger wird es Verläumdung schelten, wenn wir behaupten, daß es unter den Jungfrauen der Au viele etwas lockere *giebt. Sehr frühzeitig tragen sie ihr Scherflein zu der immer im Steigen begriffenen Bevölkerung der Vorstadt bei; die Fälle sind so alltäglich, daß sie gar nicht auffallen und ich wollte keiner Mutter in der Au rathen, die Tochter eines solchen* Faux pas *halber zu schelten; gleich würde die Tochter schreien:* Na Mutta! Sei du still, du kumst mer schö g´schlicha, i manet scho da Hund fräß Kletza *(ich meinte schon der Hund fräße Backobst) – diese seltsame, in der Au sehr gewöhnliche Redensart lautet eigentlich ein wenig anders noch, läßt sich hier aber unmöglich ganz treu geben),* wie host´s denn du trieba lediger weis? du därfst gar nöt mucksa. *(Wie hast denn du es als lediges Mädchen getrieben? – du hast gar nicht nöthig dich zu mokieren.)" Ein junger Fashionable aus der Au hat gewöhnlich mehrere als eine Geliebte und die Mädchen ihrer Seits üben wieder das Retorsionsrecht."*

„Ein ganz absonderlicher Ball wird am Dienstage nach dem Kirchweihsonntage im Neudeckergarten *von den Auern abgehalten; er heißt, charakteristisch genug, der* Betteltanz *und es ist dabei Gesetz, daß die Chapeaus von ihren Damen regalirt werden müssen; das lustigste bei der Geschichte aber ist, daß die* Bettler *der Meinung sind, man möchte irre an ihrem Stande werden und sich daher als Bettler noch obendrein* maskiren*; wie reinlich und geschmackvoll die Costüme ausfallen mögen, läßt sich denken. Ich habe bei Gelegenheit des* Betteltanzes *Ballgäste bemerkt, welche sich dermaßen betrunken hatten, daß sie gänzlich besinnungslos auf der kleinen Brücke lagen, welche zum Neudeckergarten führt und daß man über sie weg, wie auf einem Schlachtfelde über Leichen, steigen mußte."*

Die lieben Kleinen

„Was eine Hacke werden will, krümmt sich beizeitig. Die liebe zahlreiche Straßenjugend der Au entwickelt sehr frühe allerlei kindliche Gefühle und verheißt große Hoffnungen; einen richtigen Blick und Anlage zur Satyre stellen selbst die kleinen Kinder dar; einen Fremden oder gut gekleideten Städter erkennen sie schon aus weiter Ferne und es müßte nicht mit rechten Dingen zugehen, wenn die lieben Kleinen dem Vorübergehenden nicht irgend eine lächerliche Seite absehen würden, welche sie dann mit jugendlicher Offenheit bekritteln und in der That sind diese Bemerkungen häufig treffend genug; aber wehe dem Fremden, der unbesonnen oder schwach genug ist, die Bemerkungen der Kleinen nicht schweigend hinzunehmen, sogleich versammelt sich um ihn, wie um den Herodes von Bethlehem *eine Kinderschar, die einer Lavine gleich, den Fremden verfolgt, unaufhörlich rufend:* Herr Je! jetzt schaugts den on! *(schaut diesen an) – und das einzige Mittel, sich einer solchen kindlich rührenden Verfolgung zu entziehen, bleibt, einige kleine Münzen unter den Haufen zu werfen, denn:*

Aepfel, Nuß und Mandelkern
Fressen d´Auer Kinder gern."

Bachauskehr im Auer Mühlbach, um 1900

1
1.21
1.8
1.12
Isarcaserne
1.7
1.22
1.19
1.23
1.27
1.11
1.33
1.24
1.32
1.18
1.26
1.25
1.9
1.17

Au-Lilienstraße 1808

1

Fürstenweg zur Jagd

Der Zugang zur Isarbrücke, der Brückenkopf auf der östlichen Isarseite und die Auffahrt gehörten zum Burgfrieden der Residenzstadt München. Vom Gasteig aus führten wichtige Fernstraße nach Norden und Osten, nach Ismaning und Freising, nach Rosenheim und nach Grünwald auf der vor Überschwemmungen sicheren Hochstraße, der früheren Fürstengasse.

Straßenverhältnisse

Besonders schlecht war es auch um die Straßen in der Au bestellt, die Hauptstraße über Giesing nach Holzkirchen und weiter Richtung Tegernsee, heute Lilienstraße und Falkenstraße war durch vorspringende Häuser oft verengt, Schlaglöcher und Pfützen erschwerten den Fuhrbetrieb, bis 1809 gab es keinerlei Straßenbeleuchtung. Die Dachrinnen ließen das Regenwasser direkt auf die Straße laufen, am Rand lagen Abfallhaufen, stinkende Entwässerungsgräben durchzogen die Au. Dabei war die Straße auch für den Durchgangsverkehr notwendig, die Münchner Brauer beschwerten sich, daß sie mit ihren schweren Fuhrwerken ihre Bierkeller im Isarhang nicht erreichen konnten.

Mit der Einrichtung einer Generaldirektion für Wasser- und Straßenbau verbesserte sich zwar die Situation, die Hauptlast verblieb jedoch bei den Landgerichten. Ende des Jahres 1806 ordnete der Landrichter Steyrer eine umfassende Sanierung der Hauptstraße an: über 1600 Arbeiter schütteten 1300 Fuder Kies auf, wofür auch die Auer sogen. Scharwerkdienste zu leisten hatten, also Fuhrdienste, Entsorgen des Abfalls, Ausheben der Straßengräben und Bachläufe – ungeliebte, weil unbezahlte Arbeiten, vor denen sich mancher drücken wollte, die Viertelmeister hatten große Mühe, die Mannschaften zu stellen.

Die Hauptstraße war auch der Weg für königliche Jagdgesellschaften nach Grünwald und für gefährliche Transporte mit Schwarzpulver in das Grünwalder Pulverdepot, auch dafür musste in besonderen Fällen die Straße notdürftig repariert werden.

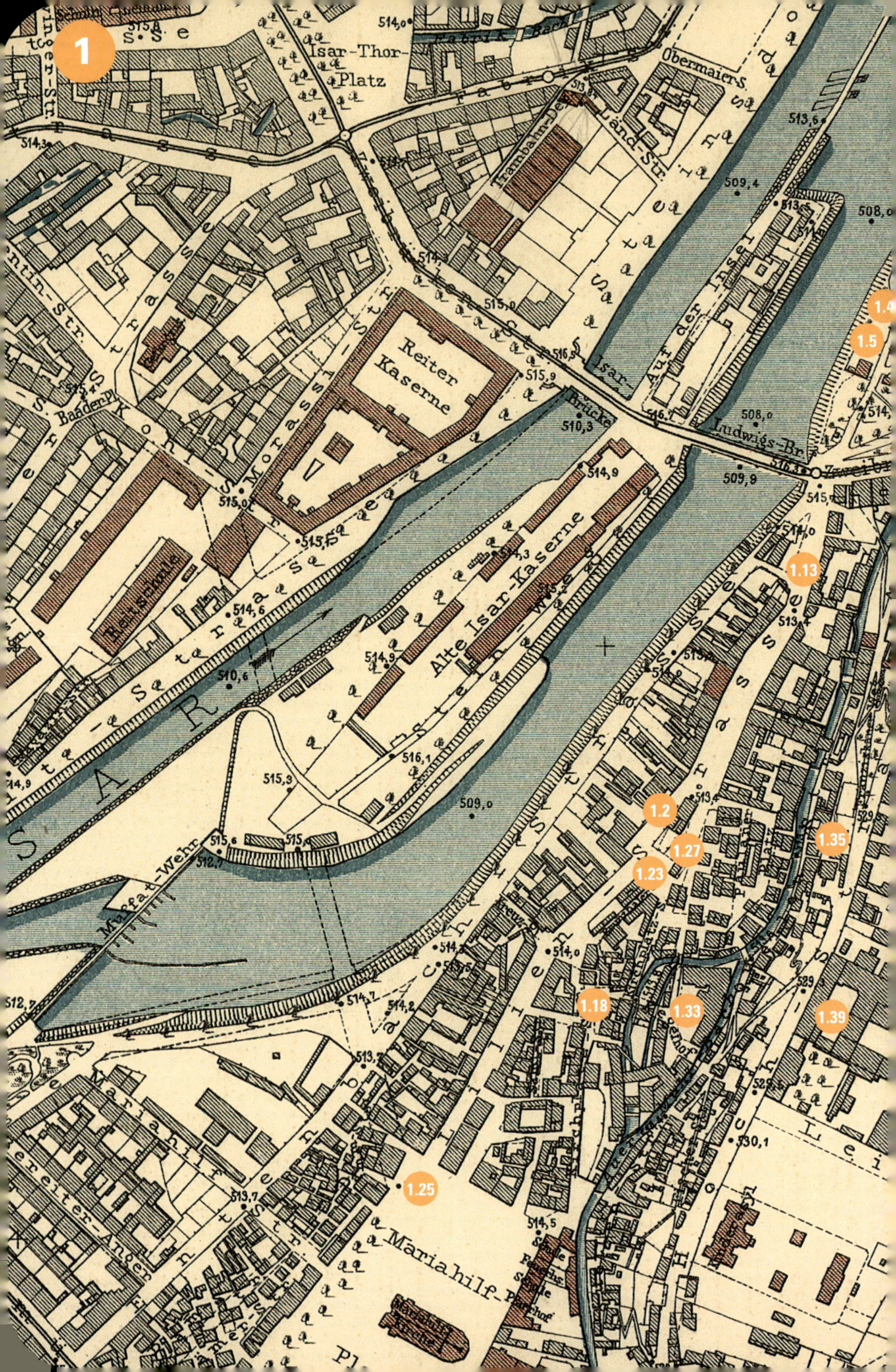

1
Isar-Thor-Platz
Obermaiers
Reiter Kaserne
Alte Isar-Kaserne
Reitschule
Isar
Brücke
Ludwigs-Br.
Auf der Insel
Muffat-Wehr
Mariahilf-Pl
Mariahilf Kirche
1.4
1.5
1.13
1.2
1.27
1.23
1.35
1.18
1.33
1.39
1.25

Au-Lilienstraße 1891

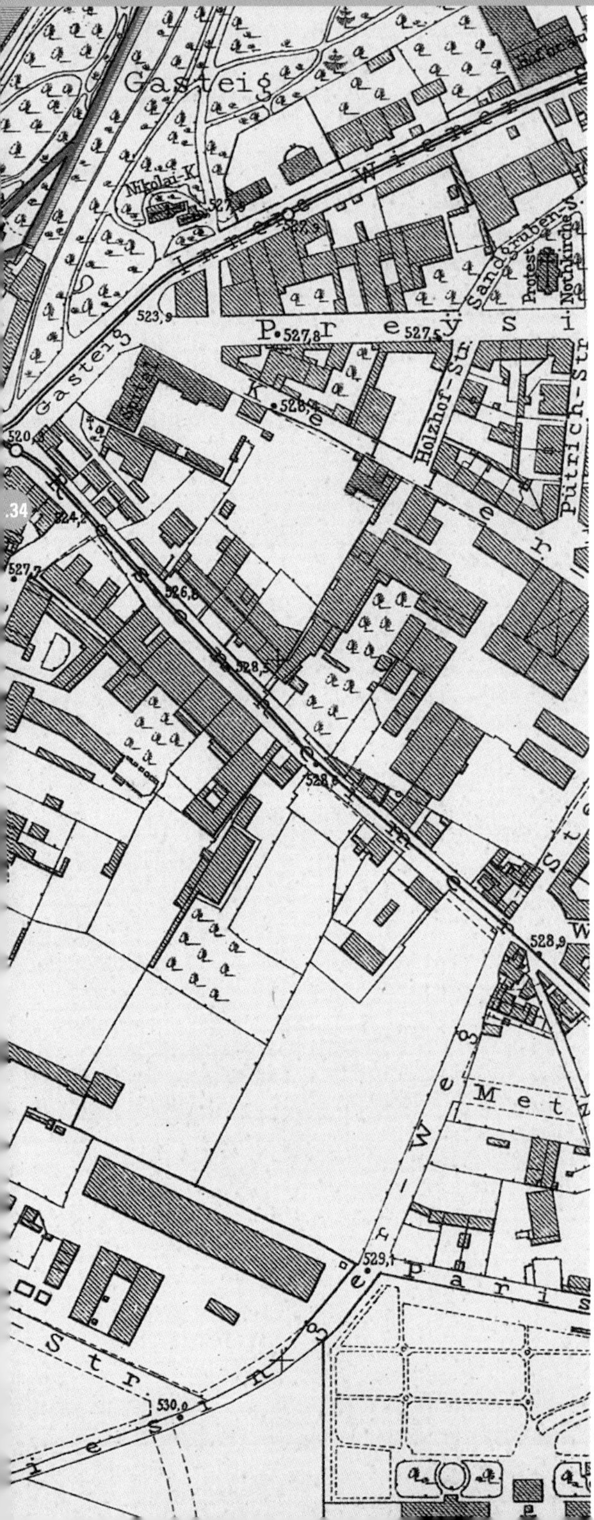

Verdichtung

Vom Beginn des 19. Jahrhunderts an bis zu seinem Ende hat sich die Zahl der Bewohner der Au mehr als vervierfacht – von ca. 5.000 auf über 20.000. Von einer geregelten Besiedlung konnte keine Rede sein. Dabei veränderte sich die Siedlungsstruktur von der Isarbrücke bis auf den 1830 neu angelegten Mariahilfplatz kaum, allerdings wurden die Herbergen verdichtet und weiter ausgebaut. Der Entenbach, bis zur Eingemeindung Grenze zur Stadt München, wurde 1863 überwölbt und schließlich 1891 aufgelassen. Westlich davon, auf dem Bereiteranger entstand ab den 1870er Jahren ein großes Siedlungsgebiet zwischen Entenbachstraße und Frühlingstraße (heute Eduard-Schmid-Straße). Möglich wurde die Besiedlung durch die Regulierung der Isar ab den 1830er Jahren und einen verbesserten Hochwasserschutz durch die Anlage von Dämmen. Einen neuen städtebaulichen Maßstab brachte der auch von höchster Seite geförderte Bau der Mariahilfkirche und die Arrondierung des umgebenden Platzes. In der Hochau entwickelte sich die Bebauung zunächst entlang der Ausfallstraßen an der Rosenheimer Landstraße und der Hochstraße, dem Höhenweg entlang des Isarhangs. Eine große Rolle spielte dabei die Anlage der Bierkeller ab 1800 und von Gewerbebauten bis zur Franziskanerstraße, dem früheren Giesinger Weg, die teils damit in Zusammenhang standen. Ab 1841 baute die Franziskaner-Leist-Brauerei ihren Standort in der Hochau aus. Erst mit den Baulinienplanungen des Stadterweiterungsbüros unter der Leitung von Theodor Fischer erhielt die Hochau südlich der neu angelegten Gebsattelstraße einen Strukturplan für die weitere Entwicklung. Der Ausbau der Bahnstrecken zum Ostbahnhof betraf die untere Au nicht und förderte zumindest die Gewerbeentwicklung in der Hochau.

1
100 m
Denkmalgeschützte Bauten
Rumfordstraße
Liebherrstr.
Steinsdorfstraße
Zweibrückenstraße
Ludwigsbrücke
Aventinstraße
Morassistraße
Kohlstraße
Boschbrücke
Erhardtstraße
Zenneckbrücke
Lilienstraße
1.29
1.13
1.14
Lilienstraße
Schwarzstraße
Zeppelinstraße
1.27
Franz-Prüller-Straße
Corneliusbrücke
Eduard-Schmid-Straße
1.30
Am Wageck
1.33
1.39
Schweigerstraße
1.31
1.18
Sammtstraße
Am Herrgottseck
Bereiteranger
Mariahilfstraße
1.9
Gebsattelstraße
Mariahilfplatz
Zeppelinstraße
Ohlmüllerstraße
1.36

Au-Lilienstraße

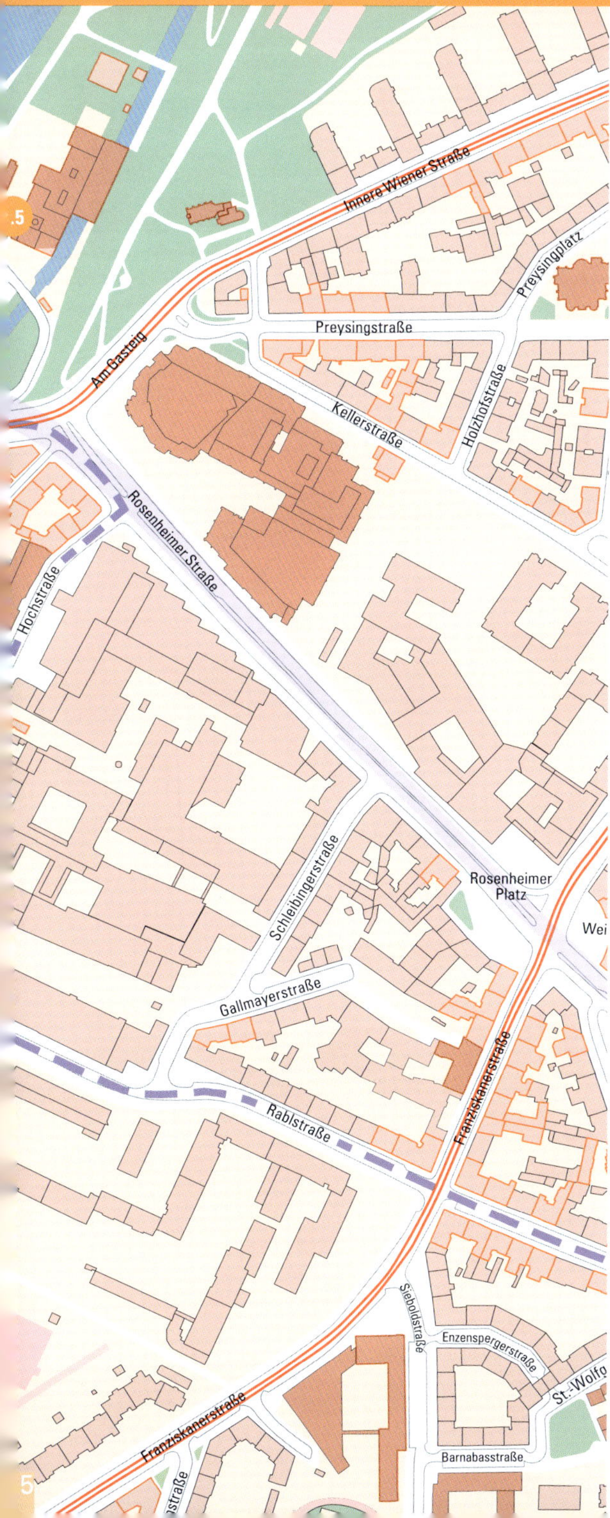

Corneliusbrücke und Ludwig II.-Denkmal

Die neue Au

Mit dem Bau der Corneliusbrücke und einer Anbindung der Hochau über die Gebsattelstraße erhielt die Au eine seit langem gewünschte Verkehrsanbindung. Die alten Herbergen, die in keiner Weise den sanitären und sozialen Forderungen der Großstadt entsprachen, wurden schon ab 1900 sukzessive ersetzt durch Geschoßwohnungen, endgültig zerstört wurden sie bis auf wenige Ausnahmen durch die Luftangriffe im Zweiten Weltkrieg.

Nach dem Krieg wurden die vorher dicht bebauten Siedlungsflächen mit einfachen Sozialbauten gefüllt, die in den letzten Jahren saniert, gestalterisch verbessert und aufgestockt wurden. Der Hang entlang des Auer Mühlbachs wurde zu einer großenteils durchgehenden Grünfläche.
Die Hochau ist immer noch geprägt durch zahlreiche Gewerbebauten, auf dem Gelände der ehemaligen Franziskaner-Leist-Brauerei entstanden Wohnsiedlungen.

Ehemaliges Franziskanergelände

1 Au/Haidhausen Gasteig

Brunnhaus und Auer Tor am Gasteig, 1855

1.1 Schwanenbrücke

Münchens erste Isarbrücke, Voraussetzung für die Stadtgründung, führte eigentlich über drei Wasserläufe: Große und Kleine Isar, die seit ca. 1700 durch die heutige Museumsinsel getrennt waren, und den Auer Mühlbach, über den die Schwanenbrücke oder auch Schleifferbrücke (nach einer bachabwärts gelegenen Schleifferwerkstatt) führte. Mit dem Neubau der Isarbrücken nach 1934 wurde die Schwanenbrücke abgerissen und durch die Äußere Ludwigsbrücke ersetzt. Der Name Schwanenbrücke geht zurück auf den Hausnamen „auf der Schwan“, das Gebäude war im Besitz des Münchner Bäckerhandwerks und beherbergte seit 1798 auch das sogen. „Brodhäusl“. An gleicher Stelle war später die „Schwanenapotheke“.

Burgfrieden

Während die Orte Au, Haidhausen und Giesing erst 1854 zur Stadt München eingemeindet wurden, war der östliche Brückenkopf der Isarbrücke, die Auffahrt zum Gasteig und die südlich der Straße gelegenen Gebäude seit jeher Teil des Münchner Burgfriedens, also ihres rechtlichen Bereichs. Dazu gehörte u. a. der Garten des Kaiserwirts, das städtische Brunnhaus auf dem Isarberg, die Schwanenbrücke und das „Brodhäusl“ der Münchner Bäcker, 1728 wurde auch das Grundstück des Klosters Lilienberg in den Münchner Burgfrieden aufgenommen.

Auer Tor

Am Beginn der Lilienstraße stand das Auer Tor, das zwar nicht abgeschlossen werden konnte, aber an dem 1833 Schranken und Wachtposten installiert wurden, in erster Linie als Kontrolle der Fuhrwerke, v.a. zu fiskalischen Zwecken.

1.2 Augia-Brunnen

Eine Allegorie der Vorstadt Au stellt die Frauenfigur dar, die 1848 nach einem Entwurf von Ludwig von Schwanthaler auf dem Sockel des Augia-Brunnens (schöner Brunnen) errichtet wurde. Die Mauerkrone auf dem Kopf ist Symbol für die damalige städtische Unabhängigkeit der Au, der Blumenkranz in der rechten Hand und die Faschinen am Fuß der Figur verweisen auf die fruchtbaren Auen und die beständigen Schutzmaßnahmen an Isar und Auer Mühlbach. Auf dem Schild das Wappen der Vorstadt Au von 1808: drei Lilien.

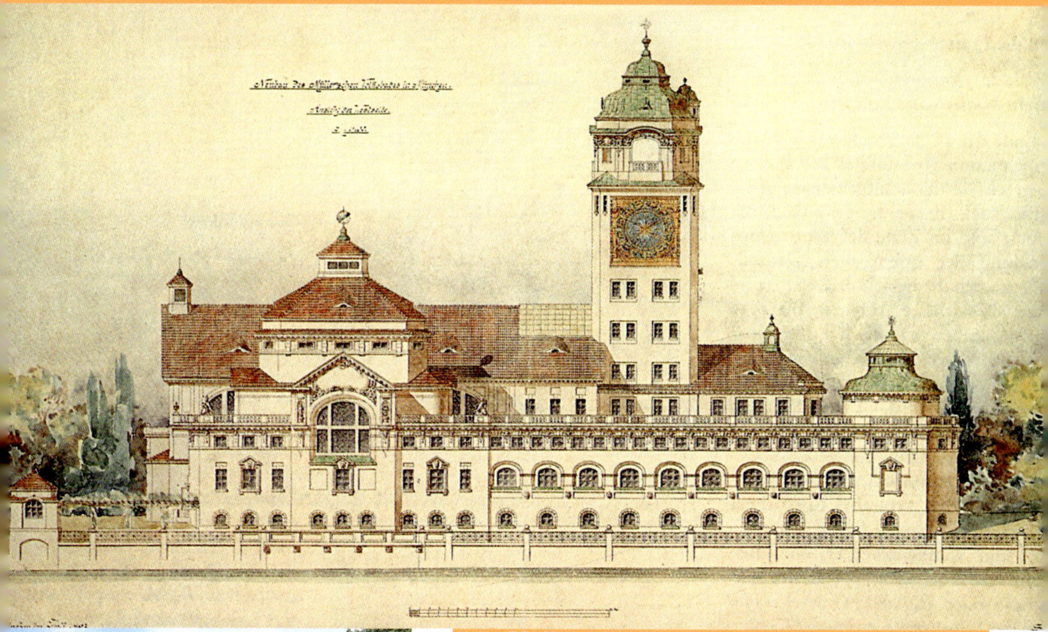

1.3 Müllersches Volksbad

Mit Stolz konnte München um 1900 als eine der gesündesten Städte bezeichnet werden. Noch 30 Jahre vorher galt die Stadt als Typhusnest, englische Wissenschaftler warnten ernsthaft vor einem Besuch der Stadt. Nach den Choleraepidemien von 1836, 1854 und 1874 und vor allem auf Betreiben Max von Pettenkofers entstand bis 1883 eine beispielhafte Wasserversorgung, ein übergreifendes Kanalisationsprojekt und ein zentraler Schlachthof. In der Folge wurden von den städtischen Gremien zahlreiche Projekte zur Verbesserung der allgemeinen Hygiene in Angriff genommen. Dazu gehörten auch Freibäder, Volksbrauseanlagen und öffentliche Toiletten. Den Höhepunkt bildete jedoch der markante Neubau eines Volksbades auf der ehem. Kalkofeninsel, der vom Ingenieur Johann Karl Bernhard Müller „hauptsächlich für das unbemittelte Volk" gestiftet wurde. Den aufwändigen Bau, der sich malerisch in die besondere Situation am Fuß des Gasteigs einfügt, entwarf der Architekt Carl Hocheder. Stilistische Vorbilder waren die römische Thermenarchitektur und der süddeutsche Barock, die Innenausstattung ist dem Jugendstil verpflichtet.

Der stark gegliederte Baukörper entspricht seinen funktionalen Bedürfnissen: getrennte Zugänge für Frauen und Männer mit jeweils eigenen Schwimmhallen im rückwärtigen Bereich, neben dem Haupteingang von der Äußeren Ludwigsbrücke her ein eigener Bauteil für das römisch-irische Dampfbad. Im Untergeschoß befanden sich einzelne Brausebäder für Frauen und Männer und ein Hundebad. Der Turmbau wurde für Wasserreserven genutzt. Direkt vom benachbarten Muffatwerk bezog man den notwendige Dampf zur Beheizung. Das 1901 fertig gestellte Gebäude wurde beispielhaft für den Bäderbau in Deutschland. Aufwändige Restaurierungen geschahen in den Jahren 1978–84 und 1990–92.

Auer Mühlbach

Versorgung der Mühlen in der Au

Der Auer Mühlbach führt rechts von der Isar nach Osten ab und verästelt sich in ein weitverzweigtes System von einzelnen Bächen, zusätzlich fließt aus dem Isarhang austretendes Grundwasser direkt in den Bach. Die heutige Abzweigung des Bachlaufs bei Harlaching ist bereits für 1330 verbürgt, als man an der Stelle des heutigen Marienklausenstegs ein Stauwehr in der Isar errichtete, um den Fluss mehr nach Westen zu zwingen und die Versorgung des Großen Stadtbachs links der Isar mit genügend Wasser sicher zu stellen. Die Wassermenge für den Auer Mühlbach konnte mit dem Auer Senkbaum reguliert und auf gleicher Höhe gehalten werden.

Frühe wirtschaftliche Nutzung

Schon weit vor der Stadtgründung Münchens wurde der Auer Mühlbach für den Antrieb von Mühlen genutzt. Im Jahr 957 wird die Bäckermühle urkundlich erwähnt. Im Lauf der Jahrhunderte entstanden zahlreiche Getreidemühlen, Hammerschmieden und Fabrikanlagen: An den Ufern des Bachs entwickelte sich ein vielfältiges Gewerbegebiet. Der Auer Mühlbach diente nicht nur den Gewerbeeinrichtungen sondern war auch Energielieferant für den Antrieb der Grundwasserbrunnen und die Entsorgung der Abfälle.

Siedlungen vor der Stadt

Begünstigt durch die Lage außerhalb des Burgfriedens der Stadt München siedelten sich hier eher unterprivilegierte Bevölkerungsschichten an, denen ein Bürger- bzw. Gewerberecht in der Stadt selbst verwehrt blieb. Neben den zahlreichen Handwerkern gab es Tagelöhner, viele Arme und alle, die aus finanziellen Gründen das Bürgerrecht in der Stadt selbst nicht erwerben konnten.

Am Neu

An der Mondst

Bäckerkunstm

Düker am Maria-Einsiedel

Zufluss des Auer Mühlbachs in die Isar hinter dem Maxwerk

Lustgärten Münchner Bürger

Ab der Mitte des 15. Jh. begann sich auch die Münchner Oberschicht für das Gebiet um den Auer Mühlbach zu interessieren. Es entstanden private Garten- und Lusthäuser in der Au, Höhepunkt war der Lustgarten der bayerischen Herzöge in Neudeck, das ab 1511 direkt am Auer Mühlbach entstand. Die Bedeutung als herzoglicher Sommersitz wurde erst mit dem neuen fürstlichen Garten in Nymphenburg im Westen der Stadt beendet. In der Folge entstanden weitere Gartenanlagen der Münchner Oberschicht, Klosteranlagen wie die der Paulaner und Einrichtungen für die herzogliche Jagd. Die Au und Giesing blieben als Gemeinden bis 1854 eigenständig und gehörten erst dann auch rechtlich zur Landeshauptstadt München.

Streit ums Wasser

Ständiger Anlass zu Streitigkeiten war die Versorgung der Stadtbäche mit dem Wasser der Isar. Die städtischen Wasserbauer waren darum bemüht, den Verlauf der Isar mit Wehren und Faschinen so zu beeinflussen, dass genügend Wasser in den Großen Stadtbach und die linksseitigen Bäche gelangte. Dadurch wurde zeitweise der Zufluss zum Auer Mühlbach rechts der Isar unterhalb von Harlaching eingeschränkt – den Mühlen in der Au fehlte der Antrieb. Auch die Zerstörung der Wasserbauten von der einen und anderen Seite ist verbürgt, um den Wasserzufluss wieder zu verbessern und oft genug holten sich die Auer Burschen das Holz der Wuhrbauten zum Heizen.

Auer Mühlbach heute

Von den Mühlen am Auer Mühlbach ist letztlich nur die Bäckerkunstmühle geblieben, deren Vorläufer auch zu den ersten Mühlen im Münchner Raum gehörte. Ansonsten treibt der Bach nur noch eine Welle am Wehr neben der Muffathalle an. Der Weg entlang des Auer Mühlbachs und der Isarhänge vom Marienklausensteg bis hinter das Maximilianswerk in Haidhausen gehört allerdings zu den schönsten Ausflügen in der Stadt.

Festtage für die Auer Jugend: die jährliche Bachauskehr. Wenn einmal im Jahr für einige Tage das Bachwasser zur Bachauskehr abgestellt wurde, war die Zeit, um Schätze im Bachbett zu finden: kaputte Fahrräder, Eisenteile, Waffen und vielleicht eine verlorene Münze.

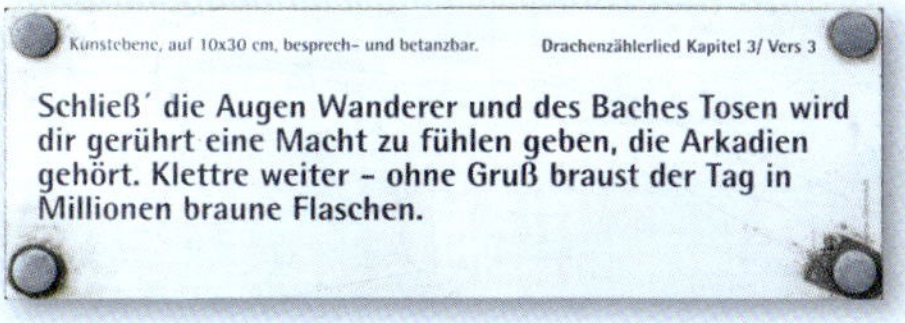

Daten Auer Mühlbach

Der Auer Mühlbach fließt heute vom Marienklausensteg über 6.650 m durch die Stadtviertel Giesing, Au und Haidhausen und wird hinter dem Maxwerk unterhalb der Maximiliansbrücke wieder in die Isar eingeleitet.
Er überwindet dabei ein Gefälle von ca. 15 m Höhe. Die Wassermenge beträgt 10 cbm/sec. und wird zum größten Teil bei Flusskilometer 153,30 aus dem Isar-Werkkanal abgeleitet. Wasser erhält der Auer Mühlbach außerdem durch den Harlachinger Quellbach und durch direkte Zuflüsse von Quellen, die aus dem Isarhang austreten.

Stadtbäche in der Au

Aubach

Auerbach, Kuhbach
Länge: 1410 m
Wassermenge: 0,4 cbm/sec
Der Aubach zweigt innerhalb des Tierparks Hellabrunn aus dem Auer Mühlbach ab und fließt Richtung Norden bis zu einem Auslass unterhalb der Thalkirchner Überfälle am Flaucher. Von dort ab wird er als Freibadbächl bezeichnet.

Auerfehlbach

Länge: 885 m
Aufgelassen 1958
Abzweigung aus dem Auer Mühlbach in der Mitte der Dollmannstraße. Der Bach führte unterhalb von Neudeck wieder in den Auer Mühlbach zurück.

Entenbach

Länge: 2016 m
Aufgelassen 1901
Der Bach lässt sich bereits im 17. Jh. belegen. Er wurde von mehreren Quellen und Zuflüssen gespeist und verlief von der Birkenau zwischen der Isar und dem Auer Mühlbach. Unterhalb der Reichenbachbrücke mündete er in die Isar. Der Name des Bachs soll von den Enten stammen, die die Geflügelhändler hier schwimmen ließen. Auf einigen Teilstrecken führt der Bach auch heute noch Wasser.

Fabrikkanal

Länge: 183 m
Aufgelassen 1932
Der Kanal und ein weiterer Ausläufer wurden für die Lederfabrik des Baron Julius von Eichthal in Untergiesing angelegt.

Falkenbächl

Paulanerbächl, Kreuzbächl
Länge: 292 m
Aufgelassen 1904
Der Name des Bachs leitet sich ab vom nahegelegenen Falkenhof. Der Bach wurde aus dem Auer Mühlbach unterhalb der Riegermühle ausgeleitet und floss an der Ostseite der Falkenstraße am Gelände der Paulanerbrauerei vorbei bis zur Einmündung in den Auerfehlbach.
Der Name Kreuzbächl könnte zurückgehen auf die Sägemühle Kreuz in der Falkenstraße 18.

Unteres Feuerbächl in der Au

Feuerbächl, Oberes

Länge: 263 m
Aufgelassen
Die Ausleitung aus dem Auerfehlbach begann an der Kreuzung Entenbach-/Kolumbusstraße und mündete etwa an der Ecke Eduard-Schmidt-Straße/Schlotthauerstraße in den Entenbach. Der kleine Bach diente in erster Linie zur Entsorgung der Straßen- und Hausabwässer sowie im Winter von Schnee.

Feuerbächl, Unteres

Länge: 233 m
Aufgelassen 1904
Das Untere Feuerbächl zweigte bei der Riegermühle nach links aus dem Auerfehlbach ab, floss danach im Verlauf der Zeppelinstraße und mündete früher in den Entenbach bzw. später den Entenbachkanal. Der Bach floss in einem Gebäude, nur durch Bretter abgedeckt, unter einem Kramerladen hindurch, durch ein Wohnzimmer und eine angebaute Remise.

Freibadbächl

Länge: 3370 m
Wassermenge: 0,25 cbm/sec
Der Name des Bachs geht zurück auf das erste städtische Freibad, das heutige Schyrenbad, das vom Bachwasser gespeist wurde. Seit den Umbauten im Zusammenhang mit der Erstellung des Isar-Werkkanals 1907 ist das Freibadbächl die Fortsetzung des Aubachs nach dem Ablass in die Isar. Er verläuft mehr oder weniger parallel zur Isar durch Grünanlagen zum Schyrenbad und danach meist überdeckt bis zur Einleitung unterhalb der Reichenbachbrücke in die Kleine Isar.

Hauptkanal

Länge: 1021 m
Aufgelassen bis 1909
Der vermutlich künstlich angelegte Kanal führte Wasser aus dem Auerfehlbach nach Norden und mündete an der Lilienstraße in die Kleine Isar.

Kegelhofbach

Länge: ca. 250 m
Wassermenge: am Einlauf ca. 150 l/sec
Der Kegelhofbach zweigt in der Quellenstraße vom Auer Mühlbach nach Norden ab, umfließt das ehemalige Areal der München-Dachauer Papierfabrik (heute Am Kegelhof) und mündet wieder in den Auer Mühlbach. Bei der Umgestaltung des Areals 1966 wurde der Einlauf des Kegelhofbaches in den Auer Mühlbach stark verkleinert.

Kegelhofkanal

Länge: 110 m
Verfüllt 1966
Der Kanal wurde wohl künstlich angelegt für den Betrieb der Papiermühle, der späteren München-Dachauer Papierfabrik. Vom Unterwasser des Triebwerks in der Mühle führte er durch das Gelände des Kegelhofs und mündete vor dem Paulanerplatz wieder in den Kegelhofbach. Vor der Auflassung diente der Kanal als Kanalisation und zur Abfallentsorgung.

Ölfabrikkanal

Länge: 67 m
Aufgelassen 1958
Der Ölfabrikkanal wurde wahrscheinlich für den Betrieb der Ölmühle in der Falkenstraße angelegt. Er war ein Seitenkanal des Auerfehlbaches. Auf dem Gelände der Ölmühle bauten später die Optischen Werke Rodenstock eine Francis-Turbine ein. 1951 wurde die Anlage stillgelegt.

Oberer und Unterer Entenbach

Der Name des Bachs geht angeblich auf die Enten zurück, die die Geflügelhändler in Giesing und der Au im Bach schwimmen ließen. Ursprünglich wurde der Bach aus mehreren Quellen und Zuflüssen gespeist und führte ca. 200 m unterhalb der Reichenbachbrücke in die Isar. Beim Bau der Kanalisation wurde der Bachverlauf und die Abflüsse verändert. 1863 wurde der Entenbach überwölbt und 1901 aufgelassen.

Strafhauskanal

Länge: 225 m
Aufgelassen 1902/04
Der Strafhauskanal war die Fortsetzung des Zacherlkanals ab der Ohlmüllerstraße und hatte eine weitere Zuleitung direkt vom Auer Mühlbach her. Er durchschnitt das Strafarbeitshaus, von dem er seinen Namen hatte, in gerader Linie und mündete an der Westecke des Polizeigebäudes Am Neudeck in den Auer Fehlbach.Das Strafarbeitshaus wurde in dem säkularisierten Klostergebäude der Paulaner errichtet. Die Kanäle wurden bereits für die Gartenanlagen des herzogl. Schlosses zu Neudeck angelegt.

Zacherlkanal

Länge: 175 m
Aufgelassen
Der Kanal zweigte in der Falkenstraße vom Falkenbächl ab, floss durch das Gelände der Brauerei Zacherl und mündete in der Ohlmüllerstraße in den Strafhauskanal. Der Name des Kanals wird vom Besitzer der Brauerei Franz Xaver Zacherl abgeleitet.

Zacherlkanalausläufer

Länge: 61 m
Aufgelassen
Der Kanalausläufer zweigte innerhalb des Brauereigeländes nach links vom Zacherlkanal ab und mündete wieder in den Auerfehlbach.

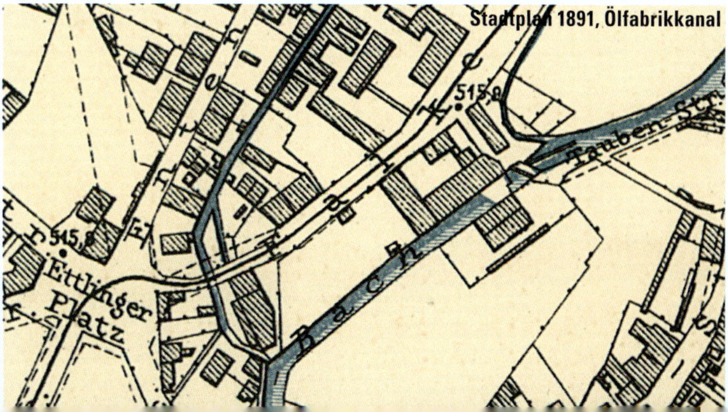

Stadtplan 1891, Ölfabrikkanal

Kalkofenanger Ende 18. Jh.

1.4 Kalkofeninsel und Stadtgärtnerei

Die Insel zwischen Isar und Auer Mühlbach wurde nach dem Kalkofen benannt, den die Stadt Ende des 18. Jh. hier neu errichten ließ und der bis 1870 betrieben wurde. Mit großen Mengen Brennholz wurden in den Brennkammern Kalksteine gebrannt, die meist von Frauen an den Isarufern auch außerhalb der Stadt gesammelt und teils mit Flößen hierher gebracht wurden. Der Kalk war unverzichtbar für den Häuserbau. Nach dem Abbruch des Kalkofens und einer benachbarten Gipsmühle richtete die Stadt ab 1839 auf der Kalkofeninsel eine Baumschule der Stadtgärtnerei ein.

Muffathalle

Seit 1993 ist im Gebäude eine multifunktionale Veranstaltungshalle untergebracht, einige Erinnerungsstücke an die ehemalige Nutzung wurden bei der gelungenen Sanierung erhalten.
www.muffathalle.de

Muffat-Brunnhaus 1912

1.5 Muffatbrunnhaus

Als Ersatz für das technisch überholte städtische Brunnhaus Am Isarberg schlug Stadtbaurat Carl Muffat 1833 ein neues Brunnhaus auf der Kalkofeninsel vor. Die Ausführung verzögerte sich jedoch, die kgl. Regierung verweigerte zunächst die Genehmigung für das städtische Brunnenprojekt, da für das Hofbrunnhaus im Brunnthal weitere Wasserabnehmer gewonnen werden sollten, es war gerade mit einer Dampfmaschine technisch aufgerüstet worden. 1835 konnte der Bau endlich beginnen, Anfang 1837 wurde das neue Brunnhaus dem Betrieb übergeben. Über einen neuen Seitenkanal des Auer Mühlbachs wurde Wasser zugeführt, das ein sogen. Poncelet-Rad antrieb. Zwei stehende Balancierpumpen förderten pro Tag 6.220.800 Liter Grundwasser in einen Hochbehälter, über Leitungen in der Ludwigsbrücke wurde das Wasser in die Innenstadt gebracht. Nach der Fertigstellung der zentralen Wasserversorgung aus dem Mangfalltal wurde das Brunnhaus 1883 außer Dienst gestellt.

Muffatwerk

Das Werk entstand 1893 als erste größere Anlage zur Stromerzeugung in München auf dem Gelände des außer Betrieb gesetzten Muffatbrunnhauses. Zunächst nur für die elektrische Straßenbeleuchtung konzipiert, erhielt das Werk eine Turbine mit 180 PS, die vom Auer Mühlbach angetrieben wurde und eine Dampfmaschine für 300 PS, die einen Dynamo der Nürnberger Firma Schuckert antrieb. Bereits vier Jahre später entstand als Erweiterung eine neue Maschinenhalle mit ca. 40 m Länge nach Plänen des Architekten Carl Hocheder und des Elektroingenieurs Friedrich Uppenborn. In ihr standen zwei Dampfdynamos mit 350 PS und zwei weitere mit 700 PS, hergestellt von der Münchner Firma Maffei. Die Kombination von Dampf- und Wasserkraft sollte eine konstante Stromerzeugung für Straßenbeleuchtung und Trambahn gewährleisten. Am 29. Juni 1895 wurde der elektrifizierte Betrieb der Trambahn auf der „Grünen Linie" vom Färbergraben zum Isartalbahnhof aufgenommen. Das Muffatwerk blieb bis 1973 in Betrieb. Seit 2006 ist im Bachbett wieder ein überströmtes Wasserkraftwerk mit einer Leistung von 300 kW eingebaut.

Direktorenvilla

Den von Carl Hocheder geplanten Wohnsitz des Direktors verkaufte die Stadt München Anfang 2007 an einen privaten Nutzer. Schade.

1.6 Brunnhaus Am Isarberg

Das älteste Brunnhaus der Stadt, erstmals genannt 1555, stand am Fuß des Gasteigs neben dem Auer Tor. Das direkt aus dem Hang austretende Grundwasser wurde über Stollen und Quellfassungen in das Brunnhaus geleitet und in Hochbehälter gefördert, von dort floss es über die Isarbrücke bis in die Innenstadt. Da die Mühlräder ebenfalls mit dem Quellwasser angetrieben wurden, war die Anlage wenig effizient. Nach dem Bau des Muffatbrunnhauses wurde das Brunnhaus Am Isarberg 1859 abgerissen.

Brunnhaus am Isarberg, 1761

1.7 Hofbrunnhaus Lilienberg

Das Brunnhaus wurde um 1561 erbaut und stand am Auer Mühlbach gegenüber der Schobinger Mühle. 1889 wurde es an die Münchner Kindl-Brauerei verkauft, 1905 von der Unionsbrauerei übernommen.

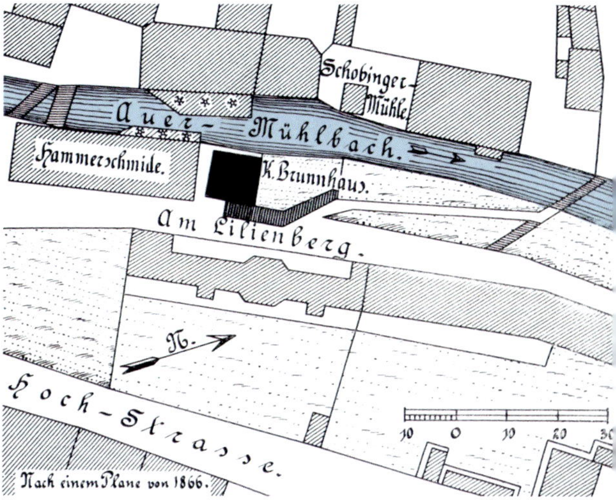

1.8 Kloster Lilienberg

Der lang gestreckte Baukörper Am Lilienberg 15 enthält heute das „Haus des Deutschen Ostens", geht aber zurück auf einen 1749–52 errichteten Neubau für das Benediktinerinnen-Kloster Lilienberg ob der Au. Der Münchner Bürgermeister Johann Maximilian von Alberti, kurkölnischer Truchseß und landschaftlicher Zahlmeister, hatte 1692 ein Grundstück mit einer hölzernen Kapelle erworben, die 1673 vom „Prunknecht" Sebastian Gaißreitter errichtet worden war. Gegen den Wunsch der Paulanermönche in Neudeck gelang es Alberti bis 1711 eine Klosteranlage für 12 Benediktinerinnen zu installieren, die letzte Klostergründung in München vor der Säkularisierung. Mittelpunkt der Anlage war, wie im Stich von Wening zu sehen, die Kapelle, ein Rundbau auf acht „marmorenen Säulen" mit einer schönen Ausstattung des Münchner Malers Andreas Wolf und einer Kuppel. Links und rechts der Kapelle ließ Alberti Wohnräume für die „frommen Jungfrauen" anbauen. Die Paulanermönche in Neudeck sahen ihr Privileg der pfarrherrlichen Rechte in der Au in Gefahr, wohl auch die Konkurrenz der Spendengeber. Am 21. November 1715 konnten die ersten sechs Benediktiner-Klosterfrauen, die aus Niedernburg kamen, feierlich eingeführt werden, sie erteilten Schulunterricht für Mädchen und „waren mit frommen Übungen befaßt".

Nach der Aufhebung des Klosters 1803 kamen die Nonnen nach Altomünster, im Gebäude wurden verschiedene Ämter untergebracht, 1970 wurde im nördlichen Bauteil der Anlage das „Haus des Deutschen Ostens" eröffnet, ein Zentrum für Kultur und Politik der Vertriebenen.

Mit der Weihe des Klosters der Benediktinerinnen am 21. November 1715 wurde der Ort „Lilienberg" genannt, die Lilien als Symbol der Keuschheit und Jungfräulichkeit.

1.8 Bezirksamt München rechts der Isar

Die heutigen Landkreise gehen zurück auf die Einrichtung der Landgerichte im Jahr 1803 unter Kurfürst Max IV., dem späteren König Max I. und seinem Staatsminister Montgelas. Die Landrichter waren in ihren Gebieten für die Gerichtsbarkeit und die Verwaltung zuständig. Das Landgericht München umfasste die Gemeinden um die Haupt- und Residenzstadt herum, u.a. auch die Gerichte Ob der Au und Giesing. Insgesamt lebten 1808 mehr als 25.000 Einwohner im Landgericht München. Bereits 1831 wurde das große Landgericht entlang der Isar geteilt in das Landgericht München und das Landgericht Au, nachdem 1854 die Au, Giesing und Haidhausen nach München eingemeindet wurden, benannte man die Verwaltungsbezirke in München links der Isar und rechts der Isar um. Nach einer neuerlichen Umorganisation und vor allem einer Trennung der Verwaltungs- und Gerichtsaufgaben wurden Bezirksämter geschaffen. Das Bezirksamt rechts der Isar, gebildet aus den Landgerichten Rechts der Isar und Wolfratshausen wurde in den ehemaligen Räumen des Klosters Am Lilienberg eingerichtet und blieb bis 1956 Sitz des Landratsamtes. Der Verwaltungsbereich des Bezirksamtes München hat durch die Vielzahl der Eingemeindungen einzelner Gemeinden zur Stadt München ständig an Fläche verloren, wenn auch die Einwohnerzahlen stiegen.

Ordnung in das Chaos der Au

Mit der Einrichtung der Landgerichte 1803 entstand auch für die Au eine Verwaltungsbehörde, die versuchte, Ordnung in das Chaos zu bringen: Maßnahmen gegen die Feuersgefahr, die Handhabung der Fremdenpolizei, Straßenreinigung und baurechtliche Vorschriften, Schutzmaßnahmen gegen die ständigen Überschwemmungen.
Im Gegensatz zur Stadt München, die bis um 1800 eine Stadtmauer und auch danach noch strenge Zuzugs- und noch strengere Einbürgerungsvorschriften hatte, gab es in der Au quasi keine Beschränkung. In manchen Fällen wurden auch ganz gezielt Arbeiter in die Au geworben: in die Tabakfabrik des Kommerzienrats Fleischmann im Wageck, in die Fabrica in der Nähe des heutigen Paulanerplatzes, Tuchfabrik und Zeughaus, initiiert von Kurfürst Max Emanuel und auch das militärische Arbeitshaus des Grafen Rumford, in das er 2.000 Arbeitslose, Bettler und Müßiggänger aus der Stadt München gesammelt hatte: alles Betriebe, die zunächst Arbeitsplätze geschaffen haben, aber nach ihrer Aufhebung viele arbeitslose Arbeiter und Hilfskräfte in der Au zurückgelassen haben, die keine Möglichkeit hatten, an anderer Stelle unterzukommen.
Kein Wunder, dass die Au einen schlechten Ruf erhielt. Für die drei Jahre 1833 bis 1836 sind im *Landgericht Ob der Au* 2.576 Kriminalfälle dokumentiert, dabei 8 Morde und 85 schwere Diebstähle. Der Scharfrichter der österreichischen Hauptstadt Wien jedenfalls soll die Au für eine „ungeheuer große Stadt" gehalten haben, weil er „soviele aus der Au zum Köpfen bekomme". Aber das ist wahrscheinlich nur eine boshafte Legende.

1.8 Sudetendeutsches Haus

In den Gebäuden an der Hochstraße ist seit 1985 die Sudetendeutsche Stiftung untergebracht, die 1970 gegründet wurde. Auftrag der Stiftung ist die Pflege des Kulturguts der nach dem Zweiten Weltkrieg aus der damaligen Tschechoslowakei vertriebenen Sudetendeutschen.
Das Haus ist auch Sitz der Sudetendeutschen Landsmannschaft, Sprachrohr für die Heimatvertriebenen aus dem ehemaligen Deutsch-Böhmen und Deutsch-Mähren.

1.9 Kloster Liliental

Mariahilfplatz 10
Eine Stiftung des Papierfabrikanten Christof Mayer um 1705 ermöglichte fünf Frauen ein einfaches Leben in einem kleinen Haus am Mariahilfplatz. Weitere Stiftungen folgten, verbunden jeweils mit der Verpflichtung der Frauen zum Gebet für die Stifter in der Mariahilfkapelle. In ihrem eigenen Haus richteten die Frauen eine kleine Kapelle ein, die 1747 vom Freisinger Kardinal Johann Theodor eingeweiht wurde, bereits 1737 wurden sie mit Zustimmung der Paulanermönche als Paulanerinnen und damit als eigenes Kloster mit 15 Nonnen bestätigt. Vor allem das Vermächtnis einer Tochter des Bankiers Rocker, die mit Andreas Dall´Armi verheiratet war, verschaffte den Klosterfrauen eine finanzielle Sicherheit. Dall´Armi ließ zwar das Testament anfechten, mithilfe von Utzschneider kam es aber doch zu einem günstigen Vergleich für die Nonnen, die v.a. als Erzieherinnen und Lehrerinnen arbeiteten. Nach der Säkularisierung des Klosters Liliental gingen die Nonnen nach Niederviehbach, das Gebäude am Mariahilfplatz 10 wurde in eine Knabenschule umgebaut. Heute wird das Haus vom Beratungs- und Behandlungszentrum für Flüchtlinge und Folteropfer – Refugio – genutzt.

Sudetendeutsches Museum

Im Anschluss an das Sudetendeutsche Haus soll bis Mitte 2018 der Neubau eines Sudetendeutschen Museums mit 1.200 qm Nutzfläche errichtet werden. In einem Realisierungswettbewerb gewann der Entwurf des Münchner Architekturbüros pmp architekten. Thematisiert werden sollen nicht nur die Ereignisse um die Flucht und Vertreibung der Sudetendeutschen im 20. Jahrhundert, sondern auch die über 800-jährige Geschichte der Deutschen in Böhmen, Mähren und Schlesien. Das Bild links zeigt den weitgehend geschlossenen Baukörper von der Ludwigsbrücke aus.

1.10 Matrosen in der Au

Seit 30 Jahren hat die schon 1890 als Marine-Verein gegründete Marinekameradschaft München ihren Standort in der Au, bis 1983 im Hochbunker an der Quellenstraße, seitdem in der Lilienstraße 12. Ursprünglich ein Unterstützungsverein u.a. für die Hinterbliebenen von Schiffsunglücken ist der Verein heute Treffpunkt für ehemalige Marineangehörige und Freunde der Seefahrt. Jedes Jahr gibt es ein Hafenfest (Bild oben) mit befreundeten Münchner Shanty-Chören. Zum 125-jährigen Vereinsjubiläum erschien ein Katalog von Schiffen, die Bayern und München hießen. Letztere sind leider in der Regel – teils unter dramatischen Umständen – abgesoffen.
www.mk-muenchen.de

Steilhänge rechts der Isar

Die Topographie des Münchner Stadtgebiets wird geprägt durch die Ausschwemmungen der Ur-Isar aus den Schotterablagerungen der letzten Eiszeiten. Neben der sogen. Altstadtterrasse haben sich im Westen und Osten zwei Hangkanten gebildet. Der östliche Hang ist bei Harlaching über 30 m hoch und läuft bis Bogenhausen auf 15 m aus. Im Bereich der Au betragen die Höhenunterschiede ca. 16 m. Der steile Hang und der Anschnitt der Grundwasserschichten wurden früher zur Gewinnung von Trinkwasser genutzt, das bis in die Innenstadt geleitet wurde. Auch heute noch gibt es mehrere Stellen, an denen aus dem Hang Grundwasser austritt.

Zwischen dem Kronepark nördlich der Bahnlinie nach Rosenheim und dem Gasteig führen mehrere Treppenanlagen und Wege hinauf zur Hochstraße, früher teilweise auch die Erschließung der Herbergshäuser, die direkt in den Hang gebaut waren. Der früher gerühmte Blick von der Hochau in die Stadt ist wegen durchgehendem Bewuchs heute nur noch vom Stadtbalkon oberhalb der Treppenanlage zum Salvatorkeller möglich.
Bis zum Bau der Gebsattelstraße und der Überführung der Hochstraße gab es südlich der Gasteig-Auffahrt bis zum Giesinger Berg keine Möglichkeit mit schweren Wägen den Hang hoch zu fahren.

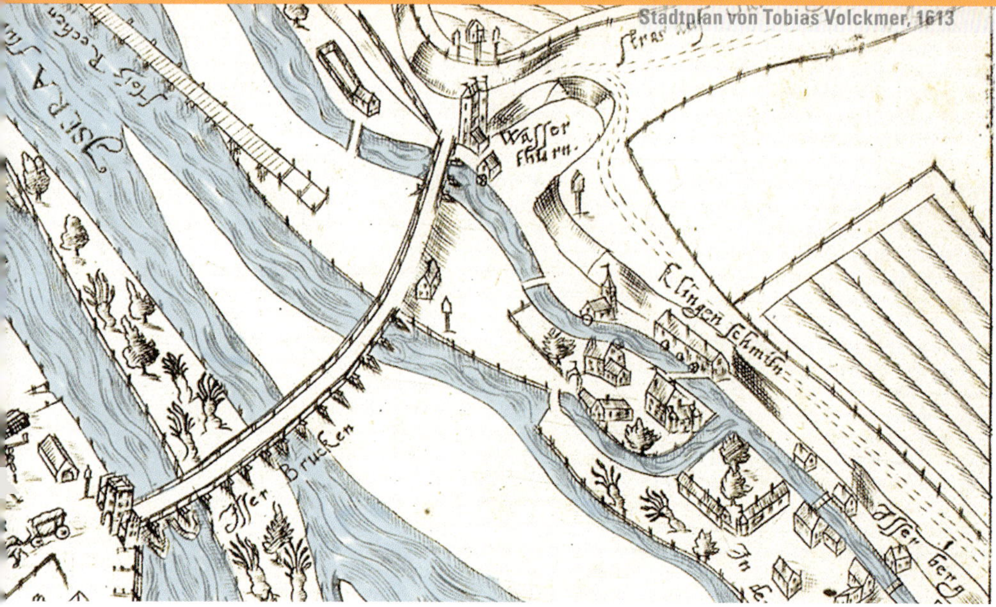

Stadtplan von Tobias Volckmer, 1613

1.11 Wageck

Eine Mühle an dieser Stelle bestand urkundlich mindestens seit 1467, als der Nürnberger Waffenschmied und Platner Hans von der Rosen von den bayerischen Herzögen Sigismund und Albrecht IV. die Genehmigung erhielt, als herzogliches Lehen eine Schleifmühle mit einem Klingenhammer am Auer Mühlbach zu errichten zur Herstellung von Schwertern und Rüstungen.

„Wag" bedeutete nach Schmeller: „Wasser in einem Graben", mit der Endung „Eck" oder „Egg" wurden häufig Burgen bezeichnet.

Auer Klingenschmiede

1483 ging die Hammermühle an Caspar Diefstetter, den „Klingenschmied zu Wageck in der Au". In ganz Europa berühmt wurde die Auer Klingenschmiede unter seinem Sohn Melchior Diefstetter (nachweisbar bis zu seinem Todesjahr 1556), der den Betrieb 1497 übernahm und besonders schöne und sauber gearbeitete Klingen herstellen konnte. Schwerter seiner Produktion sind in allen bedeutenden Waffensammlungen: in Wien, Delft, Turin, London, Chicago und im Bayerischen Nationalmuseum. Sein Sohn Ulrich (um 1536–1589) hatte Handelsbeziehungen bis in die Schweiz, er belieferte Zeughäuser und Militärs. Die Familie Diefstetter unterhielt gute Beziehungen zu den bayerischen Herzögen, die bei ihnen einkehrten, wie auch Mitglieder des Hofes. 1572 konnte Ulrich Diefstetter eine weitere Mahlmühle neben der bestehenden einrichten, inzwischen waren aber auch weitere Mühlen in der Au entstanden: die Mühlen von Rieger, Schöffelmeier und von Schweiger in Harlaching. Damit wurde der Mahlbetrieb Diefstetters unrentabel.

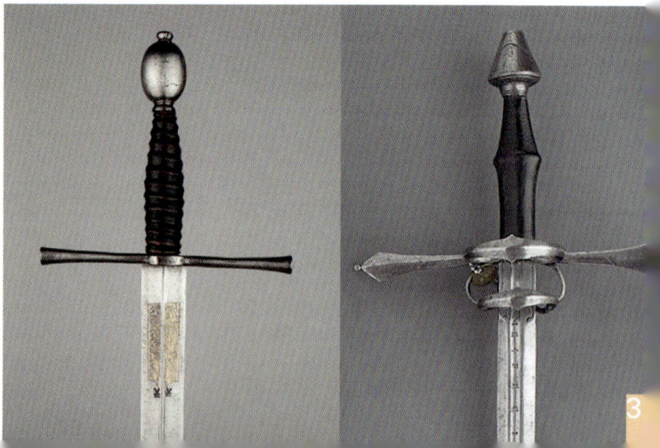

1.12 Schobingermühle

Der Münchner Bürgermeister Georg Schobinger erwarb 1563 den Besitz Wageck, das kleine Schlossgebäude und einen Garten der Herren von Haslang und erreichte, dass der Besitz 1563 zu einem Edelsitz erhoben wurde. Im Juni 1616 kaufte er die Schleifmühle und den Platthammer von den Erben Diefstetters mit allem Besitz, der dazu gehörte, eingeschlossen die Fischgerechtigkeit am Auer Mühlbach für 8.000 Gulden, die Klingenschmiede hatte ihre Bedeutung längst verloren.

In der Folge gelangte der Besitz 1664 an den Hofkammerrath und Hofzahlmeister Johann Christoph Cammerloher bzw. dessen geschäftstüchtige Frau Anna Maria. Sie erweiterte den Mühlenbetrieb, kaufte auf der Münchner Schranne Getreide, ließ es in ihrer Mühle mahlen und verkaufte das Mehl wieder in der Stadt, was umgehend zu Einsprüchen der Münchner Mühlenbesitzer führte. 1672 wurde der Besitz zur Hofmark erhoben, damit verbunden war in der Regel die niedere Gerichtsbarkeit und besondere Rechte des Hofmarksherren.

Schobingermühle von Norden, um 1910

Tabakfabrik

Große Teile von Wageck wurden 1682 für den Bau der Fabrica verwendet. Der Besitz Wageck konnte nur mit Mühen von der Familie Cammerloher unterhalten werden, nach weiteren Besitzwechseln kam er schließlich an den Kämmerer Gottlieb von Manteufel, der den Besitz ab 1780 „zertrümmerte", also in Teilen weiter verkaufte, die Mahlmühle mit sechs Gängen an Karl Stockinger und das Schlösschen an den Kommerzienrat Johann Jakob Fleischmann, der zusammen mit einem Mitglied der Beamtenfamilie Manteufel in der ehem. Schobingermühle die erste Rauchtabakfabrik in Bayern einrichtete. 1787 hatte er dafür ein Privileg des Kurfürsten Karl Theodor erhalten. Das Schlossgebäude wurde aufgestockt, einige benachbarte Häuser angehoben um sie vor dem Hochwasser zu sichern und nebenan standen die Tabakpflanzen. In der Fabrik arbeiteten vor allem Frauen und Kinder. 1792 verlegte Fleischmann die Tabakfabrik nach Landshut. Das Schloss ging danach an den Generallandesdirektionsrat Freiherr von Leyden und schließlich im Jahr 1813 für 15.000 Gulden an Martin Zacherl.

1.13 Maschinenfabrik Meiller

Im Gebäude Lilienstraße 5 nahm die Maschinenfabrik F. X. Meiller ihren Anfang. 1850 kaufte Lorenz Meiller, ein junger Schmied aus Mauerkirchen bei Endorf das Gebäude an der Lilienstraße für 7.500 Gulden und richtete eine Hammerschmiede ein. Im April 1853 erwarb er eine sogen. „Gerechtsame", eine Lizenz zur Herstellung von Waffen und Eisenwaren von der Witwe des Hammerschmieds Georg Buchwieser aus der Au für 2.450 Gulden. Ende des Jahres 1867 konnte Meiller das Nachbarhaus Lilienstraße 3 erwerben. Es wurden u.a. Werkzeuge für den Bau produziert: Pickel, Schaufeln und Hämmer, 1875 exportierte er geschmiedete „Pfahlschuhe", also Eisenspitzen für Holzpfähle nach Brasilien zum Bau des Hafens in Rio de Janeiro. Sein Wohnhaus baute er sich in der Zweibrückenstraße 28. Sein Neffe Franz X. Meiller (1852–1935) führte das Unternehmen ab 1881 mit Spezialentwicklungen für den Fahrzeugbau zu großem Erfolg. Die Firma wurde zum Lieferanten für die Forst- und Bauwirtschaft, bekannt wurden v.a. LKW-Aufbauten mit zahnstangenbetriebenen Windenkippern. Franz X. Meiller wurde 1907 Kgl. Bayer. Hofwerkzeugfabrikant und noch 1917 Kommerzienrat. Er engagierte sich auch in sozialer Hinsicht, nach 1918 errichtete er zahlreiche Volksküchen in München. Nach ihm wurde der Weg vom Kabelsteg zum Maximilianeum benannt. Der Firmensitz blieb bis 1918 in der Au erhalten, danach wurde die Produktionsstätte in die heutige Landshuter Allee verlegt. Entscheidende Weiterentwicklung war 1925 die hydraulische Hebeanlage für LKWs: der „Meiller-Kipper". Heute produziert das Weltunternehmen mit ca. 1.800 Beschäftigten neben vielen anderen Standorten noch in München-Moosach.

Holzmanufaktur Anton Doll

Heute hat in den Räumen an der Lilienstraße 3–5 eine Holzmanufaktur ihren Sitz. Der Namensgeber Anton Doll war ebenfalls Huf- und Wagenschmied, sein Enkel Robert Häusl knüpft mit seinen hochwertigen Holzprodukten an diese handwerkliche Tradition an.

1.14 Riggauer Vergolderei

1887 gründete Konrad Riggauer (1853–1927) einen Betrieb, der sich auf das Vergolden und Restaurieren von Möbeln spezialisierte. Riggauer war lange Gemeindebevollmächtigter, Landesgewerberat und Münchner Stadtrat für die Zentrumspartei bzw. die BVP. Er hatte durch sein Engagement auch wesentlichen Anteil daran, dass die Auer Dulten erhalten blieben bzw. die Jakobidult ebenfalls in die Au kam. Nach seinem Tod führte sein Sohn Konrad den Betrieb weiter. Bei einem Luftangriff 1944 wurde das Haus zerstört und 1947 wieder nach dem originalen Zustand aufgebaut. Nach dem Tod von Riggauer jun. im Jahr 1957 übernahm das Geschäft seine Frau Therese, 1967 trat ihr Neffe Matthias Hornsteiner in die Firma ein.

(aus: Der Münchner Stadtteil Au im Wandel der letzten achtzig Jahre, hrsg. vom Verein Freunde der Vorstadt Au)

1.15 Johann Bucher Drahtgitter

Am 22. September 1881 erwarb Johann Bucher die Werkstätte des Gitter- und Siebmachers Eichner. 1897 baute er in der damaligen Entenbachstraße (heute Zeppelinstraße 75) ein Haus mit Laden und Werkstatt. 1921 wurde der Betrieb von seinem gleichnamigen Sohn übernommen, der nach dem Zweiten Weltkrieg seine Neffen Walter Wiesenberger und Karl Krauß in die Firma übernahm. 1954 Gründung einer OHG mit den Neffen als persönlich haftende Mitglieder. Heute hat hier die Schlosserei Hering ihren Sitz.
(aus: Der Münchner Stadtteil Au im Wandel der letzten achtzig Jahre, hrsg. vom Verein Freunde der Vorstadt Au))

Herbergshäuser

Beginn der Besiedlung

Ab dem 16. Jh. begann eine intensivere Besiedlung der Au und Giesings. Dafür gab es mehrere Ursachen. Die großen bürgerlichen Bauten der Stadt München im 15. und 16. Jh., beispielsweise der Bau der Stadtmauern und der Frauenkirche, und später der umfangreiche Ausbau zur Residenzstadt durch die Herzöge und Kurfürsten sowie die Anlage der barocken Befestigungen zogen zahlreiche Handwerker und Tagelöhner aus der weiteren Umgebung an, die jedoch in den wenigsten Fällen das Bürgerrecht der Stadt München erhielten, entweder weil sie von den Handwerkszünften der Stadt nicht aufgenommen wurden, aus Angst vor zu großer Konkurrenz, oder weil sie das erforderliche Kapital nicht aufbringen konnten, und in den billigeren Quartieren vor der Stadt Unterkunft suchten. Verschlossen blieben die Tore der Stadt natürlich auch den Landstreichern, Bettlern und Kriminellen, die alle vom städtischen Leben angezogen wurden, ohne dass sie hier Aufnahme fanden. Bauland zur Ansiedlung stand jedoch auch ausserhalb des Burgfriedens in unmittelbarer Nähe zur Stadt nur sehr begrenzt zur Verfügung. Denn auf landwirtschaftlich nutzbaren Flächen wurden Ansiedlungen nicht zugelassen. Es blieben nur mehr die nicht nutzbaren Flächen, ehemalige Lehmgruben wie in Haidhausen oder das Schwemmland der Isar wie im Gebiet der Au und von Giesing.

Bebauungsformen

Die Behausungen entstanden ohne jedes Ordnungsprinzip. Jeder Ansiedler baute nach seinen finanziellen Möglichkeiten, den eigenen Vorstellungen und den technischen Erfahrungen seiner meist bäuerlichen Herkunft. Lediglich der Verlauf des Auer Mühlbachs und der Lilienstraße als Haupterschließungsweg von der Isarbrücke nach Giesing und weiter nach Harlaching und Tölz gaben eine Bebauungslinie vor. Ansonsten geriet das Ganze zu einem unstrukturierten Nebeneinander von hölzernen, gemauerten, großen und kleineren Gebäuden. Die kurfürstliche Hofkammer versuchte zwar die weitere Besiedlung durch restriktive Maßnahmen einzudämmen, aber eher halbherzig, denn gleichzeitig erhielt das Hofkastenamt als Verwalter des Grundbesitzes weitere Einkünfte durch jeden neuen Bewohner. Neben wenigen Bauern und Fischern bestand die Bevölkerung der Au und Giesings aus Gewerbetreibenden, unselbständigen Maurern und Zimmerern, Gärtnern, Wäschern, Bürstenbindern, Seiden- und Leinenwebern und vor allem aus Tagelöhnern.

Konkurrenz zur Residenzstadt

Die ungeliebte Nachbarschaft hat über Jahrhunderte zu Streitigkeiten zwischen der Stadt München und der Vorstadt Au geführt. Es muss nicht mehr weiter betont werden, dass der Großteil der Auer Bevölkerung arm war. Auch wenn die Münchner Bürgerschaft aus Sorge um das eigene Wohlergehen sich regelmäßig über die weiteren Ansiedlungen von besitzlosen Bevölkerungsschichten auf dem rechten Isarufer beklagte, reagierten die jeweiligen Landesherrn durchaus nicht im Sinne der Münchner Besitzbürgerschaft. Die billigen Arbeitskräfte aus der Au waren ihnen eine willkommene Konkurrenz zu den Münchner Handwerkern. Durch die Ansiedlung auf den Grundstücken des Landesherrn, bzw. des Adels

Herbergen am Fischerweg unterhalb der Hochstraße

erhielt die Hofkammer außerdem beträchtliche Steuereinnahmen. Die ärmliche Situation der Auer Bevölkerung und die Tatsache, dass Bauland nur in begrenztem Umfang zur Verfügung stand, hatte zur Folge, dass die Ansiedler selten eigene Häuser erwerben oder bauen konnten, sondern sich zunächst in Häusern oder Hausteilen einmieteten. Um eine größere soziale Sicherheit und das Niederlassungsrecht zu erreichen, suchten die Bewohner ab dem 17. Jh. Wohnungen käuflich zu erwerben.

Bauaufnahmen von Herbergshäusern, 1910–12

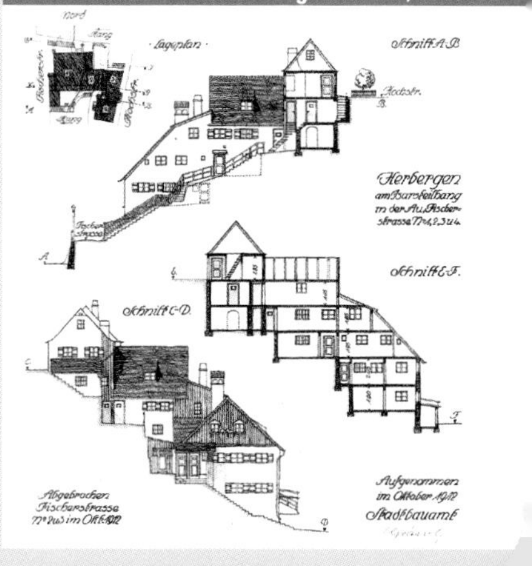

Herbergen

Daraus entstand eine besondere Rechtsform: das Herbergsrecht. Vergleichbar ist es unserer heutigen Rechtsform der Eigentumswohnungen. Ein Herbergshaus bestand aus mehreren Wohnungen, die jeweils auch einen Eigentumsanteil am Grundstück und den gemeinschaftlich genutzten Bauteilen hatten (Fassade, Treppen, Laubengänge). Diese Rechtsform wurde von den Grundbesitzern gefördert, vor allem um die ansonsten nicht nutzbaren, schlechten Grundstücke zu verwerten, die für einen normalen Wohnungsbau nicht brauchbar gewesen wären. Die Wohnungen und Hausanteile wurden verkauft, beim Weiterverkauf an andere und der Vererbung wurde eine zusätzliche Abgabe an den ehemaligen Grundbesitzer fällig, das so genannte *Laudemium*.

Wer sich im 18. und 19. Jh. in Bayern einen festen Wohnsitz einrichten wollte, musste entsprechenden Besitz und ausreichenden Nahrungserwerb nachweisen. Um einer drohenden Ausweisung zu entgehen, suchten daher die Tagelöhner wenigstens kleine Herbergsanteile zu erwerben. Das wiederum führte dazu, dass die bestehenden Herbergen immer weiter unterteilt wurden, im Fachjargon „zertrümmert", alte Stallungen und leere Dachböden wurden ausgebaut.

Herbergshäuser

Malerische Vorstadt

Das vermeintlich romantische Bild dieser Herbergen in der Au und Giesing hat zahlreiche Künstler inspiriert. Aber in der Realität waren diese Wohnverhältnisse natürlich inakzeptabel. Enge, niedere Räume, im Schnitt ca. 2 m hoch, äußerst mangelhafte Licht- und Luftzufuhr, ungenügende Isolierung, die gemauerten Umfassungswände mit max. 25 cm Stärke. Die Erdgeschoße oft um einige Stufen abgesenkt, ungenügend gegen die Feuchtigkeit vom Boden oder auch von den Hängen her abgedichtet. Grundsätzlich fehlten Trinkwasserleitungen, Toiletten und eine geregelte Abwasserentsorgung.

Wohnsituation in der Vorstadt, um 1920

Eigentumsrechte der Herbergen

Die Besitzansprüche der einzelnen Herbergsbewohner, und das waren im Einzelfall auch 10 oder mehr Eigentümer pro Haus, führten zu besonderen Gebäudeformen. Die Herbergsbesitzer versuchten nach Möglichkeit sich eigene Zugänge anzulegen, teils mit außenliegenden Treppen. Um die Dachgeschoße effizienter zu nutzen, wurden meist steile Halbgiebel aufgesetzt. Bei Herbergen am Steilhang des Hochufers legte man Eingänge auf verschiedenen Ebenen vom Hang aus an. Die Gebäude sind vielfach aus Holz, selten ist das Erdgeschoß gemauert, bzw. später mit einer Vormauerung versehen. Oft kann man die meist ländliche Herkunft der Erbauer erkennen. Die meisten der älteren Gebäude waren zweigeschoßig. Um das Grundstück bestmöglich auszunutzen, kragen die Obergeschoße oft aus, auch über die vorgegebene Grundstücksfläche. Im Gegensatz zu den Gebäuden in der Stadt München selbst, deren Bauweise durch städtische Bau- und Kundschaftsordnungen festgelegt war, ist die Herstellung der Herbergen nur durch möglichst leichte und damit billige Bauweise definiert.

E. Schlatter, 1910

Unzumutbare Wohnverhältnisse

Die Wohnverhältnisse der Vorstadtbewohner sind für uns heute schwer vorstellbar. Nicht verwunderlich ist jedoch, dass die hygienischen Bedingungen zahlreiche Epidemien ausgelöst, bzw. deren Verbreitung gefördert haben. In der Au gab es im 19. Jh. drei Cholera-Epidemien. Das Zusammenleben so vieler Menschen auf engstem Raum führte bei der Jugend auch zwangsläufig zu einer überdurchschnittlichen Frühreife, deren absehbare Konsequenzen von der Ortsgeistlichkeit gewöhnlich als „zunehmende religiöse und sittliche Verrohung der Jugend" umschrieben wurden. Die Auer Jugend war berüchtigt. Das führte dazu, dass der Ort ein eigenes Gericht erhielt und nicht mehr dem Gericht Wolfratshausen unterstellt war, weil man dem kriminellen Treiben nicht mehr Herr werden konnte.

Das Ende der Herbergen

Die Auflösung der Herbergsviertel begann Mitte des 19. Jh. nach der Eingemeindung der Au in die Stadt München im Zusammenhang mit einer allgemeinen Verbesserung der hygienischen Verhältnisse. Die dadurch erforderlichen Maßnahmen waren jedoch in den Herbergsvierteln nicht direkt durchsetzbar. Daher entschloss sich die städtische Verwaltung zu einer längerfristigen Lösung und kaufte einzelne Herbergsanwesen auf, um sie nach und nach durch Neubauten zu ersetzen. Großflächige Sanierungsmaßnahmen konnten jedoch nicht verwirklicht werden. Die von der Stadt bzw. auch von privaten Spekulanten aufgekauften Häuser wurden daher wieder weitervermietet, was die Qualität der Bausubstanz in der Regel noch mehr verschlechterte und die weitere Verelendung der Herbergsviertel vorantrieb. Der Höhepunkt dieser Aufkäufe wurde um 1900 erreicht. Mit der Einführung des Bürgerlichen Gesetzbuches im Jahr 1900 wurde auch die Rechtsform des Herbergseigentums abgeschafft. Gleichzeitig wurde jedoch die juristische Konstruktion der Herbergen als grundsätzliche Möglichkeit zur Schaffung von Arbeiterwohnungen anerkannt, mit verbesserten hygienischen Bedingungen natürlich.

Denkmalschutz

Auch Überlegungen zum Denkmalschutz kamen schließlich zum Tragen. Dem bisherigen rigorosen Abriss folgte eine differenziertere Neubewertung unter gesellschaftsgeschichtlichen Aspekten mit der Absicht, wenigstens einzelne Hausgruppen mit „besonderer Eigenart" zu erhalten. Der Zweite Weltkrieg bereitete diesen Überlegungen ein definitives Ende. Der Bombenhagel der alliierten Luftangriffe von 1943 und 1944 zerstörte mehr als 70 % der Herbergsanwesen in der Au. Einzelne stehen gebliebene Gebäude waren aus dem Zusammenhang gerissen, ein Erhalt von typischen Häusergruppen schied damit aus. Aufwändige museale Restaurierungen und Rekonstruktionen standen selbstverständlich in schroffem Gegensatz zu den dringendsten Notwendigkeiten des Wiederaufbaus.

Am Paulanerplatz

Karl Valentin: Der Umzug

„Ja ja, mir sind furchtbar beschränkt – nicht mir selber, sondern mit unserer jetzigen Wohnung. Wohnung kann man da eigentlich nimmer sagn, mir sagn halt so, weil wir bis jetzt noch keinen passenden Ausdruck dafür g´funden ham, wie wir unser Heim nennen könnten. "Loschi" mögn ma net sagn, weil das ein Fremdwort ist, und Dreckloch, das ist uns zu ordinär. Wir wohnen halt jetzt sechs Jahr in der Vorstadt in der Quellengasse, neben der alten Papierfabrik am Mühlbach. Hausnummer ham ma koane, aber es ist leicht zum finden – wenn S´uns b´suchen wolln, brauchen S´nur in die Quellenstraß gehn, wo de Kunstmaler allweil umanander hocka, und speziell das Häusl – wo de allweil abmaln, in dem wohna mir. Mir ham ja nie über unser trautes Heim geklagt, aber – wie uns vor drei Jahr das letzte Hochwasser aus´n Zimmer an Fuaßbodn raus-g´schwoabt hat, von da ab war ein weiteres Ausharren unmöglich. Das einzige Schöne, was wir in der Wohnung ham, ist das laufende Wasser, – das lauft Tag und Nacht über d´Wänd runter, so feucht ist´s in unserer Burg."

Die Herbergen nach der Zerstörung, 1945

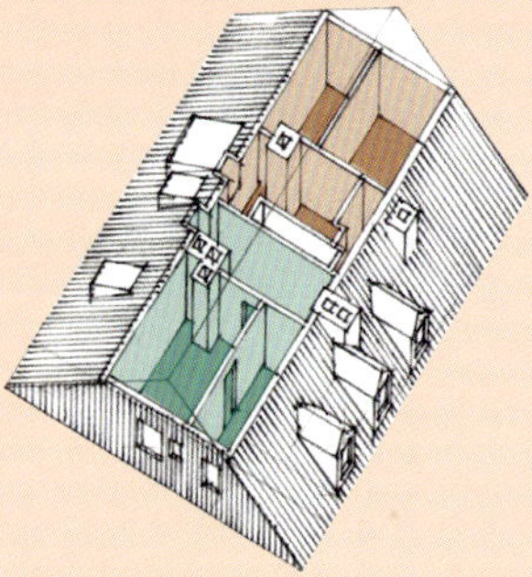

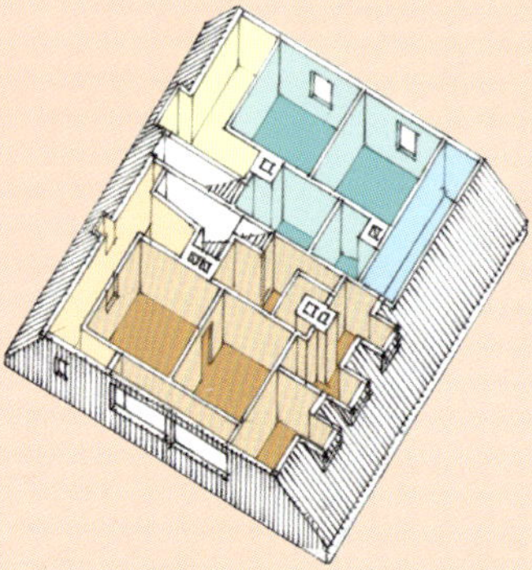

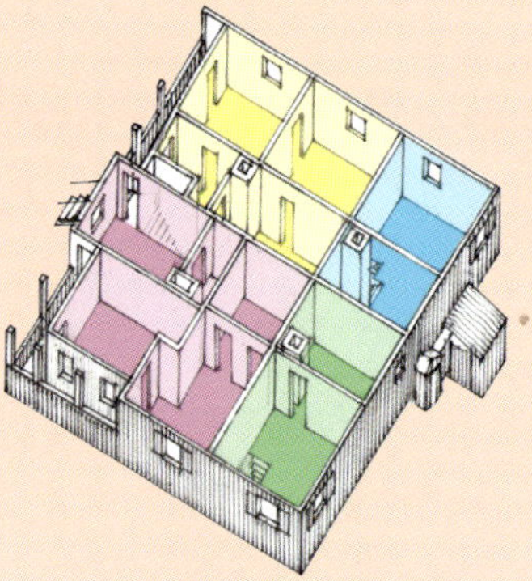

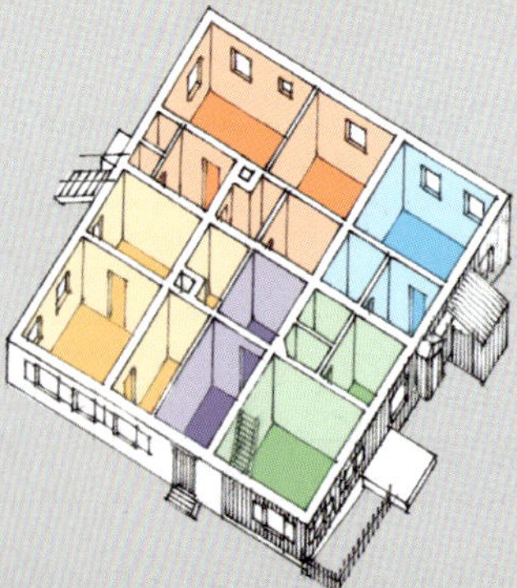

1.17 Paschihaus an der Krämerstraße 1

Das Paschihaus bzw. Pagenhaus galt als eine der ältesten Herbergen in der Au und stammte in seinen Anfängen wohl aus dem 14. Jh. Es soll im 16. und 17. Jh. Wohnungen für die Pagerie des Herzogs enthalten haben, daher der volkstümliche Name Paschihaus. Auf dem Bild oben ist das Haus um 1900 zu sehen. Damals hatte es zehn Herbergen und einen kleinen Laden im Erdgeschoß mit insgesamt 470 qm Nutzfläche, vier davon besaßen einen eigenen Eingang im Erdgeschoß, zwei davon waren Maisonettewohnungen, die anderen wurden alle über einen Altan und eine Innentreppe erschlossen, die im ersten Obergeschoß begann. Im ganzen Haus gab es weder Toilette noch Wasseranschluss. Um 1900 hatte man an mehreren Stellen in der Au öffentliche Toiletten eingerichtet. Das Haus wurde im Zweiten Weltkrieg zerstört.

Stefan George: Der siebente Ring

HERBERGEN IN DER AU

Bemalte erker zeitengraue balken
Und schindeln rufen auf die welt von eh . .
Verwunschner dorfplatz wo vom mund des schalken
Ein leiersang uns trifft wie tötend weh.

204

Herberge an der Franz-Prüller-Straße

Herberge Franz-Prüller-Straße 12

Herbergen heute

In der Au sind nur wenige der Herbergen erhalten. Das Verständnis für die besondere Identität dieser Wohn- und Hausformen wuchs erst wieder Ende der 70er Jahre. Ein größeres zusammenhängendes Ensemble ehemaliger Herbergen ist heute nur noch in Untergiesing an der Nockherstraße und in der Au an der Franz-Prüller-Straße zu sehen.

1984

1.18 Herbergshaus Franz-Prüller-Straße 12

Das Haus gehört zu den ältesten Gebäuden in der Au und stammt wahrscheinlich aus dem 17. Jahrhundert. Es wird allgemein als „Pesthaus" bezeichnet u.a. weil auf der Nordseite des Hauses ein Steinkreuz vor der Fassade steht, das vermutlich zu Pestzeiten aufgestellt wurde. Eine der Herbergen im Haus hatte um 1820 eine berühmte Besitzerin, die Opernsängerin Klara Metzger, gebürtig in der Au, die nach ersten Bühnen-Erfolgen ihren Eltern eine Wohnung im ersten Stock des Hauses gekauft hatte. Das Gebäude wurde im Zweiten Weltkrieg beschädigt und schien schon dem Untergang geweiht, als der Regisseur Josef Vilsmaier das Haus kaufte und bestens renovieren ließ. Heute gehört es mit den benachbarten Häusern zu den wenigen Stellen in der Stadt, an denen man noch die frühere Gestalt der alten Herbergsviertel erahnen kann.

um 1900

Churfürstliche Fabrica *Wollwerckhaus*, 1704

1.19 Kurfürstliche Fabrica

Auf Grundstücken der ehem. Hofmark Wageck bestand 1765/66 für kurze Zeit eine Produktionsstätte für Seidenstoffe. Bis 1679 hatte Kurfürst Max Emanuel ein großes viergeschoßiges Fabrikationsgebäude nach niederländischem Vorbild direkt am Auer Mühlbach errichten lassen. Im sogen. „Woll-Werck-Hauß" arbeiteten ab 1680 ca. 2.000 Beschäftigte, neben den Fachleuten oft ehemalige Soldaten, viele Frauen und Kinder, dazu auch eingewiesene Bettler und „Nichtsnutze", später auch 141 türkische Kriegsgefangene, die in erster Linie Uniformen für die bayerische Armee herstellten. Es standen sämtliche Produktionsanlagen zur Herstellung von Textilien und Ausrüstungsteilen zur Verfügung: Spinnereien, Tuchwalken, Färbereien, Nähereien und Strickereien. Das Unternehmen musste 1720 wieder aufgelöst werden, u.a. da die Hofkammer selbst ihre Rechnungen selten bezahlte und gleichzeitig 12.000 Gulden pro Jahr für den Neubau des Schleißheimer Schlosses abgegeben werden sollten.

Spätere Versuche, die Tuchfabrik wieder in Gang zu bringen, waren erfolglos. Auch eine Gobelin-Manufaktur zur Herstellung von großformatigen Wandteppichen, die Kurfürst Max Emanuel beauftragte, wurde wieder eingestellt. Nach weiteren erfolglosen Versuchen, rentable Fabrikationsanlagen im Gebäude zu führen, verkaufte die Hofkammer 1774 das Gebäude für 24.000 Gulden an eine Wiener Firma und als auch deren Unternehmen scheiterte, ging der Besitz 1782 wieder an die Hofkammer zurück.
Die ambitionierten Versuche, Manufakturen für den kurfürstlichen Hof zu betreiben, waren natürlich zunächst ein Angebot für die zahlreich vorhandenen arbeitslosen Bewohner der Au, sie zogen aber auch noch mehr Arbeitskräfte an, die nach dem Scheitern in der Au unterkommen mussten, denn eine Aufnahme in das Stadtgebiet Münchens war für sie nicht möglich.

Arbeitshaus

In einer groß angelegten Aktion ließ Benjamin Thompson, der spätere Reichsgraf von Rumford als kgl. bayerischer Kriegs- und Polizeiminister am 1. Januar 1790 zusammen mit drei Infanterie-Regimentern sämtliche Bettler im Münchner Stadtgebiet aufgreifen. Mehr als 2.000 Menschen wurden erfasst, wer nicht mehr arbeitsfähig war, wurde einer neu gegründeten Armen-Deputation zugeteilt, alle anderen wurden direkt in die ehem. Tuchfabrik in der Au verbracht. Thompson hatte das stillgelegte Manufakturgebäude durch den Architekten Franz Thurn für fast 70.000 Gulden in ein Arbeitshaus umbauen lassen, in dem nun für das Militär Uniformen und das komplette Zubehör hergestellt werden konnten. Es wurden über 20 Werkstätten für Zimmerer, Drechsler, Schmiede, Gerber, Schuhmacher, Sattler und alle Gewerke eingerichtet, die für die Textilherstellung und -bearbeitung notwendig waren: Weber, Spinner, Färber, Tuchwalker und Knopfmacher. Für die großen Wohnsäle wurden Heizanlagen installiert, im Erdgeschoß gab es eine Bäckerei und eine Großküche, in der Rumford seine ökonomisch konstruierten Öfen aufstellen ließ. Über der Eingangstür zum Arbeitshaus ließ Rumford in mächtigen Buchstaben die Inschrift anbringen: „Hier wird kein Almosen gegeben."

Rumfordsche Suppenküche

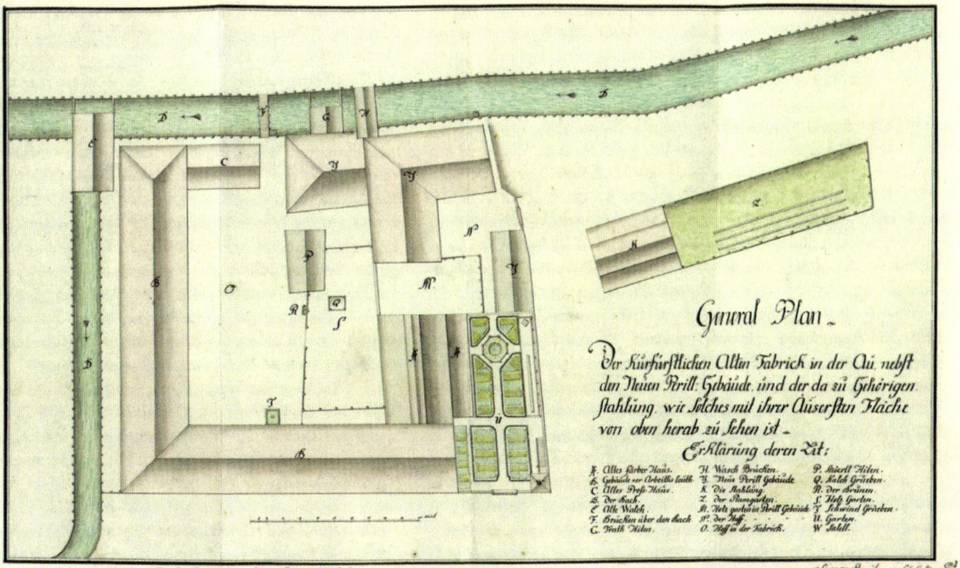

Kurfürstliche Fabrica in der Au, 1789

Arbeit statt Almosen

Ziel Rumfords war eine Behebung der sozialen Missstände: die Armen sollten nicht mehr wie in einer gottgegebenen Ordnung betteln müssen und Almosen als gottgefällige Gnade empfangen, sondern es sollte ihnen die Möglichkeit gegeben werden durch Arbeiten ihren Lebensunterhalt zumindest teilweise zu verdienen. Daher gab es für erbrachte Leistungen Kostmarken, die im Arbeitshaus in Mahlzeiten umgesetzt werden konnten. Das straff organisierte und effiziente Unternehmen war für damalige Verhältnisse auch in sozialer Hinsicht durchaus vorbildlich.

Neben einer geregelten Unterbringung und Verpflegung gab es für die Insassen medizinische Betreuung und Möglichkeiten zur Ausbildung, alle wurden mit einer speziell angefertigten Arbeitskleidung ausgestattet. Auch wenn beachtliche Mengen an Ausrüstungen im Auer Arbeitshaus hergestellt wurden, wirklich rentabel war der Musterbetrieb nie. Als eine seiner ersten Amtshandlungen ließ der nachfolgende Kurfürst, Max IV. Joseph den Betrieb im September 1799 wieder einstellen, auch wegen Klagen konkurrierender Leinwandhändler aus München, Wasserburg, Rosenheim und Miesbach.

Sir Benjamin Thompson, Reichsgraf von Rumford

Rumfordsuppe

Zur Versorgung der Insassen im Arbeitshaus erfand Rumford eine günstig herzustellende und trotzdem nahrhafte Suppe, die ursprünglich aus Graupen, Erbsen, Kartoffeln, viel Wasser, saurem Bier, Brotresten und etwas Speck bestand und stundenlang zu einem Brei gekocht wurde.

So schmeckts schon besser:
Eine fein gewürfelte Zwiebel, 200 g Speckwürfel und evtl. eine Knoblauchzehe anschwitzen, mit einem guten Liter Fleisch- oder Gemüsebrühe ablöschen und darin 300 g Erbsen, 300 g Kartoffelstücke und 100 g Graupen weichkochen. Mit Salz, Pfeffer und Muskat abschmecken und frische Petersilie dazu. Evtl. noch etwas Olivenöl, ein paar Kräuter und Zitronensaft. Mahlzeit.

Gastwirtschaften

Plan der Vorstadt Au um 1841

Gasthöfe, Wein- Kaffe-, Chocolade- und Methhäuser, Bierbrauereien, Gast-, Tafern- und Bierwirthschaften, Gustav Wenng, 1841

1 Daiglmaier´sche Bierbrauerei Zum Franziskaner
2 Zacherl´sche Bierbrauerei
3 Winkler´sches Kaffehaus
4 Heinkel´sche Wein- und Bierwirthschaft
5 Bader, Zum weißen Fuchs
6 Grundler, Zur weißen Lilie
7 Hadl
8 Hupfauf
9 König, Zum Silbernen Kranz
10 Nussbaum, Damenwirth
11 Pschorr, Zum Wageck
12 Pögl, Zu den 3 Königen
13 Schießstatt, Ottosaal
14 Siwig
15 Schober´sche, Kaffeschenk
16 Schreiber, Zur Flora
17 Strixner, Zum Neudecker Garten
18 Volnhals, Zum Schwarzen Lamm

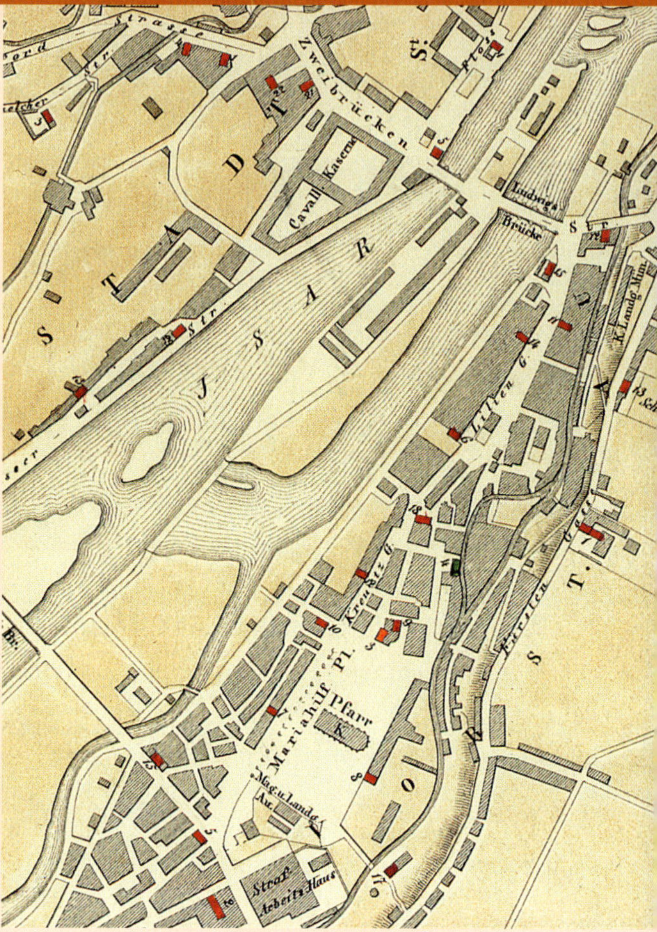

Lilienbräu um 1900

Wirtschaften

„An Wirten war in der Au nie Mangel", schreibt Freudenberger in seinem Buch „Aus der Geschichte der Au" von 1927. Im Jahr 1908 gab es 94 Schank- und Gastwirtschaften in der Au, im Vergleich deutlich mehr als im Rest der Stadt mit Ausnahme des Westends. Um diese Zeit lebten rund 24.000 Einwohner in der Au, mehr als heute, wobei es heute in der Au nur mehr rund 50 Wirtschaften gibt. Eine erhebliche Vermehrung der Gastwirtschaften bis zur Jahrhundertwende hatte die Gewerbefreiheit von 1872 bewirkt, davor war es schwierig, eine neue Gaststätte zu gründen.
Dem starken Anstieg der Anzahl an Wirtschaften versuchte der Magistrat mit dem sogen *Ortsstatut* entgegenzuwirken, in dem ein *Bedürfnis* für eine Neuzulassung einer Gastwirtschaft nachgewiesen werden musste, auch um den Auswüchsen des Alkoholismus entgegenzuwirken. Das *Bedürfnis* war bei den Auern ganz offensichtlich. Zum einen war es für viele Wirte eine einfache Möglichkeit ihren Lebensunterhalt mit einer kleinen Gastwirtschaft zu bestreiten, zum anderen waren die Wirtschaften eine Flucht vor den beengten Lebensverhältnissen in den Herbergen.

Schwanenwirt an der Auffahrt zum Gasteig

1.20 Schwanenwirt

Der Schwanenwirt lag noch im Münchner Burgfrieden, der Name geht auf die Schwanenbrücke zurück, die Brücke über den Auer Mühlbach als Fortsetzung der heutigen Ludwigsbrücken. Das Haus „auf der Schwan" gehörte den Münchner Bäckern (Brodhäusl), die hier in Konkurrenz zu den Auer Bäckern ihr Brot verkauften. Das Batzenhäusl lag nicht weit entfernt davon. Nach dem Umbau der Brücke wurde das eingeschoßige Batzenhäusl aus Stein neu erbaut und zum *Schwanenwirt*.

Kaisergarten 1893 (oben) und 1903 (unten)

1.21 Zum Kaisergarten

Zweibrückenstraße 15 (heute Lilienstraße 87)
Die Auer Gastwirtschaft kann schon für das Jahr 1660 nachgewiesen werden und lag unmittelbar an der Burgfriedensgrenze zur Stadt München. Im Wirtsgarten bestand von 1830 bis 1865 das Schweigersche Vorstadt-Theater. 1896 wurden die Gebäude abgerissen und durch einen Neubau mit einer großzügigen Gaststätte & Singspielhalle von Johann Betz ersetzt. 1910 entstanden hier die Museumslichtspiele, eines der ersten Kinos der Stadt.

1.22 Lilienbräu

Die Wirtschaft an der Lilienstraße 12 bestand bis zum Zweiten Weltkrieg. 1828 richtete hier der Brauer Josef Buchner eine Brauerei mit Ausschank ein, er hatte die Witwe Anna Zacherl, Besitzerin des Schlößchens Wageck geheiratet. 1840 wurde der Betrieb von Georg Pschorr aufgekauft, es folgten weitere Besitzer, u.a. Adam Feicht (1875–1880), Johann Wagerer (1880–1886) und Johann Krähn, der aber den Braubetrieb 1888 einstellte, die Wirtschaft bestand bis zum Zweiten Weltkrieg.

Brunnthalerwirt

gegenüber Radlwirt
1717 erhielt der Hausbesitzer und Kramer Michael Brunnthaler eine Bierschankkonzession. Im Februar 1806 übergibt der Wirt Mathias Spindler die Wirtschaft seinem Sohn Stefan Spindler.

Lilienbräu 1887

Radlwirt um 1910 (oben) und 2016 (unten)

1.23 Radlwirt

Lilienstraße 42 (früher 62)
Augustin Radl (oder Rädl), ein Münchner Wirt, errichtete um 1656 in seinem Gartengrundstück an der Lilienstraße 66 (heute Nr. 41) eine Wirtschaft, dazu kamen später zwei Kegelbahnen (*Kugelstätten*), ein *Schmarakelplatz* (eine besondere Form eines Kegelspiels) und später noch ein Ballhaus als Versammlungssaal. Man hatte Radl einen Ausgleich für eine Wirtschaft zugestanden, die vor dem Neuhauser Tor stand und wegen Festungsbauten abgerissen werden musste. Die Münchner Wirtskollegen beschwerten sich über dieses Verfahren, daraufhin erwarb Radl die Wirtsgerechtsame, also eine Konzession der Stachelschützen (des Stachelgartens am heutigen Stachus) und übertrug sie auf seine eigene Wirtschaft. Nachdem die Au 1808 zur Vorstadt Au erhoben wurde, änderte der damalige Besitzer Joseph Grundler den Namen der Gastwirtschaft in „Zur Weißen Lilie" nach dem neuen Auer Lilien-Wappen, in der Bevölkerung blieb jedoch der Name Radlwirt weiter geläufig. Die Gaststätte kann bis 1959 nachgewiesen werden.

Kothmüller 1930 (unten) und 2016 (oben)

1.24 Gasthaus Kothmüller

Lilienstraße 68
Johann Kothmüller, der Sohn eines Brauers in der Sendlingerstraße, erhielt 1855 eine Konzession zum Betrieb einer Bierwirtschaft und später einer Tafernwirtschaft. Das Gasthaus Kothmüller bestand bis 1968, das Haus wurde nach langen Diskussionen 1973 abgerissen. Auf der entstandenen Grünanlage wurde bis 1989 ein Neubau im „Herbergenstil" durch die Deutsche Städtereklame errichtet.

Beim Sixtnitgern

Lage an der Westseite des heutigen Mariahilfplatzes. Nachgewiesen zum ersten Mal 1740, 1780 erhielt Franz Nußbaum die Wirtschaft. Später der *Hofmannwirt*.

1.25 Damenwirt

Mariahilfplatz 41, heute Bereich der Schweigerstraße
Schon im 16. Jahrh. stand hier „Der Wirt zu Untergiesing". Aufgrund der Nähe zur Wallfahrtskirche auf dem Mariahilfplatz hatte die Gastwirtschaft großen Zulauf. Die Bezeichnung „Damenwirt" soll auf eine ehemalige kurfürstliche Unterkunft für Hofdamen oder weibliche Dienerschaft zurückgehen, wahrscheinlich ist der Name aber eine mundartliche Vereinfachung des Hausnamens „Zum Thomaswirt": Thomas – auf bayerisch: Damerl. Seit 1809 hieß die Gaststätte „Zum Goldenen Kreuz" Das Haus wurde 1901 für die Durchführung der Schweigerstraße zum Gebsattelberg abgebrochen.

Gasthaus Schrötz

Franz-Prüller-Straße (früher Kirchplatzstraße 3)
In die einfache Wirtschaft kamen viele Arbeiter der nahegelegenen Papierfabrik. Es gab auch eine einfache Fleischssuppe, in die man mitgebrachtes Brot tauchte.

1.26 Gastwirtschaft Schmied von Kochel

Mariahilfplatz 1
Eine Wirtschaft im Eckgebäude zur Lilienstraße kann erstmals 1889 nachgewiesen werden. Ab 1898 heißt sie „Zum Kochelwirt", seit 1904 „Zum Schmied von Kochel" und blieb bis 1928 in Betrieb. Danach gab es hier das „Auer Ratscafé" bis zur Zerstörung im Zweiten Weltkrieg.

Zum Federstabler (Federstauber)

Kirchplatzstraße 22
1698 wurde das Haus zum ersten Mal urkundlich erwähnt, als die Witwe des Falkners Heinrich das Gebäude an sich brachte, der Hausname geht zurück auf die Zeit der kurfürstlichen Jagden. In der Wirtschaft trafen sich nach der Jagd die Sautreiber, die mit der „Saufeder" ausgerüstet waren – einem Messer an einem Stecken, den sie zum Treiben und v.a. zum Fangstich brauchten. 1737 erhielt der Maurermeister Ettenhofer eine Ausschankgenehmigung. Zur Bierschänke gehörte eine Schäfflerei und eine Krämerei. Das Haus wurde im Zweiten Weltkrieg zerstört.

Schmied v. Kochel 1906 (unten) und 2016 (oben)

Zum Federstabler 1903 (unten)

Gastwirtschaften

Zum Neudeckergarten

Neudeck 2 1/2
Teile des ursprünglich zum Klostergarten der Paulaner gehörenden Gartens wurden an Kaspar Mareis verkauft, er richtete in dem ehemaligen Gärtnerhaus eine Wirtschaft mit einer Schießstätte und einem Garten ein, die sich zum Ziel vieler Münchner Ausflügler entwickelte. Die Gebäude der Wirtschaft wurden 1905 neu gebaut und im Zweiten Weltkrieg vollkommen zerstört. Das Gelände gehört heute zur kleinen Grünanlage am Fuß des Isarhangs.

Zacherlgarten

Ohlmüllerstraße 40
Die Wirtschaft gehörte als Brauausschank zur Klosterbrauerei, die Franz Xaver Zacherl 1813 erworben hatte. Das Gebäude der Gastwirtschaft wurde im Zweiten Weltkrieg zerstört, bis 1961 wurde die Wirtschaft in einem Behelfsbau weitergeführt, 1962 entstand ein Neubau.

Nockhergarten

Nockherberg 8, heute Am Nockherberg
An der Auer Bergstraße stand das Sommerhaus der Bankiersfamilie Nockher. 1858 wurde das Gebäude von der Brauerei Schmederer erworben und zur Gastwirtschaft „Nockhergarten" umgebaut. 1904 wurde das Gebäude wegen Straßenverbreiterungen abgerissen.

Falterwirt

Wahrscheinlich die älteste bestehende Wirtschaft in der Au. Sie lag bei der Papiermühle und wird urkundlich 1555 erwähnt. Das Anwesen war lange die einzige Tafernwirtschaft in der Au, es hatte die Hausnummer 1 im Sämerviertel. Ein Nachfahre des Wirts Franz Nußbaum war der berühmte Arzt und Chirurg Johann Nepomuk von Nußbaum (1829–1890). 1890 wurde das Gebäude durch einen Neubau ersetzt, die Wirtschaft bestand bis 1943.

Zum Jägerwirt

Nockherstraße 26, heute Nockherstraße 32
Bei den Jagdausflügen der bayerischen Herzöge sollen in den „Jägerhäusln" an der Nockherstraße die Jäger und Jagdgehilfen beherbergt worden sein. Der Jägerwirt bestand bis 1931, danach wurden Wohnungen in dem zweigeschoßigen Bau eingerichtet, 1938 wurde das Haus abgebrochen.

Schoberwirt

Georg Schober, gelernter Schneider, pachtete 1829 die Bierwirtschaft des Johann Messerer, sechs Jahre später übernahm er noch die Bierwirtschaftsrechte des Andreas Schmucker um sie in sein neuerbautes Haus in der Auer Fraunhoferstraße (heute Ohlmüllerstraße 20) zu übertragen, erst im Jahr 1837 erhielt er eine eigene Konzession. 1843 kaufte er das Anwesen des Metzgers Furtner an der Fraunhoferstraße um sich auf diesem Grundstück ein neues Haus zu bauen, in dem sich noch heute die Gaststätte Schoberwirt befindet. 1871 übernahm der Sohn Ludwig Schober das Anwesen und die Gaststätte, 1903 übergab er sie seinem gleichnamigen Sohn. Im Jahr 1926 übernahm die derzeitige Besitzerin Barbara Leibinger-Schober gemeinsam mit ihrem Bruder die Wirtschaft, ab 1936 wurde die Gastwirtschaft verpachtet. Seit 2014 hat der gebürtige Wiener Alexander Forst die Pacht übernommen und aus dem Schoberwirt nach mehreren Wirtewechseln und einem Intermezzo als bayerische Tapas-Bar wieder das gemacht, was er immer war: eine „unaufgeregte Stadtteilwirtschaft".
(Quelle: Der Münchner Stadtteil Au im Wandel der letzten achtzig Jahre, hrsg. vom Verein Freunde der Vorstadt Au)

1.27 Wagnerbräu

Lilienstraße 24–29, Paulanerplatz

Auf dem Gelände des ehemaligen „Militärischen Arbeitshauses" in dem später auch die Rumfordsche Suppenküche untergebracht war, gründete der frühere Braumeister des Heiliggeistspitals Schmucker eine Brauerei, die bis einige Jahre nach seinem Tod 1852 in Betrieb war. 1862 kaufte der Wirt des Salzburger Hofes, Johann Wagner, das Anwesen und führte es als Mälzerei weiter, 1901 nahm sein Sohn Hans Wagner den Braubetrieb wieder auf.

Neben dem Brauereigebäude war inzwischen am Paulanerplatz ein viergeschoßiger, großstädtischer Neubau des Architekten Joseph Bauer mit einer Gastwirtschaft entstanden. Bekannte Biere der expandierenden Wagnerbrauerei waren z.B. das *Auer Kraftbier*, das *Auer Kirta-Bier* und der *Patentator*. Hans Wagner erwarb 1904 das Hotel Trefler und 1919 die Wirtschaft Radlwirt an der Lilienstraße, der Brauereiausschank wurde ab 1923 an den Wirt Ignaz Schmid verpachtet. Fünf Jahre nach dem Tod des Brauereibesitzers Hans Wagner, inzwischen Kommerzienrat, wurde der gesamte Brauereibetrieb 1937 von der Stadtsparkasse ersteigert und an eine Auffanggesellschaft mehrerer Brauereien vergeben, der Braubetrieb wurde aufgelassen, alle Gebäude der Brauerei wurden im Zweiten Weltkrieg zerstört.

Die ebenfalls beschädigte Gastwirtschaft konnte bis 1946 wieder hergerichtet werden und kam 1956 an die Paulanerbrauerei als alleinige Besitzerin, die die Räume bis 1961 zu einer Altmünchner Wirtschaft umbaute.

Sahara Dancing, Pop Club und Crazy Alm

Im Obergeschoß der Lilienstraße 51 eröffnete 1963 Münchens erste In-Discothek *Sahara Dancing*, gegründet vom Fischbachauer Hans „Hansl" Bauer (+2014) und ein Jahr später im Erdgeschoß die *Crazy Alm* mit Live-Musik. Mitinhaberin beider Lokale war seit 1969 Caterina Valente. Aus der Alm wurde das *Lilian's Affair* und aus der Disco der *Pop Club*, Münchens erster Beat-Schuppen und bis Ende der 1970er der absolute In-Laden mit den VIPs aus der Stadt wie Fassbinder, Wenders und Hark Bohm und den Strizzis aus der Vorstadt. 1972 startete hier DJ Chuck Herrmann seine Fifties-Record-Hop-Reihe mit Rock'n'Roll-Musik. Im *Pop Club* wurden auch Szenen der Fernsehserie *Blam* über eine Rock'n'Roll-Band in München gedreht. 1986 musste der Club wegen Beschwerden aus der Nachbarschaft schließen – auch beim Abschlussfest stand die Polizei vor der Tür.

Wirtshaus in der Au

1993 eröffnete das Lokal neu als Wirtshaus in der Au inzwischen berühmt-berüchtigt für die größten Knödel Münchens. Aus den Barräumen im Obergeschoß wurde der Valentinsaal. Valentin war einst Stammgast und ein guter Bekannter des Wagnerbräus, in dessen Gastwirtschaften und Hotels er auch aufgetreten ist.

1.28 Schweiger-Theater

Seit 1830 gab es eine eigene Bühne in der Au, das Schweigersche Volkstheater. Gegründet wurde es von Joseph Schweiger (1770–1847), der – wie sein Vater Franz Maria Schweiger – vor allem mit einer Rolle berühmt wurde: dem „Lipperl", eine Hanswurstenrolle: *„Je unsinniger ein Stück war, desto mehr zog es"*, schreibt Freudenberger. Franz Maria Schweiger soll diese Rolle schon 1776 eingeführt haben, als er für den Theaterdirektor Lorenz Lorenzoni in einer offenen Bretterbude auf dem Anger in der Nähe der heutigen Blumenstraße gearbeitet hat. Gespielt wurde nur im Sommer – wenn das Hoftheater geschlossen war – und aus dem Stegreif, es gab keinen festgelegten Text. Abkassiert wurde nach jedem Akt – ein Kreuzer, deshalb nannte man das Theater auch Kreuzertheater.

Lorenzoni war so erfolgreich, dass er der Stadt ein Armenhaus am Anger und 2.500 Gulden stiften konnte, kein Wunder dass er sich damit auch eine lebenslange Spielkonzession sicherte. Franz Maria Schweiger heiratete eine Tochter von Lorenzoni und arbeitete auch mit ihm zusammen, bevor er sich selbständig machte und ein Theater vor dem Maxtor eröffnete, aus den Freunden wurden erbitterte Gegner. Als 1814 Schweiger starb und Lorenzoni 1817, konnte der Schwiegersohn Joseph Schweiger dessen Theater übernehmen. Er verlegte die Bretterbude erst in die Sonnenstraße. Als dort die neue Matthäuskirche gebaut wurde, stand das Vorstadt-Theater ab 1825 auf der Praterinsel und schließlich ab 1830 in der Au.

Den Theaterdirektoren war es nicht recht, dass sie mit ihren Volkstheatern in die Vorstädte ziehen mussten, sie brauchten ja das Münchner Publikum. Es war eine Folge der Konkurrenz durch das Hoftheater und auch eine zunehmende Zensur und bürgerliche Kritik: „Lokalstücke von derbem, aber gehaltlosem Gepräge in seiner finstern dumpfen Behausung … von einer sogenannten Volksbühne" … erwartet man mehr als „Obscönitäten, commune Zoten und frivole Spässe".

Carl Friedrich Moritz Müller, Das Schweigertheater um 1840

Das grün angestrichene Holzhaus stand direkt hinter dem Kaiserwirt, aber auf Auer Gelände etwa an der Stelle der heutigen Museums-Lichtspiele. Gespielt wurde im Volkstheater in der Au vom Mai bis Ende Oktober, täglich zweimal, um 4 und um 8 Uhr, neben den „Lipperl"-Stücken Bauernkomödien, Wilderer-Geschichten, Gespenster- und Ritterdramen. Es gab auch Anspruchsvolleres: Die Jungfrau von Orleans, Goethes Götz von Berlichingen, Orpheus in der Unterwelt und selbst Hamlet verirrte sich in die Au.
Die Zuschauer aber immer weniger: Wegen diesem *„modernen Unsinn … geht man nicht mehr vor die Türe, viel weniger aber in die Au hinaus."* Es folgten wieder zugkräftigere Stücke: Nestroys Lumpazivagabundus, der *„gleich ein halbhundertmal gegeben wurde"*.

Männerballett mit Max Schweiger, Valentin Christ und Joseph Preis in einem Stück von Johann Nestroy.

Das Schweigertheater in der Au.

Künstlerstolz und Nahrungssorgen

Am 9. Juli 1847 starb Joseph Schweiger mit 77 Jahren. Da er sich standhaft geweigert hatte, die Sterbesakramente zu empfangen und zu beichten, wurde er ohne die Geistlichkeit auf dem Südlichen Friedhof begraben (Grabstelle 5-2-27), der Theater-Rezensent Reichardt hielt die Grabrede in Gedichtform mit dem Thema: „Richtet nicht, so werdet ihr auch nicht gerichtet werden". Nach Joseph Schweiger, der nachweislich auch für die Waisen in der Au gespendet hat und Benefiz-Vorstellungen für Künstler gab, wurde 1901 die Schweigerstraße in der Au benannt.

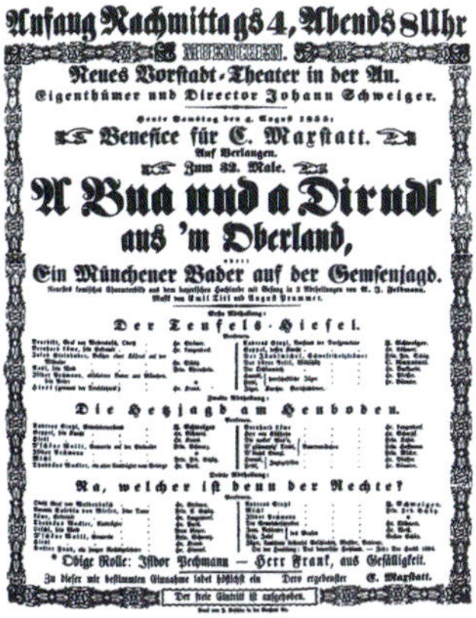

Anfang Nachmittags 4, Abends 8 Uhr

MÜNCHEN.

Neues Vorstadt-Theater in der Au.

Eigenthümer und Director Johann Schweiger.

Benefice für C. Maxstatt.

Auf Verlangen.

Zum 32. Male.

A Bua und a Dirndl aus 'm Oberland,

Ein Münchener Bader auf der Gemsenjagd.

Der Teufels-Hiesel.

Die Hetzjagd am Heuboden.

Na, welcher ist denn der Rechte?

* Obige Rolle: Isidor Pechmann – Herr Frank, aus Gefälligkeit.

Der freie Eintritt ist aufgehoben.

Die Konzession zum Vorstadt-Theater erhielt sein Sohn Max Schweiger, der es 1848 als Isarvorstadt-Theater „Zu den drei Linden" in die Müllerstraße verlegte, auch sein Vater hatte mehrfach versucht, einen Standort näher am Zentrum zu erhalten.

Der zweite Sohn von Joseph Schweiger, Johann (1804–1869), war als Schauspieler u.a. in Ingolstadt, Landshut und Straubing tätig. Am 1. Mai 1850 eröffnete er ein neues Vorstadt-Theater in der Au mit der Vorstellung: „Künstlerstolz und Nahrungssorgen". Neben der Schauspieltruppe gab es einen Chor mit 16 Personen und ein kleines Orchester mit 24 Musikern, gespielt wurde eher volkstümliches, harmloses und komisches, viele Stücke waren von Ferdinand Fränkel (1816–1898) und dem Hoftheatersouffleur Franz Prüller (1805–1879) geschrieben. Und immer wieder wurden die Lipperl- bzw. Staberl-Stücke gespielt, wie man sie nach Wiener Einflüssen nannte. Der billigste Platz kostete sechs Kreuzer, soviel wie eine Maß Bier.

Das Programm war mehr als bunt, u.a. traten der Kleinste Mann der Welt auf (57 cm) und die *Drei Zwerge* im Stück von Ludwig Thürmayer: „Gasthaus zum Riesen Goliath", die Zugnummer des Jahres. Es wurden Operetten aus Wien gegeben und im April 1865 kam die arabische Artistengruppe Beni-Zoug-Zoug mit 25 Arabern aus der Wüste Sahara, in Wirklichkeit waren die Araber alle in London geboren und wurden unter unmenschlichen Bedingungen quer durch Europa geschleift.

Die Hoftheaterintendanz fürchtete die Konkurrenz und versuchte die Standorte zu beeinflussen und auch das Repertoire: Die beiden Vorstadt-Theater von Max und Johann Schweiger durften keine Klassiker aufführen. Als das private Aktien-Volkstheater am Gärtnerplatz am 4. November 1865 eröffnete, waren beide Theaterdirektoren mit hohen Entschädigungssummen und jährlichen Renten abgefunden. Letzte Aufführung in der Au war am 15. September 1865, die Besucher standen bis auf die Straße hinaus und als Johann Schweiger mit bewegter Stimme das Lied von Ferdinand Raimund vortrug „So leb denn wohl, du stilles Haus" und der Chor und die Musiker und die ganze Schauspieler-Kompagnie einstimmten, da war das „Publikum sichtbar von tiefer Rührung ergriffen". Das Aktien-Volkstheater am Gärtnerplatz war i.Ü bereits 1868 bankrott, zwei Jahre später ließ es König Ludwig II. durch Strohmänner mit seinen eigenen Mitteln aufkaufen.

Blick von der Ludwigsbrücke in die Zeppelinstraße 1908

Kino-Pionier Carl Gabriel

Gabriel war „kinobesessen", seitdem er seinen ersten Film gesehen hatte. Gabriel, ein Schaustellerkind aus Schlesien, von Beruf Kunstschlosser, war ein begnadeter Unternehmer, der wusste, wie man sein Publikum fesseln konnte, 1892 kam er zum ersten Mal nach München und zeigte eine Art Wachsfigurenausstellung auf dem Oktoberfest, später spektakuläre Völkerschauen. Er brachte als erster eine Attraktion nach der anderen hierher: Teufelsrad, Hippodrom, Riesenrad, Achterbahn und wurde damit zum ungekrönten „Oktoberfestkönig". Als er von der ersten Filmvorführung der Gebrüder Lumière erfuhr, reiste er sofort mit dem Nachtzug nach Paris und weiter nach Wien, da der Vertreter der Lumière-Brüder dorthin gefahren war. Gabriel erreichte, dass ein „Operateur" aus Paris nach München kam – Francis Dublier – und hier die ersten Filme vorführte und auch aufnahm. Gabriel zeigte am 11. Juli 1896 die erste Filmvorführung in seinem Panoptikum im 3. Stock eines Hauses in der Neuhauser Straße „unter lebhafter Anteilnahme des Münchner Publikums".

Carl Gabriel

Danach brach eine Welle an Filmvorführungen los, zuerst mobil auf dem Oktoberfest, im Nymphenburger Volksgarten, in Varietè-Theatern, Konzertsälen, Gaststätten und Bierkellern. Als erstes festes Filmtheater in München gilt der „Welt-Kinematograph" in der Kaufingerstraße, eröffnet von einer Freiburger Firma im April 1906. Ein Jahr später am 21. April 1907 folgte *The American Bio Cie. / Carl Gabriel´s Theater lebender Bilder* in der Dachauer Straße 16, das heute noch besteht als *Gabriel.* Sein zweites festes Kino gründete Gabriel in der Au im November 1910, heute Museum-Lichtspiele.

Gabriels Tonbildtheater

Unter diesem Namen eröffnete der Münchner Kino-Pionier Carl Gabriel (1857–1931) am 24. November 1910 sein zweites großes Kino in der Stadt nach den Gabriel-Lichtspielen in der Maxvorstadt. Beide Kinos bestehen heute noch. Im Gebäude an der Zeppelinstraße war vorher ein Varietétheater untergebracht, nach 1918 nannte der nachfolgende Betreiber das Kino Museum-Lichtspiele nach dem inzwischen gegründeten Deutschen Museum, damals hatte das Kino 220 Plätze, nach einem Umbau 1928 weitere 60. Um diese Zeit gab es in München bereits gut ein Dutzend feste Kinematographen-Theater.

1.29 Museum-Lichtspiele

Haus und Kino überstanden den Zweiten Weltkrieg unbeschadet, im Juni 1946 eröffneten die Museum-Lichtspiele wieder mit Alfred Hitchcocks „Im Schatten des Zweifels". Im großen Kino-Sterben der 1970er Jahre standen auch die Museums-Lichtspiele vor dem Aus: 1975 lief der letzte Italo-Western. Ende des Jahres folgte aber eine Wiedereröffnung v.a. mit Musik- und Tanzfilmen, Betreiber war der Schauspieler Hartmut Hinrichs, der einen zweiten kleineren Saal einbaute, der bis April 1977 an Beate Uhse vermietet wurde.

Frank N. Furter und Riff Raff

Die Wende kam mit Frank N. Furter und der „Rocky Horror Picture Show" nach der deutschen Erstaufführung in der Au am 24. Juni 1977. Irgendwann übernahmen die Zuschauer die Regie, spielten und sangen selber die transsylvanisch-transsexuelle Party-Schmonzette mit Schminke, Reis und Klopapier: die Museums-Lichtspiele haben inzwischen wie der Film Kultstatus – mit einem speziell eingerichteten Rocky-Horror-Filmsaal – und fanden mit diesem weltweiten Rekord auch Einzug ins Guiness-Buch der Rekorde. Gratulation !

Das Kino zeigt heute ein sehr umfangreiches Programm an Kinder- und Familienfilmen in Deutsch, sowie seit beinahe 40 Jahren im Hauptprogramm fast ausschließlich Filme im englischen Original.

Hamlet in der Au

Das private Theaterwesen hatte in der Au mit der Schauspielerfamilie Schweiger ihre bedeutendsten Vertreter. Seit 1830 bestand das 1804 begründete *Volkstheater* von Josef Schweiger in der Auer Lilienstraße 87 (heute im Bereich der Museumslichtspiele) und blieb hier immerhin 30 Jahre lang und Johann Schweiger führte das *Neue Volkstheater* in der Au von 1850 bis 1865. In der Au lebte auch einer der wichtigsten Stückeschreiber: Franz Prüller, nach dem hier auch eine Straße benannt ist. Franz Prüller, Martin Schleich und Ferdinand Fränkel gehörten zu den umtriebigen Theaterdichtern, die vor keinem Sujet zurückschreckten: Von der Lokalposse (*Die Geheimnisse von München oder die Dame mit dem Eberkopf*) und Historiendramen (*Jungfrau von Orleans*) bis zu den unentwegt gespielten Lipperl- und Staberl-Stücken wurde alles gegeben, selbst *Hamlet* verirrte sich in die Au, wie Volker D. Laturell in seinem Buch über die Volkskultur in München schreibt. Als das *Aktienvolkstheater* am Gärtnerplatz eröffnete, mussten die Schweigers ihre Theater (gegen eine Abfindung) schließen. Und erst nachdem das *Volkstheater am Gärtnerplatz* sich mehr der Operette zuwandte, kamen auch wieder andere „Volkstheater" in Schwung: Das *Volkstheater* von Eduard Binder und Franz Hilpert im *Elysium* an der Sophienstraße, später – bis 1901 – als *Neues Volkstheater* in der *Westendhalle* an der Sonnenstraße. 1903 startete ein weiteres Münchner Volkstheater in der Josephspitalstraße, das 1938 von den *Münchner Kammerspielen* übernommen wurde. Nach dem Zweiten Weltkrieg gastierte es in verschiedenen Räumlichkeiten bis März 1950. 1959 –72 existierte noch ein Volkstheater im *Sonnenhof* und seit 1983 das heute noch bestehende Münchner Volkstheater als städtisches Theater an der Brienner Straße und in einigen Jahren auf dem Viehhofgelände im Schlachthofviertel.

Daneben gab es Dutzende Laienbühnen: Theatervereine, Spielgemeinschaften und Dramatische Clubs, die teils den Parteien, Genossenschaften und Kulturvereinen nahe standen, aber weitgehend in der NS-Zeit behindert, aufgelöst und verboten wurden.

Theater in der Au e.V.

Der Theaterverein geht zurück auf den *Privaten Bühnenclub München e.V.*, der im März 1956 von 18 Theaterbegeisterten in der Gaststätte Waldau in der Kapuzinerstraße gegründet wurde. Die ersten Produktionen führte man jeweils höchstens ein- oder zweimal im Kolpingsaal in der Entenbachstraße 37 auf, mit der Umbenennung in *Volkstheater in der Au* änderte man auch die Ausrichtung und das Motto des Bühnenclubs: *Theater vom Volk und für das Volk* war seit 1973 die Devise.

Im Theatersaal in der Entenbachstraße wurden v.a. unterhaltsame Stücke gespielt: Bauernschwänke, Komödien, Lustspiele, die im Frühjahr und im Herbst jeweils ca. zehn Aufführungen erlebten. Im März 1985 kam eine eigene Jugendgruppe dazu: die *Bühnenflöhe* mit der Hoffnung auf Nachwuchs, der sich auch in der bayerischen Mundart bewähren sollte. Daraus wurde nichts, die Jugendlichen konnten nur noch Hochdeutsch, immerhin entwickelte sich daraus ein eigenes Kindertheater. Bis 1991 standen die Räume in der Entenbachstraße zur Verfügung, danach ging das *Volkstheater in der Au* gezwungenermaßen zwei Jahre auf Tournee und verlor dadurch viele seiner angestammten Besucher. Mit dem Schwank *Die drei Eisbären* begann im Herbst 1992 im Pfarrsaal Am Herrgottseck ein neuer Abschnitt der privaten Theatergruppe. Seit 1999 nennt sich der Theaterverein *Theater in der Au e.V.*, im Jahr 2016 kann man das 60jährige Bestehen feiern.

Das Repertoire ist anspruchsvoll und breit aufgestellt: Stücke des fränkischen Mundartdichters Fitzgerald Kusz (*Schweig Bub, Witwendramen*), Stücke von Cechov, Dürrenmatt, Thoma und Kishon und das unverwüstlichste aller bayerischen Stücke: *Der Brandner Kaspar und das ewig Leben* nach Franz Kobell. Vorsitzender des Vereins ist seit 2011 Sepp Käser.

Adresse: Mariahilfplatz 4, Eingang Saal Am Herrgottseck
Homepage: http://www.theaterinderau.de

Theater in der Au e.V.

Fotos: Alexander Beeg

1.31 Kreislehrerinnenbildungsanstalt

lehrerinnenbildungsanstalt um 1900

Für den Kreis Oberbayern plante der städtische Baurat Hans Grässel ein Ausbildungszentrum für Lehrerinnen auf dem dreieckigen Grundstück an der Ecke Entenbachstraße/Schweigerstraße an der damaligen Frühlingstraße (seit 1946 Eduard-Schmid-Straße). Es wurde in den Jahren 1907/08 gebaut und enthielt Lehr- und Nebenräume für die *Präparandinnen*, Physik- und Chemiesäle und einen Turn- und Festsaal. Während der Kriegsjahre 1914–19 musste die Maria-Theresia-Kreisrealschule hier einquartiert werden. 1935 wurde sie zur *Hanns-Schemm-Aufbauschule*, einer Oberschule für Jungen und Mädchen. (Hans Schemm war NSDAP-Gauleiter der *Bayerischen Ostmark* und seit 1933 bis zu seinem Tod 1935 NS-Kultusminister von Bayern). Das Schulgebäude wurde bei einem Bombenangriff 1943 fast vollständig zerstört.

Pestalozzi-Gymnasium

Nach dem Wiederaufbau wurde es zum Realgymnasium, dem späteren Albert-Einstein-Gymnasium, 1960 zog das Deutsche Gymnasium unter der Leitung von Barbara Brückner ein, das bis dahin in Pasing untergebracht war, ab Mai 1965 wurde es zu einem Musischen Gymnasium mit dem Namen Pestalozzi-Gymnasium. Die Schule (intern: Lozzi) bietet u.a. auch 4–5 Theatergruppen, alle zwei Jahre wird ein Musical aufgeführt, teilweise in Kooperation mit dem Gärtnerplatztheater.

1.32 Pöppelsches Waisenhaus

Michael Pöppel war der Sohn eines Faßbinders in der Au, er hatte wohl eine Ausbildung bei den Jesuiten erhalten, in den Waisenhäusern in Freising und Erding als Gehilfe gearbeitet und soll Franziskanerbruder gewesen sein. Nach seinem Ordensaustritt erwarb er sich seinen Unterhalt durch Unterricht, den er Kindern gab. Angesichts der hilflosen Lage vieler Waisenkinder in der Au als Folge der vorausgegangenen Kriege machte er es sich zur Lebensaufgabe, diese Kinder zu erziehen und ihnen ein Heim zu schaffen. Mit Bewilligung des Auer Gerichtsherrn Franz Karl Frhr. von Widnmann sammelte er Spenden, konnte bei seinem Hausherrn, dem Gerichtsdiener Christoph Nußbaum (dem Großvater des berühmten Chirurgen Johann Nepomuk von Nußbaum) ein großes Zimmer in der Nähe der Schwanenbrücke über den Auer Mühlbach günstig mieten und nahm ab November 1742 dreißig Waisenkinder dort auf, die „Gemain Waisen Stuben". Den Unterhalt und die Mieten erbettelte er sich mit größtem persönlichen Einsatz in der Au und in München.

Waisenhaus in der Sammtgasse

1749 konnte er das Haus des Maurermeisters Breitenberger in der Sammtgasse 3 im Sämerviertel mit der Unterstützung zahlreicher Förderer und wöchentlicher Sammlungen in den Münchner und Auer Kirchen erwerben und ausbauen. Die Kinder wurden dort untergebracht, erhielten eine Schulausbildung und eine Vorbildung für das berufliche Leben. Mit der Einrichtung des Allgemeinen Armenfonds erhielt das Waisenhaus monatliche Zahlungen, damit war der Bestand der Anstalt gesichert, erst 1776 wurde auch die Au in das Münchner städtische Armenversorgungsnetz eingebunden – zum Leidwesen der Münchner Armenkasse.

Als Pöppel 1763 starb und Josef Dettenhofer seine Nachfolge übernahm, war das Waisenhaus einigermaßen abgesichert, wenn auch der Unterhalt der Kinder nur einfachste Mittel zuließ. Um mehr Unterstützungen zu erhalten wurden allerdings auch immer mehr Kinder aufgenommen, aus anderen Gerichtsbezirken und teils auch als Kostkinder noch lebender, aber armer Eltern, 1779 musste das Haus vergrößert werden und erhielt eine kleine Kapelle. Die Zustände waren aber trotzdem (wie in anderen Waisenhäusern der Zeit auch) vollkommen ungenügend, wie in Berichten der Zeit deutlich wird.

Bis 1808 wurde das Haus von mehreren Verwaltern betreut, danach wurde es als sogen „Depotwaisenhaus" für das ebenfalls aufgelöste Hofwaisenhaus (an der Stadtmauer beim Sendlinger Tor) und das städtische Waisenhaus (Sendlingerstraße, neben der Kirche St. Johann Nepomuk) genutzt, soweit die Waisenkinder keine Pflegeeltern fanden. Erst nach dem Gemeindeedikt von 1818 und der damit wieder erlangten Selbstverwaltung der Gemeinden wurde ein neues städtisches Kinderhaus in der Findlingstraße 5 (heute Pettenkoferstraße in der Ludwigsvorstadt) eingerichtet, in das 1819 alle 54 Waisen aus der Au verbracht wurden. Die betreuende „Waisenhausstiftung" setzte sich aus den Stiftungen der drei aufgelösten Einrichtungen zusammen.

Haderlumpen

Zur Herstellung von Papier waren früher abgenutzte Textilien, bzw. bayerisch: *Hadern*, notwendig, die zerstampft wurden und mit ihren Fasern das Papier festigten. Das Sammeln der Hadern war nicht nur ein wichtiger Erwerbszweig für die Auer Bevölkerung, sondern auch von der Obrigkeit streng geregelt: das wichtige Rohmaterial für die Papierherstellung durfte nicht nach auswärts verkauft werden. Wer dies dennoch tat, weil teilweise auswärts deutlich höhere Preise dafür bezahlt wurden, war schnell ein „Haderlump".

1.33 Kegelhof, Papierfabrik

„Auf der Insel", zwischen dem Auer Mühlbach und dem Kegelhofbach entstand eines der ersten Gewerbegebiete im heutigen Münchner Stadtgebiet und sehr früh eine der ersten und bedeutendsten Papiermühlen in Deutschland. Kaiser Ludwig der Bayer bewilligte kurz vor seinem Tod 1347 dem Papierer Peter Perkhofer den Betrieb einer Papiermühle, die lange Zeit eine Monopolstellung im Münchner Raum halten konnte und sich aufgrund der steigenden Nachfrage zu einem bedeutenden Unternehmen entwickelte. Die Mühle kam später an die Familien Schrenk, Poetschner und schließlich Mayer, die sie zur bedeutendsten Papierfabrik Deutschland machten. Ab 1673 betrieben die Mayer eine weitere Papiermühle bei Thalkirchen. Die Familie hat sich in der Au sehr verdient gemacht durch mehrere Stiftungen und Spenden u.a. an die Mariahilfkapelle. Durch ein Monopol „sieben Meilen um die Residenzstadt", 1682 verliehen von Kurfürst Max Emanuel, konnte sich die Papiermühle – kaum durch Konkurrenz gestört – außerordentlich gut entwickeln, wenn auch dadurch die Papierqualität nicht immer gleich blieb. 1786 wurde die Mühle an Johann Michael von Pachner um 16.200 Gulden verkauft. 1848 bietet der damalige Besitzer der Papiermühle, Josef Rösl, die Fabrik dem Staat für 102.582 Gulden zum Kauf an, zur Verstaatlichung kommt es jedoch nicht.

Mit einer kurfürstlichen Erlaubnis konnten die Papierfabrikanten der Auer Mühle lange im ganzen Fürstentum das Grundmaterial für die Papierherstellung – Hadern und Lumpen – sammeln und kaufen. Für den Betrieb der Papiermühle wurde ein weiterer künstlicher Bachverlauf angelegt, der 1966 wieder verfüllte Kegelhofkanal. 1851 hatte der Ingenieur Gustav Medicus die Papiermühle aufgekauft und sie 1862 mit einer Papierfabrikation in Dachau zur München-Dachauer AG vereinigt, die Produktionsstätten wurden in den folgenden Jahren Zug um Zug nach Dachau verlegt.
Trotz mehrfacher Besitzerwechsel, zahlreicher Brände und Überschwemmungen blieb eine Papierfabrik an dieser Stelle bis 1901 bestehen. Die Verwaltung blieb bis 1928 in der Au. Der Betrieb gehört inzwischen einer finnischen Unternehmensgruppe, das Papierwerk in Dachau wurde im Juni 2007 geschlossen.

Papierfabrik und Auer Mühlbach 1906

Bayerisches Arbeitermuseum

Nach dem Auszug der Auer Papierfabrik richtete Karl Poellath am Kegelhof das „Museum für Arbeiterwohlfahrtseinrichtungen" in den Fabrikräumen ein. Hier wurde über das Verhüten von Unfällen aufgeklärt, Sicherheits- und Schutzeinrichtungen an Maschinen gezeigt und Themen wie gesunde Ernährung und Gewerbehygiene dargestellt. Ende 1906 zog die Ausstellung in ein neues Gebäude an der Pfarrstraße im Lehel, heute Bayerisches Landesamt für Arbeitsschutz, Arbeitsmedizin und Sicherheitstechnik. Karl Poellath (1857–1904) arbeitete seit 1884 als Ingenieur beim Bayerischen Dampfkesselrevisionsverein, wurde 1892 zum Inspekteur für Fabriken und Gewerbe in Oberbayern ernannt und zum ersten Zentralinspekteur für Fabriken und Gewerbe in Bayern. Die Gründung des später so genannten „Arbeitermuseums" geht unmittelbar auf Poellath zurück. Kommerzienrat Hermann Grotjan, der Direktor der München-Dachauer AG für Maschinenpapierfabrikation, stellte ihm im Herbst 1899 auf seinem Fabrikgelände Am Kegelhof Räume zur Verfügung stellte, nur wenige Meter entfernt von der Isarinsel, wo ab 1925 das Deutsche Museum seine Ausstellungen zur Technik zeigte.

Karl Poellath

Wohnen am Kegelhof

Die Gebäude der ehemaligen Papierfabrik wurden 2012 vom Kommunalreferat der Landeshauptstadt an die Gemeinnützige (städtische) Wohnungsgesellschaft GWG übereignet. Bis 2016 werden die historischen Bauten mit dem Turm im nördlichen Teil kernsaniert, der östliche Bauteil der Kegelhofmühle entlang des Auer Mühlbachs wurde abgerissen und durch einen Neubau ersetzt. Es entstehen insgesamt 38 Wohnungen, zwar frei finanziert aber, laut GWG, deutlich unter dem Münchner Mietspiegel, u.a. Wohnungen für Senioren einige davon barrierefrei und ein großer Gemeinschaftsraum für die Bewohner.

Jugendtreff Au

Seit 50 Jahren bietet der Jugendtreff Au in idyllischer Lage zwischen Auer Mühlbach und Kegelhofgelände Jugendlichen Möglichkeiten zur Freizeitgestaltung. Immer auch multikulturell engagiert – heute mit dem Motto: Pädagogik der kulturellen Vielfalt.

1.34 Münchner Kindlbräukeller

Münchner Kindlbrauerei Hochstraße um 1910

Die Münchner-Kindl-Brauerei wurde erst 1880 von einer Gruppe von Investoren gegründet, zum Bestand gehörte die ehemalige Singlspielerbrauerei, die 1863/64 an die Rosenheimer-/Hochstraße verlegt wurde. Der Kindlbräukeller an dieser Stelle wurde 1881 vom Baumeister Nikolaus Debold errichtet und 1899 nach Plänen des Architekten Friedrich von Thiersch und seinem Mitarbeiter Franz Habich grundlegend um- bzw. neugestaltet, damals der größte Saalbau in München mit einem Fassungsvermögen von 5.000 Personen. Nach außen hin zeigte sich ein malerisch zusammengesetzter Baukörper mit einer Schauseite zur Rosenheimer Straße hin, der 1.600 qm große Garten war über Treppen erreichbar. Berühmt war im Fasching die „Haidhauser Bauernkirta".

Die Münchner-Kindl-Brauerei wurde nach einem wirtschaftlichen Niedergang 1905 durch die Unionsbräu übernommen, und die wiederum 1921 von der Löwenbrauerei. Der Keller wurde 1923 geschlossen, der Bau ging über an die Nährmittelfabrik Cenovis. Das Gebäude wurde im Zweiten Weltkrieg zerstört und nicht wieder aufgebaut. heute befindet sich an dieser Stelle ein Hotelbau aus den 1970er Jahren, das Motorama und ein Auto-Verkauf.

1.35 Josefs-Haus

Die drängende Wohnungsnot in München um die Jahrhunderte führte zu einer Reihe von Gegenmaßnahmen. Unter anderem gründeten sich, auch dank neuer Gesetze, viele Baugenossenschaften und Bauvereine. Parteien und Kirchen suchten der Wohnungsnot mit eigenen Maßnahmen entgegenzuwirken. Im Jahr 1891 gründeten 60 Männer den „Katholischen Arbeiterverein München-Au-Giesing e.V.". Bereits 1897 konnte mit dem Bau der „Josefshäuser" an der Hochstraße begonnen werden. 1898 war der Bau fertig, in dem 130 „bezahlbare und gesunde" Wohnungen für Arbeiter zur Verfügung standen, eine Gaststätte und ein großer Theatersaal, in dem jedes Jahr Passionsspiele aufgeführt wurden, die weite Resonanz fanden. Die Theatergruppe gastierte auch in Amsterdam und Rotterdam, es wurden aber auch klassische und populäre Stücke aufgeführt, auch der Münchner Cowboy-Club trat hier auf.

Zur Zeit der Räteregierung 1918 wurden im Saal Mitglieder des Freikorps „Oberland" untergebracht, im Zweiten Weltkrieg diente er als Lager für die Wehrmacht. Nach der Machtergreifung durch die Nationalsozialisten wurden 1934 die Passionsspiele verboten, der Verband zur Auflösung gezwungen. Bei den Luftangriffen wurden die Josefshäuser schwer beschädigt, beim Wiederaufbau bis 1953 wurde der große Saal nicht mehr hergestellt. Heute wird das Haus von der Katholischen Arbeitnehmer-Bewegung, Mariahilf München Au e.V. betrieben, es werden auch regelmäßige kulturelle Veranstaltungen angeboten.

1.36 Adelgundenheim

Hochstraße 47
Das Erziehungshilfezentrum Adelgundenheim ist eine Einrichtung der Katholischen Jugendfürsorge der Erzdiözese München und Freising e.V. Die Anfänge gehen zurück auf die *Armen-Industrieschule* des Auer Pfarrers Hermann Rabl, der auch an der Hochstraße eine Einrichtung für Kinder schuf, die von Mallersdorfer Schwestern übernommen und 1898 in die Pöppelstraße verlegt wurde. Der Name Adelgundenanstalt bezieht sich auf Prinzessin Adelgunde, die Tochter des letzten bayerischen Königs, Ludwig III. Das Heim war eine Kinder—bewahranstalt, ab 1903 wurden auch „Hauskinder" aufgenommen, für die 1912 ein Erweiterungsbau ergänzt wurde. Im Laufe der Zeit erweiterten sich auch die Angebote zu beruflichen Ausbildungen, z.B mit einer Nähschule. Nach der Beseitigung der Kriegsschäden des Zweiten Weltkriegs und dem Wiederaufbau wurde der Name in Adelgundenheim geändert.

Heute leben im Adelgundenheim ca. 70 Kinder ab sechs Jahren bis zum Abschluss ihrer Schul- bzw. Berufsausbildung. Angeschlossen ist eine heilpädagogische Tagesstätte für 16 Kinder, eine Kinderkrippe für 36 Kinder und Ausbildungsplätze für Jugendliche.

1.37 Schießstätte der Vorstadt Au

Großes Ritterfest 1836
und
Kunstlauf des Riesenelefanten
in der
Schießstätte der Vorstadt Au.

Die Gebrüder Tourniaire geben Montag den 7. August wiederholt — da ihnen verflossenen Sonntag die Witterung so ungünstig war — ihre olimpischen Spiele in der Auer-Schießstätte. Es werden bei dem Wettrennen auch Rennpferde von Privaten um die Preise ringen, was nicht wenig zum erhöhten Vergnügen des Publikums beitragen wird.

Anlagen für die Schützengesellschaften gab es mehrere in der Stadt, u.a. die Zielstatt vor dem Neuhauser Tor für die 1406 gegründete, heute noch existierende Königl. privilegierte Hauptschützengesellschaft. Mit dem Bau des Hauptbahnhofs kam diese Schießstätte auf die Theresienhöhe und Ende des 19. Jahrhunderts nach Obersendling, wo sie heute noch besteht. Für die Schützengesellschaft der königlichen Vorstadt Au wurde um 1820 ebenfalls eine Schießstätte an der Hochstraße angelegt, auf den *Auer Alpen*, manchmal auch als *Auer Lüften* bezeichnet. Das Gebäude hatte einen größeren und „ansehnlichen" Saal, der nach einem Besuch König Ludwigs I. und seiner Gattin Therese nach Otto, dem Sohn des Königspaares und seit 1833 griechischer König, benannt wurde. Hinter dem Gebäude lag die große Fläche der Schützenbahnen selbst. Auf dem Gelände fanden viele Schützenfeste statt, auch das Bürgermilitär der Vorstadt Au nutzte die Anlage. Im Ottosaal und auf der Freifläche der Schießstätte veranstalteten die Pächter bzw. Wirte vielfältige Unterhaltungsprogramme: Sänger- und Tanzfeste, Kegelscheiben und Feuerwerke. Hier trat auch der berühmte Athlet und Ringer Jean Dupuis auf, der allerdings am 13. Januar 1841 vom Traunsteiner Simon Meisinger, Bräuknecht beim Faberbräu, zur Begeisterung aller niedergerungen worden war. Die Schießstätte war wohl bis Anfang der 1860er Jahre in Betrieb, eine Wiederherstellung durch die Schützengesellschaft der Vorstadt Au kam nicht zustande.

1839 Hr. Oesterreicher, Besitzer der Schießstätte in der Vorstadt Au, macht jedesmal am Donnerstag und Freitag die sonntägige Unterhaltung in pompösen Ausschreibungen bekannt; doch die Besucher alldort tadeln immer, wenn der Zudrang von Leuten zu groß ist, daß der ämsige Wirth zu sorgfältig sey; denn damit ja nicht zu viel Berauschte die Schießstätte verlassen, ist Oesterreicher bemüht, sein Bier mit einer ziemlich großen Dosis Wasser zu verdünnen. Man wird dieses Thema nächstens ausführlicher besprechen.

Fassfabrik Josef Dorn

Hochstraße 13 (frühere Hausnr. 4 1/2)
Bernhard Dorn stammte aus Pfaffenhofen und begründete 1847 eine Fassfabrik im Anwesen der Hundskugel im Hackenviertel. 1865 erwarb er ein Grundstück an der Hochstraße vom Schleibingerbräu und baute hier im Umfeld zahlreicher Brauereien ein Wohnhaus mit Werkstätten und Lagerräumen. Sein Nachfahre Josef Dorn betrieb seit 1888 die erste mechanische Fassfabrik in Bayern. Der Betrieb wurde noch im Adressbuch von 1927 als Fass- und Holzhandlung geführt, der letzte Inhaber Carl Dorn verkaufte das Grundstück.

Max Duffek in Amsterdam
Mit dem Kran einer Zuckerfabrik unterwegs

1.38 Ein Münchner Original auf Welt-Tour

Max Duffek stammte aus dem niederbayerischen Abensberg und arbeitete in München um 1900 als Konditorgehilfe. Als Mitglied eines Turnvereins trat er auch bei Veranstaltungen auf, als „Schlangenmensch" konnte er trotz artistischer Verrenkungen noch Flöte spielen. Aber Duffek wollte in die Welt hinaus. Er fuhr nach Frankreich, England, in die USA und gastierte in vielen Städten mit seinen artistischen Kunststücken. Furore machte er, als er im November 1907 aufgrund einer Wette von der Spitze des Washington Monuments die 910 Stufen auf seinen Händen in weniger als einer Stunde herunterstieg. Damit wurde er international berühmt.

WALKS ON HANDS DOWN MONUMENT

German Wins $500 by Descending the Washington Shaft in an Hour.

910 STEPS ARE COVERED

He Is Kept Up with Powerful Stimulants and Faints as He Finishes the Task.

Special to The New York Times. November 10, 1907

WASHINGTON, Nov. 9. -- Max Duffek of Munich, Germany, has performed the remarkable feat of walking on his hands from the top landing in the Washington Monument to the ground, a perpendicular distance of 500 feet, which extended to near 823 feet by the stairway. Duffek "palmed" every one of the 910 steps in 58 minutes and 30 seconds, and established a new record for tests of endurance.

Sein nächstes spektakuläres Projekt war eine Weltumrundung „in einer Million verschiedener Fortbewegungsmöglichkeiten". Vielleicht sind es dann doch nicht ganz so viele geworden, Max Duffek war jedenfalls unterwegs auf Händen, auf dem Bauch, auf allem was Räder hat, Straußen, Alligatoren, Büffeln, Bernhardinerhunden. „Er ließ sich in einem Bett durch das vom Erdbeben zerstörte San Franzisko ziehen ... war in Honolulu Wellenreiter, überquerte die Themse auf einem Drahtseil, flog in Japan in einem Drachen." So schreibt Adolf Plechinger, ein Mitglied des Vereins „Freunde der Vorstadt Au", der über Duffek recherchiert hat.

Max Duffek kam aber auch immer wieder zurück nach München, in der Hochstraße 41 kaufte er sich ein kleines Haus, in dem er seine gesammelten „Wunderdinge" im „kuriosesten Museum Münchens" ausstellte und seine Erlebnisse den Besuchern schilderte. Duffek starb am 3. September 1949 mit 72 Jahren, nachdem er durch einen LKW von seinem Fahrrad gerissen wurde.

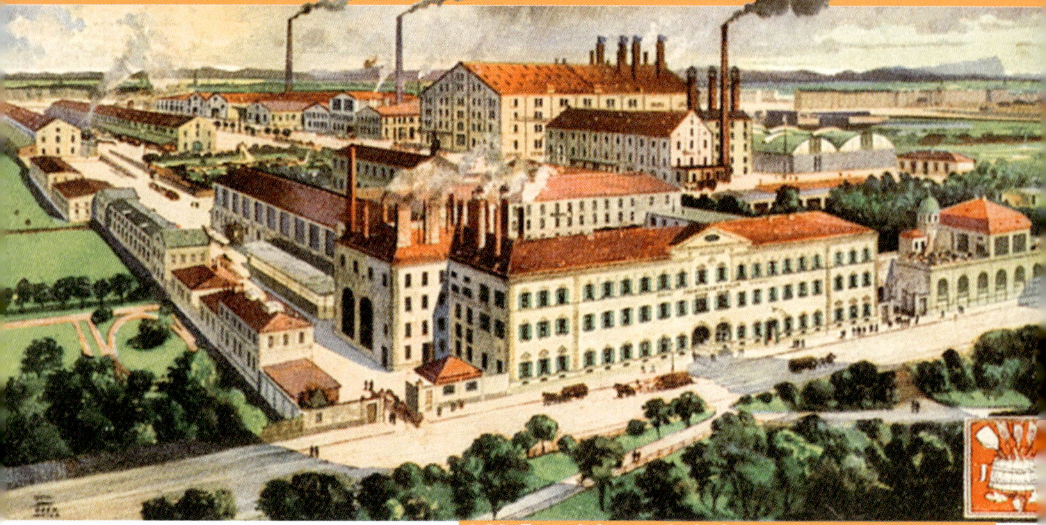

1.39 Franziskaner-Leistbrauerei

Eine Braustätte *bei den Franziskanern*, also beim Franziskanerkloster an der Stelle des heutigen Max-Joseph-Platzes wird 1363 zum ersten Mal erwähnt. Die Braustätte lag gegenüber dem Kloster. Ab 1841 wurde die Brauerei auf den Lilienberg in der Hochau verlegt, ein Keller bestand wohl schon Ende des 18. Jahrhunderts, 1835 wurde er neu gebaut, seit 1842 ist die Brauerei im Besitz der Familie Deiglmayr. Der Brauer Joseph Sedlmayr, Sohn des Spatenbräus Georg Sedlmayr d.Ä. und Besitzer der im 15. Jahrhundert gegründeten Leistbrauerei in der Sendlingergasse, beteiligte sich 1858 an der Franziskanerbrauerei und wurde 1861 alleiniger Besitzer. 1865 stellte er den Braubetrieb in der Sendlingergasse ein. Das Brauereigelände entwickelte sich in der Hochau von der Hochstraße bis zur Franziskanerstraße hin. 1872 wurde hier erstmals als Oktoberfestbier das sogen Ur-Märzen ausgeschenkt.

Um 1935 entwarf der geniale Graphiker Ludwig Hohlwein das Markenbild der Brauerei, ein Franziskanermönch als Cellerar. Tatsächlich war die Franziskaner-Brauerei nie eine Klosterbrauerei. Sie lag nur in der Nähe des Franziskanerklosters. Mit der Darstellung von Mönchen sollte eine entsprechende Brautradition und Kontinuität präsentiert werden. Hochrangige Vertreter der katholischen Kirche wehrten sich in den 1920er und 30er Jahren vehement gegen die Instrumentalisierung von Mönchen und Heiligen als Werbefiguren für Alkoholika – ohne nennenswerten Erfolg.

Die Franziskanerbrauerei wurde 1909 unter Gabriel Sedlmayr d.J. (1850–1931) in eine Familien-Aktiengesellschaft umgewandelt und 1922 mit der Spatenbrauerei zur *Spaten-Franziskaner-Leistbräu AG* vereint, die ebenfalls im Besitz der Familie war, der Braubetrieb der Franziskaner-Leist-Brauerei an der Hochstraße wurde 1931 eingestellt. 1964 braute die Spaten-Franziskaner-Brauerei erstmals Weißbier, das als *Spaten Champagner Weissbier* in den Handel kam, seit 1974 unter dem Namen *Franziskaner Hefe-Weissbier.* In den 1990er Jahren machte es über 50% der gesamten Produktion aus. 2003 fusionierte die Brauerei mit dem belgisch-brasilianischen Braukonzern *Interbrew*, seit 2004 InBev, seit 2008 Anheuser-Busch InBev, zur Zeit die größte Braugruppe der Welt. Franziskaner gibt es nur noch als eingetragene Marke, es wird bei Löwenbräu in München gebraut.

Franziskaner-Keller

Der Neubau des Franziskaner-Kellers an der Hochstraße wurde 1886 nach einem Entwurf des Architekten Gabriel von Seidl errichtet und lag neben der Franziskaner-Leistbrauerei. Der große Saal im Erdgeschoß (515 qm) enthielt sechs Stützen aus Eisenguss mit sichtbaren Konstruktionsteilen, die aufwändig mit farbigen Malereien von Otto Hupp im Stil der Renaissance dekoriert waren. Im oberen Geschoß lag ein kleiner Saal mit einem Gemälde von Rudolf Seitz und zwei große Terrassen mit jeweils ca. 200 qm. Rückwärts schloss sich ein mehr als 1800 qm großer Biergarten mit Musikpavillon und offenen Hallen an.

Franziskanerkeller 1898

Der Bau von Seidl wurde stilprägend für die Architektur der Bierpaläste nicht nur in Bayern. Beim Wiederaufbau wurde die hervorragende Ausstattung mit Gips verkleidet. Im Herbst 1971 wurde der heruntergekommene Franziskaner-Keller abgerissen. Auf dem Gelände entstand eine Wohnanlage.

1
Rumfordstraße
Aventinstraße
Liebherrstr.
Steinsdorfstraße
Zweibrückenstraße
Ludwigsbrücke
Morassistraße
Kohlstraße
Boschbrücke
Erhardtstraße
Zeppelinstr.
Lilienstraße
Zenneckbrücke
Schwarzstraße
Paulanerplatz
Zeppelinstraße
Corneliusbrücke
Eduard-Schmid-Straße
Franz-Prüller-Straße
Am Wageck
Schweigerstraße
Sammtstraße
Am Herrgottseck
Gebsattelstraße
Mariahilfstraße
Bereiteranger
Mariahilfplatz
Ohlmüllerstraße
1
16
9
13
3
4
12
17
5

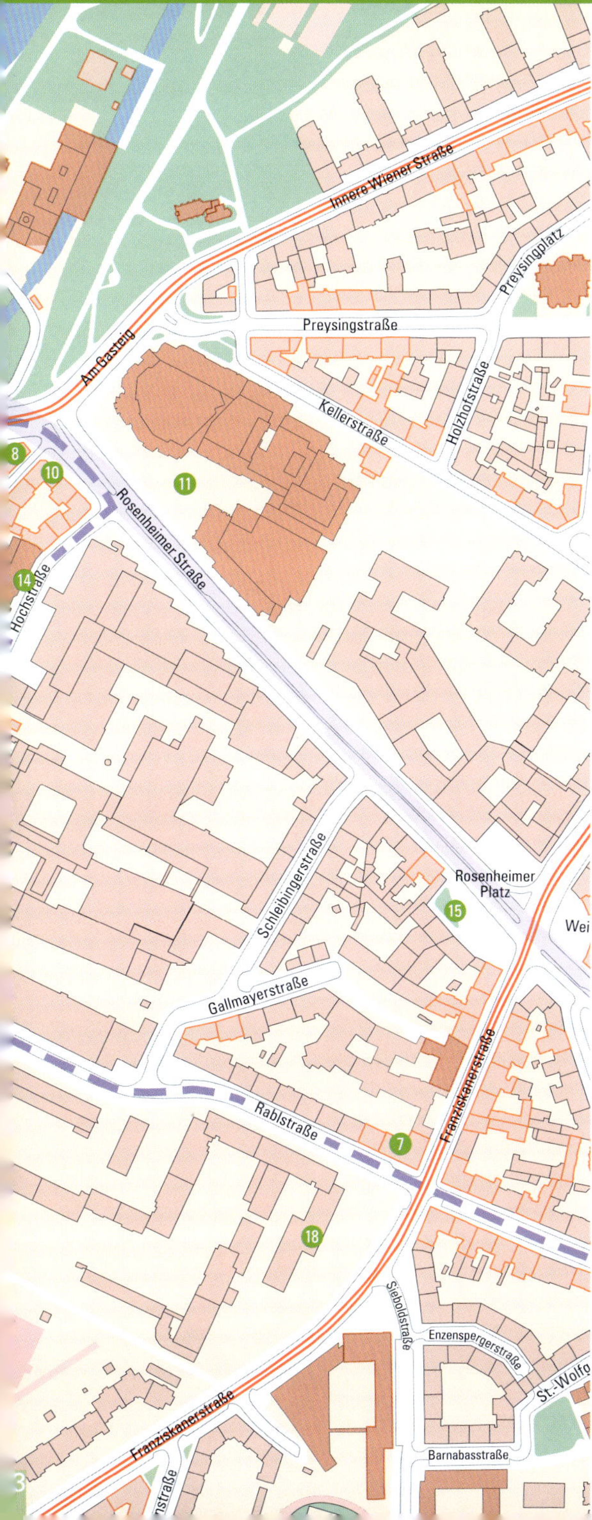

Cafés • Bars

1 Café im Müllerschen Volksbad
Rosenheimer Straße. 1
sehr nettes Cafe

Primo Espresso
Lilienstraße 8

Eispavillion
Schweigerstraße 15/Mariahilfplatz

Rio Film Cafe
Rosenheimerstr. 50

Ver O Peso Brasil Bar
Rosenheimerstr. 14

True & 12 Handmade ice cream
Rosenheimerstr- 14

Café Haidhausen
Franziskanerstr. 4

Kneipen • Boazn

Dreigroschenkeller
Zeppelinstr. 81
Mexikanisch, Pasta, Burger

Essen

2 Wirtshaus Zum Kuchelverzeichnis
Rosenheimer Straße 10
Bayerische Hausmannskost und internationale Klassiker

Chopan am Gasteig
Rosenheimer Straße 6
Afghanische Küche

Kashmir Inn
Rosenheimer Straße 4
Indisch

Ishi Ban
Rosenheimer Straße 4
Sushi-Restaurant

3 Restaurant Schweiger2
Lilienstraße 6
„kleinstes Sternelokal Münchens"; ambitioniert, kreativ, überraschend. Nicht billig, aber angemessen.

Burger House
Rablstraße 37/Eingang Franziskanerstr.

4 Wirtshaus in der Au
Lilienstraße 51
1901 gegründetes bayerisches Restaurant & Wirtshaus mit Biergarten, bekannt für Knödel und Jazzmusik.

5 Auer Hof
Mariahilfplatz 4
bayerisch-schwäbisch-fränkisch-meditteran Spatenbräu

Pizzeria L. Incontro
Lilienstraße 67

6 Bezirksamt
im Haus des Deutschen Ostens
Am Lilienberg 5

Pizzesco
Restaurant & Pizzabar
Rosenheimer Str. 12

Gourmet Bar
Hochstraße 11

VIB Grill&Lounge
Franziskanerstraße 16
Grillen wie die Brasilianer

7 Restaurant Atelier Gourmet
Rablstraße 37
Gehobene französische und mediterrane Gerichte

Burger House 1
Rablstraße 37

Inszenario Restaurant
Rablstraße 10
Anspruchsvolle Küche + Zauberer

Le Bousquorey
Rablstraße 37
Französische Küche

Manam Thai Food
Rosenheimerstr. 34

China Restaurant
Rosenheimerstr. 32

Thai Food
Rosenheimerstr. 46

Lebensmittel

Bauernmarkt
Mariahilfplatz
jeden Mittwoch 8–13 Uhr

Isardurscht
Getränkemarkt
Lilienstraße 26

Bäckerei Ziegler
Rosenheimerstr. 54

Orient Shop
Rosenheimerstr. 38

Thái Binh Duong
Rosenheimerstr. 38

Penny Lebensmittel
Franziskanerstr. 14/Innenhof

Döner • Imbiss

8 Sofra
Rosenheimer Str. 10
Türkische Esskultur

Shopping

Indienrad
Am Hergottseck 6
Design-Fahrräder

Mandarin am Gasteig
Rosenheimer Str. 8
Augenoptiker

9 Anton Doll
Holzmanufaktur
Lilienstraße 3
Handwerkliche Holzmöbel

design pool products
Hippe Möbel
Schwarzstr. 4/ Lilienstr.

Optik Seytter
Rosenheimerstr. 46

Le langage des fleurs
Die Sprache der Blumen
Rosenheimerstr. 54

Fernseh Fuchs
Lilienstraße 42

Meister Optik
Rosenheimerstr. 40

Kunst • Kultur

11 Gasteig Kulturzentrum
Rosenheimer Str. 5

12 Theater in der Au e.V.
Mariahilfplatz 4,
Eingang Saal
Am Herrgottseck

13 Haus des Deutschen Ostens (HDO)
Kultur-, Bildungs- und Begegnungseinrichtung
Am Lilienberg 5

14 Sudetendeutsches Haus
Sudetendeutsche Stiftung
Kulturforum
Hochstraße 8

Collegium Carolinum
Forschungsinstitut für die Geschichte Tschechiens und der Slowakei
Hochstraße 8

15 Rio Palast Kino
Rosenheimerstr. 50

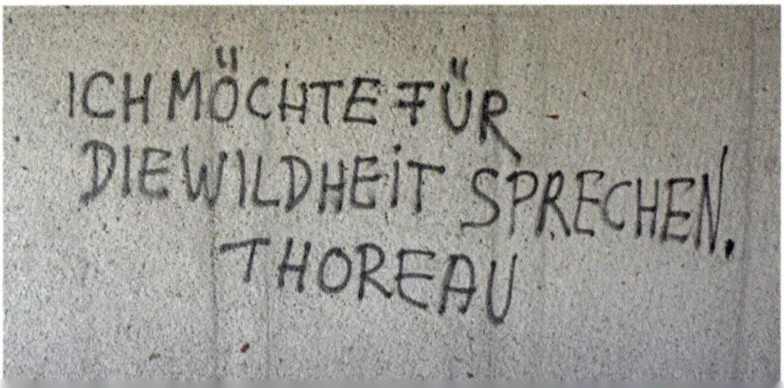

Bücher

⑩ Buchhandlung am Gasteig
Wolfgang Perthel eK.
Rosenheimer Str. 12

Specials

Uhrenwerkstatt & Restaurierung Fritsch
Lilienstraße 4

Georg Wilczek
Holzbildhauermeister
Lilienstraße 13

Riggauer
Vergolderei
Lilienstraße 13

Notebook und PC-Reparatur
Lilienstraße 42, Parkhof

Esso Tankstelle Shop
Hochstr. 5

Apotheke

⑯ Mohren-Apotheke
Rosenheimer Str. 2

⑰ Schweiger-Apotheke
Schweigerstraße 14

⑱ Apotheke
Franziskanerstr. 16

Rein & Sauber

Änderungsschneiderei
Hamid
Franziskanerstr. 14

Soziales

Baobab
Multikulturelle Eltern-Kind-Initiative e.V.
Zeppelinstraße 69

AMYNA e.V.
Institut zur Prävention von sexuellem Missbrauch
Mariahilfplatz 9

Deutsche Lebens-Rettungs-Gesellschaft
DLRG, Ortsverband München-Mitte e.V.
Telefon Wasserrettungsstation:
089 30 70 27 77 (Einsatz)
Lilienstraße 15

Erziehungshilfezentrum Adelgundenheim
Katholische Jugendfürsorge der Erzdiözese München und Freising e.V.
Hochstraße 31

Grund- und Mittelschule an der Hochstraße
Staatliche Schule mit Städtischem Tagesheim
Hochstraße 31

Freunde der Vorstadt Au
Geschichtsverein
Zeppelinstr. 41, Valentinhaus

LHM Sozialreferat
Amt für Wohnen und Migration
Franziskanerstr. 8

Bank

EC-Automat
Motorama
Rosenheimer Str. 30

Stadtsparkasse
SB-Center im Gasteig
Rosenheimer Str. 5

Stadtsparkasse
Rosenheimerstr. 52

Briefkasten

Briefkasten
Paulanerplatz

Briefkasten
Zeppelinstr.
bei Museums-Lichtspielen

2
R̃
In der Lohe
2.4

Au Bereiteranger **1808** (2)

Hochwasserschutz und Landgewinn

Der Stadtplan von 1808 zeigt im Süden das Gebiet der Lohe, nach 1812 kurzzeitig zur Au gehörig, später wieder zu Giesing. Von links drängt die Isar stark in Richtung der Auer Fluren. In Bildmitte sind die sogen. Lotterschen Überfälle zu sehen. Hier wurde der Entenbach abgeleitet, der dann als Grenzbach zwischen der Stadt München und der Au entlang des Bereiterangers bis zur heutigen Schweigerstraße floss und wieder in die Isar mündete.

Die Lotterschen bzw. Entenbach-Überfälle waren Ende des 17. Jh. von den Wasserbauern der Stadt München angelegt worden und von Anfang an ein Grund für Klagen der Auer, da durch den Isar-Abfluss bei Hochwasser große Wassermassen in den Entenbach drängten und dadurch eine beständige Gefahr von Hochwasser in der Au bestand und die Au auch tatsächlich mehrfach davon betroffen war. Vor allem 1851 und 1853 hatten Hochwasser in der Au schwere Schäden verursacht: Grundmauern wurden unterspült, ganze Häuser zerstört wie das Weisgerberhaus, das am 18. Juni 1855 beim Hochwasser einstürzte. Uferbefestigungen, Brücken und Wege wurden immer wieder beschädigt.

Die Auer Gemeindevertretung forderte den Abbau der Lotterschen Überfälle und an dessen Stelle den Bau von Hochwasserdämmen und die Korrektion des Entenbachs. Erst nach längeren Diskussionen mit der Stadtverwaltung und der Regierung von Oberbayern um die Übernahme der Kosten und vor allem nach der Eingemeindung 1854 war die Stadt gezwungen, bauliche Maßnahmen zu ergreifen. Als man begann, den Entenbach zu verfüllen, zeigten sich jedoch neue Schäden: Keller in der Au liefen voll, vermutlich mit dem Quellwasser von Harlaching her. Daraufhin wurde ein Sammelkanal für das Quellwasser erstellt, der das Wasser in die Isar ableitete. Danach trockneten die Keller wieder aus.

Die Hochwässer Mitte des 19. Jh. hatten auch links der Isar Schäden verursacht und waren schließlich der Auslöser für ein neues Konzept des Hochwasserschutzes, das Baurat Karl Muffat im Juli 1855 vorlegte: eine Verengung des Flussbetts mit einer beabsichtigten weiteren Vertiefung und ein dreistufiges Hochwasserbett mit höheren Dämmen auf beiden Seiten. Auf der Auer Seite wurden innerhalb der Dämme breite Flächen zur Aufnahme der Wassermassen angelegt. Bis 1875 waren die Arbeiten abgeschlossen.

Damit entstanden am rechten Isarufer große Flächen, die für Grünanlagen und eine Besiedlung hochwasserfrei wurden.

Bereiteranger

Die Herkunft der Flurbezeichnung „Bereiteranger" zwischen Isar und Entenbach ist unsicher. In frühen Stadtplänen einfach als Breiter Anger bezeichnet, wurden hier auch Pferde ausgeritten und dressiert.

Entenbach

2
2.7
Städtische
Gärtnerei
Birkenfeld-Str.
Schyren-Str.
Lorrain-Str.
Ettlinger-Str.
Ettlinger Platz
Oefele-Str.
Schule
Turnhalle
Schule
516,5
516,9
517,1
519,9
516,1
515,9
516,8
517,8
517,7
517,2

Au Bereiteranger 1891

2

Isarpromenade und Siedlungsbau

Die Hochwasserfreilegung auf dem rechten Isarufer bedeutete einen großen Landgewinn für Stadterweiterungen. Umfangreiche Flächen wurden für Grünanlagen und durchgehende Wege bis Harlaching verwendet, auch die Stadtgärtnerei fand hier einen neuen Standort. Seit 1847 bestand weiter südlich das erste Freibad in München, das vom Wasser des Aubächls gespeist wurde, damals aber nur von Männern besucht werden durfte, das heutige Schyrenbad. Auf dem ehemaligen Bereiteranger und den Flächen südlich davon bis zur Birkenau konnten Straßen nach einer Planung des Stadtbaurats Arnold von Zenetti ausgesteckt werden. Hier entstand ab der Mitte der 1870er Jahre ein bürgerliches Wohnviertel. Als Verbindung zur Innenstadt ließ die Stadt an Stelle der heutigen Wittelsbacherbrücke 1872 einen eisernen Steg errichten und bis 1876 eine Fachwerkbrücke, die 1904/05 durch eine Beton-Konstruktion nach einem Entwurf des Architekten Theodor Fischer und des Ingenieurs Heinrich Grüb ersetzt wurde.

Nach dem städtebaulichen Wettbewerb von 1891/92 und der Einrichtung des Stadterweiterungsbüros hat Theodor Fischer den Verlauf einiger Straßen der Zenetti-Planung verändert, v.a. im Bereich Edlinger- und Kolumbusplatz und an der Claude-Lorrain-Straße. Die Humboldtstraße wurde bis zum Kolumbusplatz durchgeführt, unklar ist, ob die im Plan eingetragene Schule fertiggestellt wurde, 1894/96 wurde etwas südlich davon jedenfalls nach einem Entwurf von Carl Hocheder eine Volksschule am Kolumbusplatz errichtet: der Prototyp für das anspruchsvolle Schulbauprogramm, das die Stadt aufgrund der stark steigenden Einwohnerzahlen in den folgenden Jahren verwirklichte.

Keine Eisenbahn für die Au und Giesing

Seit 1863 plante die Generaldirektion der Kgl. Bayer. Staatseisenbahnen konkret eine neue Bahnstrecke Richtung Braunau, die zunächst etwas umständlich über die Großhesseloher Brücke, das Giesinger Oberfeld, die Hochau und weiter nach Osten führen sollte. Ab November 1865 favorisierte man eine andere Streckenführung mit einer notwendigen neuen Eisenbahnbrücke über die Isar und einer Streckenführung durch Untergiesing, immerhin eine Einsparung von ca. 10 km Strecke. Von grundlegender Bedeutung war natürlich auch die Entscheidung, in welchem der betroffenen Stadtteile – Giesing, Au oder Haidhausen – der Staatsbahnhof positioniert werden sollte. Es bildeten sich mehrere Interessentengruppen: Gewerbetreibende in der Au, die einen Bahnhof im Bereich des heutigen Schyrenbades vorschlugen, eine wesentlich einflussreichere Gruppe um den Brauer Josef Sedlmayr, Inhaber der Franziskaner-Leistbrauerei an der Hochstraße, das Haidhauser Kommitee, das einen Standort im Bereich der heutigen Stein-, Wörth- und Sedanstraße präferierte. Die besten Kontakte zu den Entscheidungsträgern im Handelsministerium hatte jedoch eine Gruppe von Grundstücksbesitzern, die den Bahnhof in Haidhausen verwirklicht sehen wollte, an der Stelle, an der er heute auch steht. Wortführer war der einflussreiche Bankier Carl von Eichthal, der in diesem Bereich große Grundstücke erworben hatte. Das Handelsministerium entschied sich zunächst für den Giesinger Standort, dann aber letztlich doch für den Haidhausener. Gewinner und größter Nutznießer der Entscheidung war der Bankier Eichthal. Den Auern und Giesingern blieb nur der Bahndamm, der in einer Höhe von sieben Metern durch das Viertel geschlagen wurde und der Lärm und Rauch der durchfahrenden Züge auf der Hauptstrecke.

Bau des Eisenbahndamms durch Untergiesing, 1868

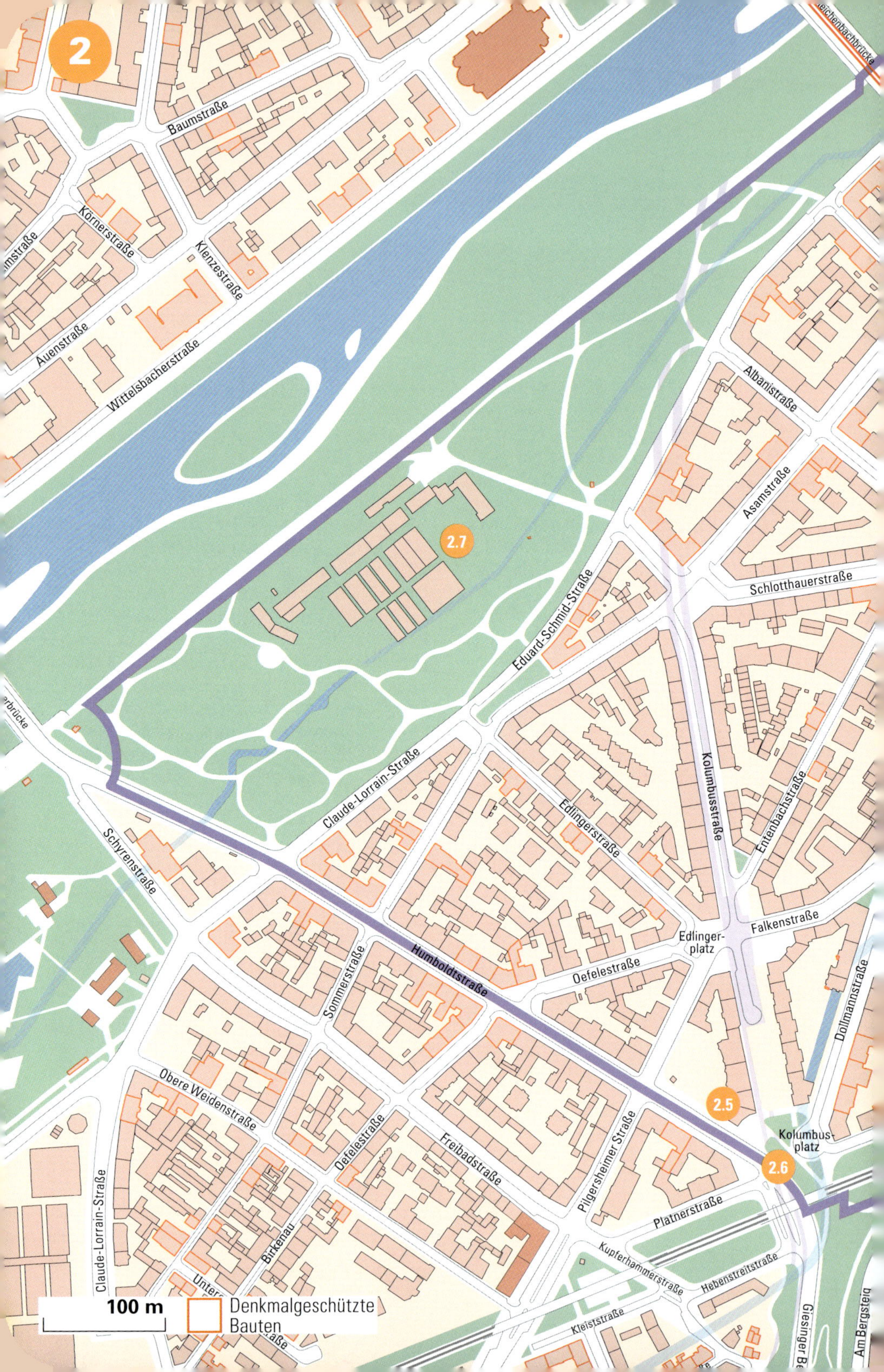
2
Reichenbachbrücke
Baumstraße
Körnerstraße
Klenzestraße
Auenstraße
Wittelsbacherstraße
Albanistraße
Asamstraße
Schlotthauerstraße
2.7
Eduard-Schmid-Straße
Claude-Lorrain-Straße
Schyrenstraße
Edlingerstraße
Kolumbusstraße
Entenbachstraße
Falkenstraße
Edlinger-
platz
Oefelestraße
Humboldtstraße
Sommerstraße
Dollmannstraße
Obere Weidenstraße
2.5
Kolumbus-
platz
2.6
Oefelestraße
Freibadstraße
Pilgersheimer Straße
Platnerstraße
Claude-Lorrain-Straße
Birkenau
Kupferhammerstraße
Hebenstreitstraße
Kleiststraße
Giesinger Berg
Am Bergsteig
100 m
Denkmalgeschützte
Bauten

Au Bereiteranger

2

Der gebändigte Fluss

Die fortschreitenden Regulierungen der Isar im 19. Jh. in Verbindung mit einem effizienten Hochwasserschutz haben eine bauliche Nutzung der angrenzenden Uferbereiche erst möglich gemacht. Bis dahin waren weder die Gebiete in der Au noch die Stadtviertel links der Isar vor Überschwemmungen sicher. Dadurch hat sich der Fluss um mehrere Meter vertieft und auch den ursprünglichen Charakter eines Wildflusses weitgehend verloren.

Neues Leben für die Isar

Überlegungen zu einer naturnaheren Gestaltung des Flussbetts im Bereich der Stadt gab es schon Anfang der 1980er Jahre, seit 1984 erarbeitete das Referat für Stadtplanung und Bauordnung einen vorläufigen „Isar-Plan", der 1988 vom Stadtrat beschlossen wurde. Ziel war eine Stärkung des Hochwasserschutzes, die ökologische Aufwertung des Flussraums und damit auch eine Verbesserung des Freizeitwerts. Das Ausführungskonzept erarbeiteten die städtischen Referate in Zusammenarbeit mit dem staatlichen Wasserwirtschaftsamt in der Arbeitsgruppe *IsarPlan* ab 1995, im Februar 2000 begannen die ersten Arbeiten südlich des Marienklausenstegs als Pilotprojekt.

Fluss und Stadt

Für die Ausführung des innerstädtischen Bereichs zwischen der Braunauer Eisenbahnbrücke und der Museumsinsel lobte der Stadtrat 2003 einen Realisierungswettbewerb aus, dessen Preisträger eine Arbeitsgemeinschaft der Landschaftsarchitektin Irene Burckhardt mit anderen Architekten war. Im März 2005 folgte der Beschluss des Stadtrats zur Ausführung, die den Wünschen der Bürger nach einer naturnäheren Ufergestaltung Rechnung trägt, aber auch das ensemblegeschützte Corneliuswehr erhält. Als letzter Bauabschnitt wurde seit Herbst 2010 bis 2011 die Strecke von der Reichenbachbrücke bis zur Museumsinsel renaturiert.

Flora und Fauna

Ein wichtiger Aspekt der Renaturierungsmaßnahmen war eine Aufwertung der ökologischen Struktur. Schon die ersten fertiggestellten Abschnitte des *Isarplans* unterhalb der Großhesseloher Brücke bis zur Thalkirchner Brücke haben deutlich gezeigt, dass durch die Eigendynamik des Flusses neue, kleinräumig strukturierte Lebensbereiche für viele Tier- und Pflanzenarten entstehen, die bisher nicht mehr am Fluss vorhanden waren.

Auer Beach

Der Erfolg der Renaturierung der Isar bei den Bürgern hat die Erwartungen weit übertroffen, die Hochwasserwiesen und Ufer werden mehr als jeder Park für die Freizeit genutzt, leider auch mit unerwartet hohen Aufwändungen für die Reinigung. Gewonnen haben v.a. die Giesinger und Auer Bürger, auch wenn der renaturierte Bereich verwaltungstechnisch eigentlich zur Isarvorstadt-Ludwigsvorstadt gehört.

2.1 Ölbergkapelle

Der Historienmaler Josef Schlotthauer (1789–1869) wohnte in einem Schlössl in der Nähe der Frühlingstraße (heute Eduard-Schmid-Straße). Aus Dankbarkeit für eine ausgeheilte Krankheit, die er im Kindesalter überstanden hatte, ließ er an der Straße eine kleine hölzerne Kapelle errichten. Der befreundete Bildhauer Fidelis Schönlaub modellierte eine Ölbergszene mit einer Christusfigur und einem Engel, die in der Mayerschen Kunstanstalt als Steinguss hergestellt wurden. Als die Kapelle immer baufälliger wurde, bat der Auer Pfarrer Simon Knoll um Neubau aus Stein, für den der städtische Baurat Hans Grässel einen Entwurf lieferte. Am 20. August 1905 wurde die Ölberg-Gruppe feierlich in die neue Kapelle überführt.

2.2 Planetenweg

Der Planetenweg führt vom Deutschen Museum entlang der Isar bis zum Tierpark Hellabrunn. Er stellt maßstäblich die Größe der Planeten und ihre Entfernungen von der Sonne dar. Die *Sonne* steht im Innenhof des Deutschen Museums, die nächsten Planeten: *Merkur* und *Venus* auf dem Weg zum rechtsseitigen Isaruferweg. *Erde* und *Mars* mit einem Abstand von 177 m stehen schon in der Au, *Jupiter* nach 603 m hinter der Corneliusbrücke, es folgen *Saturn*, ebenfalls noch in der Au, dann *Uranus* vor der Braunauer Eisenbahnbrücke, *Neptun* nördlich der Flauchers. Die Stationen sind jeweils mit dreieckigen Stelen gekennzeichnet, auf denen Informationen über den jeweiligen Planeten, das gesamte Sonnensystem und die Wegeführung stehen. Ein Schritt eines Erwachsenen auf dem Planetenweg entspricht dabei etwa einer Million Kilometer im Weltall. Eröffnet wurde der Weg 1995, Endpunkt ist *Pluto* hinter der Thalkirchner Brücke, damals war das der am weitesten entfernte Planet von der Sonne. 2006 wurde *Pluto* allerdings degradiert und gilt seitdem nur noch als „Zwergplanet" und darf bei den großen eigentlich nicht mehr mitspielen. Der Astrophysiker Mike Brown (der „Mörder Plutos") vermutet aber einen neunten Planeten in einer Entfernung von ca. 150 Milliarden Kilometern, das wäre dann auf unserem Planetenweg kurz hinter Florenz.

A Birnbaum sche blau

Farben wurden im Lauf der Zeit verschieden bezeichnet. Grün setzt sich aus Gelb und Blau zusammen und zu bestimmten Zeiten war das Blau der Namensgeber. Auch bei den Kartenfarben wird die Gras-Sau als Blaue bezeichnet. Braun galt früher als Dunkel und Farbe der Nacht. Auch beim Blaukraut und dem Rotkohl ist man sich nicht ganz einig.

Der Ursprung des Liedes *Drunt in der greana Au* geht vermutlich bis ins 16. Jahrhundert zurück und die heute gebräuchliche Fassung wohl auf Christian Hohbaum. Sie wurde erstmals 1816 gedruckt und war in vielen Regionen Deutschlands bekannt. Der originale *Auer Birnbaum* soll im Pfarrgarten der Auer Mariahilfkirche *stehen,* wie nachweislich (in einer Reportage des Bayerischen Rundfunks) eine Forschungsgruppe der Klasse 3c der Mariahilfschule herausgefunden hat, der Birnbaum wurde um 1750 im damaligen Friedhof der Paulanerinnen gepflanzt.

2.3 Marianum

Seit der Gründung der Privatstiftung „Marianum" 1879 wurden vierundzwanzig Mädchen bei den „Armen Schulschwestern" in der Kistlerstraße in Obergiesing im Näherei- und Stickereihandwerk ausgebildet. Das Marianum in der Humboldtstraße 2, unmittelbar an der Wittelsbacher Brücke, wurde 1901 nach Plänen von Carl Hocheder erbaut und diente als Lehr- und Beschäftigungsanstalt für Frauen, in der Kunststickereien angefertigt wurden. Im Krieg wurde das Haus völlig zerstört und stark vereinfacht wieder aufgebaut. Seit 1973 bietet das Marianum unter der Trägerschaft der Caritas eine stationäre Wohnform für Menschen mit geistiger und mehrfacher Behinderung an. Das Angebot erstreckt sich von offenen Hilfen in den Bereichen *Ambulant Betreutes Wohnen*, *Offene Behindertenarbeit* und *Familienentlastende Dienste* bis hin zum *Stationären Wohnen.*

„Drunt in der greana Au"

Drunt in da greana Au steht a Birnbam, sche blau, juche./
Drunt in da greana Au steht a Birnbam, sche blau.
Was is an dem Bam? A wunderschena Ast.
Ast am Bam, Bam in der Au. / Drunt in da greana Au steht a Birnbam, sche blau, juche. / Drunt in …
Was is an dem Ast? A wunderschens Astl.
Astl am Ast, Ast am Bam, Bam in der Au. / Drunt in da greana Au steht a Birnbam, sche blau, juche. / Drunt …
Was is an dem Astl? A wunderschens Zweigerl.
Zweigerl am Astl, Astl am Ast, Ast am Bam, Bam in der Au. / Drunt in da greana Au steht a Birnbam, sche blau, juche. / Drunt …
Was is an dem Zweigerl? A wunderschens Blattl. Blattl am Zweigerl, Zweigerl am Astl, Astl am Ast, Ast am Bam, Bam in der Au. / Drunt in da greana Au steht a Birnbam, sche blau, juche. / Drunt …
Was is an dem Blattl? A wunderschens Nesterl.
Nest am Blattl. Blattl am Zweigerl, Zweigerl am Astl, Astl am Ast, Ast am Bam, Bam in der Au. / Drunt in da greana Au steht a Birnbam, sche blau, juche. / Drunt …
Was is in dem Nest? A wunderschens Oar.
Oar im Nest, Nest am Blattl. Blattl am Zweigerl, Zweigerl am Astl, Astl am Ast, Ast am Bam, Bam in der Au. / Drunt in da greana Au steht a Birnbam, sche blau, juche. / Drunt …
Was is in dem Oar? A wunderschens Vogerl.
Vogerl im Oar, Oar im Nest, Nest am Blattl. Blattl am Zweigerl, Zweigerl am Astl, Astl am Ast, Ast am Bam, Bam in der Au. / Drunt in da greana Au steht a Birnbam, sche blau, juche. / Drunt …
Was is an dem Vogerl? A wunderschens Federl.
Federl vom Vogerl. Vogerl im Oar, Oar im Nest, Nest am Blattl. Blattl am Zweigerl, Zweigerl am Astl, Astl am Ast, Ast am Bam, Bam in der Au. / Drunt in da greana Au steht a Birnbam, sche blau, juche. / Drunt …
Was wird vo dem Federl? A wunderschens Betterl.
Betterl vom Federl. Federl vom Vogerl. Vogerl im Oar, Oar im Nest, Nest am Blattl. Blattl am Zweigerl, Zweigerl am Astl, Astl am Ast, Ast am Bam, Bam in der Au. / Drunt in da greana Au steht a Birnbam, sche blau, juche. / Drunt …
Wer liegt in dem Betterl? A wunderschens Maderl.
Maderl im Betterl. Betterl vom Federl. Federl vom Vogerl. Vogerl im Oar, Oar im Nest, Nest am Blattl. Blattl am Zweigerl, Zweigerl am Astl, Astl am Ast, Ast am Bam, Bam in der Au. / Drunt in da greana Au steht a Birnbam, sche blau, juche. / Drunt …
Wer liegt bei dem Maderl? A wunderschens Buaberl.
Buaberl beim Maderl. Maderl im Betterl. Betterl vom Federl. Federl vom Vogerl. Vogerl im Oar, Oar im Nest, Nest am Blattl. Blattl am Zweigerl, Zweigerl am Astl, Astl am Ast, Ast am Bam, Bam in der Au. / Drunt …

Christian Steinicken, Tollhaus, 1880

2.4 Irrenhaus

Eines der frühesten Gebäude am heutigen Kolumbusplatz (1916 nach dem Entdecker Amerikas benannt) war seit Herbst 1692 das „Hofkrankenhaus für kurfürstliche Hofbedienstete" am Auer Mühlbach. Vorgesehen war das Haus v.a. für Hofbeamte und ihre Familien, die „hitzige" Krankheiten, ansteckendes Fieber hatten, um sie vom Hof möglichst entfernt zu halten. 1801 wurde das Krankenhaus wegen geringer Auslastung aufgelassen. Der Arzt Franz Xaver Häberl setzte sich für einen Umbau zu einem Allgemeinen Irrenhaus ein, Baumeister Franz Thurn lieferte die Pläne. Seit Juni 1803 wurde das Haus mit 26 Kranken belegt, von Anfang an war es zu klein, oft mussten bis zu 40 Personen untergebracht werden. Bis dahin waren geistig Kranke über Jahrhunderte in den sogen. *Narrenkeichen* im Heiliggeistspital am heutigen Viktualienmarkt untergebracht.

Das *Giesinger Tollhaus* hat einiges zum früheren schlechten Ruf von Giesing und der Au beigetragen, es bestand hier bis 1859 und wurde dann in die neue *Oberbayerische Kreisirrenanstalt* in die Hochau verlegt. Die Belegung der Plätze hatte so stark zugenommen, dass die Giesinger Klinik nicht mehr ausreichte. Im Gebäude am Kolumbusplatz waren anschließend bis 1877 unheilbar Kranke des Nikolaispitals am Gasteig untergebracht. Mit dem Bau der Eisenbahnstrecke nach Braunau bis 1871 wurde das Gebäude abgerissen. Auf dem Gelände entstand später die Kolumbusschule.

2.5 Volksschule am Kolumbusplatz

Im Rahmen eines großzügigen städtischen Programms zur Errichtung von modernen Schulgebäuden entstand 1894/96 eine Volksschule am Kolumbusplatz. Der Architekt Carl Hocheder verwirklichte hier erstmals ein bauliches Konzept mit einer vorgelagerten Turnhalle, das später bei vielen städtischen Schulbauten angewendet wurde. Die Schulen waren mit Küchen, Werkstätten, Turnhallen, Schulgärten und Bädern ausgestattet, galten weit über München hinaus als vorbildlich. Weiterentwicklungen dieses Schulhaustyps wurden an vielen Standorten im Stadtgebiet verwirklicht. Die Kolumbusschule wurde in der Nacht vom 24. auf den 25. April 1944 bei einem Angriff englischer Bomber zerstört und nicht wieder aufgebaut.

Giesinger Auffahrt nach der Fertigstellung 1892

2.6 Kolumbusplatz

Der Kolumbusplatz in seiner heutigen Form entstand erst mit der 1890–92 durchgeführten Verkehrsregulierung der Auffahrt auf den Giesinger Berg. Bis dahin war die Auffahrt steil und gefährlich. Immer wieder kam es zu schweren Unfällen. Prominentestes Opfer war der Unternehmer Joseph von Utzschneider, der 1842 mit seiner Kutsche verunglückte und starb. Die Gebäude an den Rändern der alten Straße wurden ab 1890 abgerissen, die Straße selbst bis zum heutigen Kolumbusplatz verlängert und erhielt damit eine günstigere Steigung. Als Verbindung zwischen dem neuen Platz und der Wittelsbacherbrücke wurde 1892 die Humboldtstraße angelegt.

Eisenbahnbrücke und Villa Peter 1905

Bahndamm durch Untergiesing und die Au

Wesentlichen Einfluss auf die Entwicklung der Stadtteile rechts der Isar hatte der Ausbau der Bahnlinie zum Ostbahnhof ab 1871. Forderungen nach einem eigenen Bahnhof im Bereich der Au bzw. Giesings wurden nicht erfüllt – die Immobilienbesitzer der Haidhausener Grundstücke, allen voran Baron von Eichthal konnten den Bahnhof in die Nähe ihrer Besitzungen bringen. Noch einschneidender war jedoch der Bau des Eisenbahndamms. Er trennt bis heute das Stadtviertel. Eine Umplanung in ein Viadukt mit Bögen gelang den Auer und Giesinger Bürgern nicht. Während die meisten anderen Stadtviertel Münchens vom Bau der Bahnlinien und der Bahnhöfe profitierten, war für die Au und Giesing die Anlage der Bahnlinien ohne jeden Vorteil und daher höchst umstritten.

Kolumbusplatz 1898

Am 15. März 1871 rollte der erste Personenzug vom Münchner Südbahnhof mitten durch Untergiesing zum Ostbahnhof.

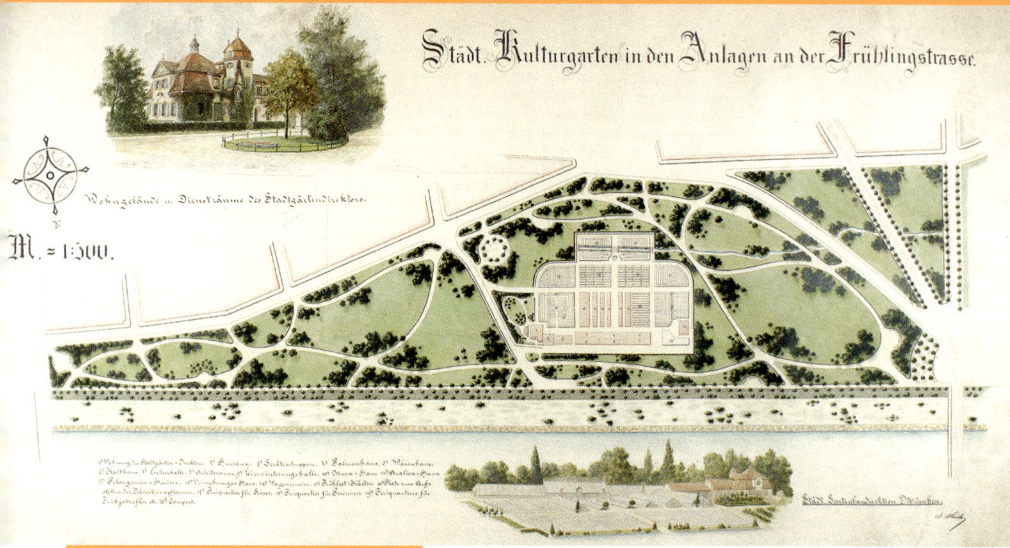

Kulturgarten an der Frühlingstraße um 1900, Planung Heiler

2.7 Frühlingsanlagen

Die Gestaltung der Ufergebiet rechts der Isar war in dem umfassenden Plan von Peter Joseph Lenné nur im nördlichen Teil detaillierter ausgeführt. Nördlich der Ludwigsbrücke entstanden im Auftrag König Maximilians II. ab 1856 die Maximiliansanlagen und 1864 die Gasteiganlagen, geplant vom Landschaftsarchitekten Carl von Effner. Im Bereich der nördlichen Au reichte die Besiedlung bis unmittelbar an das Isarufer, dort schlug Lenné eine durchgehende Baumreihe als Promenade vor, die bis zum Bereiteranger führte.
Mit der Regulierung der Isar ab 1839 und dem Bau von Hochwasserdämmen südlich der Reichenbachbrücke wurden zunächst die Gebiete links der Isar neu gestaltet mit einer durchgehenden Promenade bis zu den neu angelegten Anlagen an den Thalkirchner Überfällen, den heutigen Flaucheranlagen.

Ab 1862 wurde auch das Isarufer auf der Giesinger und Auer Seite ausgebaut. Ziel war eine durchgehende Wegeverbindung bis nach Großhesselohe. Max Kolb, königlicher Obergarteninspektor und der Stadtgärtner Jakob Heiler ließen Spazierwege und Pflanzungen anlegen. Mit einbezogen wurde auch das bereits seit 1847 bestehende Freibad, das heutige Schyrenbad. 1888 bis 1893 entstand an der damaligen Frühlingstraße (heute Eduard-Schmid-Straße) auf einer Fläche von 1,5 Hektar eine neue Stadtgärtnerei und Baumschule mit Gewächshäusern auch als zentraler Standort der Gartenverwaltung – seit 1899 Stadtgartendirektion – mit einer Dienstwohnung für deren Leiter. Die bisher auf der Kalkofeninsel gelegene Stadtgärtnerei wurde aufgegeben, an dieser Stelle entstand das Müllersche Volksbad. Der Kulturgarten an der Frühlingstraße wurde schließlich in die Gesamtanlage am rechten Isarufer einbezogen, umgeben von geschwungenen Wegeführungen und einer landschaftlichen Gestaltung im Stil der Zeit. Bis 1899 war auch eine durchgehende Promenade entlang der Isar am rechten Ufer bis zur Großhesseloher Brücke fertig. Besonders aufwändig war der Bau des Höhenwegs und der steilen Aufstiege von der Isar zum Hochufer.

Gartenbau

Auf dem Gelände ist heute der Sitz der Hauptabteilung Gartenbau des Baureferats. Der Gartenbau betreut die städtischen Grünanlagen, insgesamt 2.300 Hektar inklusive der Schmuckplätze, Friedhöfe, Kleingartenanlagen, Kinderspielplätze, Verkehrsbegleitgrün und der 110.000 Straßenbäume in der Stadt. Dazu kommen die Grünbereiche von Schulen, Krankenhäusern, Sportanlagen und Bädern.

2
Baumstraße
Körnerstraße
Klenzestraße
Auenstraße
Wittelsbacherstraße
Albanistraße
Asamstraße
Schlotthauerstraße
Eduard-Schmid-Straße
Claude-Lorrain-Straße
Edlingerstraße
Kolumbusstraße
Entenbachstraße
Schyrenstraße
Humboldtstraße
Sommerstraße
Oefelestraße
Edlinger-
platz
Falkenstraße
Dollmannstraße
Obere Weidenstraße
Oefelestraße
Freibadstraße
Pilgersheimer Straße
Kolumbus-
platz
Platnerstraße
Kupferhammerstraße
Hebenstreitstraße
Claude-Lorrain-Straße
Birkenau
Untere Weidenstraße
1
3
4
6
7
8
9
10
11
100 m
Denkmalgeschützte
Bauten

Au Bereiteranger • **Service** 2

Cafés • Bars

De Marcho
Ohlmüllerstr. 7

Herzschlag Bar
Sommerstraße 18

Eva's Stehcafe
Humboldtstraße 30

1 **Miss Lilly's**
Oefelestraße 12
Frühstück, saisonale euro-asiatische Gerichte und Kuchen, gute Außenplätze

Kneipen • Boazn

Giesinger Schlümpfe
Humboldtstraße 12

Downtown
Humboldtstr. 28

Cafe Bistro Zur Maus
Edlingerstr. 1

Zum Doll-Eck
Dollmannstraße 2

Essen

Solo Pizza
Bereiteranger 18

fresh kitchen
Ohlmüllerstr. 10

Mai Garten
Ohlmüllerstr. 24

Hai Phong
Sommerstr. 8
Vietnamesisch

Kavalis Grill & Bar
Sommerstr. 18
Junge griechische Küche

La Fattoria
Schlotthauerstraße 16
Authentisch, persönlich

La Sophia
Kolumbusstr. 1
Italienisch

Maxim
Edlingerplatz 4
Italienisches Restaurant

2 **il falco**
Falkenstraße 38
Italienisches Restaurant Klassiker

Gaststätte Humboldts
Humboldtstraße 1
Schnitzel + Burger Tegernseer

Hanoi
Humboldtstraße 5

3 **WUID Barwirtschaft**
Humboldtstraße 20
Tegernseer superbairisch: Von der Burschn-Lende zum „Ewigen Stenz" (=Käsekrainer, vulgo: Eitrige)

Döner • Imbiss

Brez´n Eck
Schweigerstr.
Cafe, Imbiss

Pizzeria
Oefelestr. 2

Türkitch
Humboldtstraße 20
Döner, Köfte und Kebab Tegernseer

Tandoori
Humboldtstraße 24
Indisch Ayurwedisch

Lebensmittel

Getränkequelle
Ohlmüllerstraße 5

Cäsar´s Vitaminreich
Ohlmüllerstr. 11
Obst und Gemüse

Le Gourmet
Weinhandlung
Albanistr. 13

4 **Kaisers Tengelmann**
Lebensmittel
Entenbachstr. 28

Helenas Backwelt
Café Imbiss
Entenbachstr. 50

Miss Lilly´s, Oefelestraße 12

Getränkemarkt Herrmann
Entenbachstr. 51

Biomarkt Naturkost Entenbach
Schlotthauerstraße 16

Georgios Thodis Lebensmittelladen
Falkenstraße 52

Hofpfisterei
Humboldtstraße 9

Vollmundig
Frühstück Bistro
Humboldtstr. 19

Russischer Standard
Humboldtstraße 23
Food und russische Überlebenssachen

Bäckerei Wimmer
Humboldtstraße 25

Barcho´s Getränkestadl
Humboldtstr. 25

Giesinger Fruchtmarkt
Humboldtstraße 27
Coffee to go

Altay Imbiss
Döner Kebab
Humboldtstr. 30

Kellerei Niederlassung
Südtiroler Weine
Humboldtstr. 38

Vitalia
Reformhaus
Humboldtstr. 42

Bäckerei & Konditorei Ludwig Riedmair
Claude-Lorrain-Straße 11

Shopping

Matratzen Concord
Ohlmüllerstr. 1

Elektro Ecker Radio
Zeppelinstraße 7A, Eingang Ohlmüllerstraße

Quality for dance
Asamstraße 7
Tanzschuhe, Tanzsport

J. Zweig & Co.
Kinderbekleidung
Eduard-Schmid-Str. 29

Sanitätshaus Schmidhuber
Humboldtstr. 1

6 Karina Kaufraum für Selbstgemachtes
Humboldtstr. 6
Kreative Workshops im „Spunkhaus"

KultPur
Übersee Magazin
Humboldtstr. 8

Stoff & Co.
Stoffladen
Humboldtstr. 22

Drogerie Rossmann
Humboldtstr. 29

Bücher

7 Buch in der Au
Humboldtstraße 12

Antiquariat Dr. Hell
Ohlmüllerstr. 28

Zeitungen
Ohlmüllerstr. 28

Kunst • Kultur

8 Hoch X Theater und Live Art
Entenbachstraße 37

Specials

Noten für Blechbläser
und alle anderen Instrumente
Dieter Walter
Sommerstr. 11

Second Hand HiFi
Ohlmüllerstr. 6

AUer Haus
Ohlmüllerstr. 28
Vintage mit Herz und Seele

Fritz Ober Musikinstrumentengeschäft
Boosstraße 7

Stattauto München Carsharing Station Au
Asamstraße 12

Now or Never
Tattoes Ralf Nickolaus
Oefelestraße 9

Radsport Gülsen
Oefelestraße 2

Hosenträgernäherei Friederike von der Gönna
Oefelestraße 3
Auch auf der Auer Dult

Royal Dog
Unikate & Schöne Sachen
Edlingerstr. 21

Blumenhaus
Humboldtstr. 10

Fahrrad-Zentrale Kropfhammer
Humboldtstr. 14, 15 und 17

9 Blütenkorb
Humboldtstraße 16
Spezieller Tipp von Hermann und Campino

Fahrschule Schweiger
Humboldtstr. 40

Apotheke

10 Kolumbus-Apotheke
Entenbachstr. 50

11 Humboldt Apotheke
Humboldtstraße 21

Rein & Sauber

Änderungsschneiderei
Humboldtstr. 10

Änderungsschneiderei Reisinger
Humboldtstr. 27

Soziales

Elisabeth Schlageter Bürgerhaus
Entenbachstraße 24

Kolping Jugendwohnheim am Entenbach
Entenbachstr. 37

Bank

HypoVereinsbank
Humboldtstraße 36

Briefkasten

Deutsche Post
Ohlmüllerstr. 17
Mo–Fr 9–16:30
Sa 9–12

Briefkasten
Schweigerstr. 10

3
3.1
3.2
3.4
3.17
3.22
3.28
3.19
3.12
3.18
3.16
3.13
3.26
3.35
3.15
arbeitshaus
Unter Giesing

Au Mariahilfplatz 1808

3

Weideflächen und Pilgerplatz

Die Katasterkarte links von 1808 zeigt den Bereich des heutigen Mariahilfplatzes mit den dicht gedrängten Herbergsanwesen westlich davon auf dem Auer Gemeindegrund bis zum Entenbach, einem Seitenarm der Isar, der oft der Auslöser für schwere Überschwemmungen in der Au war. Die große freie Fläche war seit langem überlieferter Weidegrund für die Giesinger Bauern, mit zunehmender Bedeutung der Marien-Wallfahrtskirche wurde sie für die Zwecke der Pilger gestaltet und mit Bäumen bepflanzt. Am östlichen Rand ist der Bau der Knabenschule zu sehen und der Beginn einer stadträumlichen Fassung des Platzes.

Strafarbeitshaus und Brauerei

Das Neudeck hat 1808 längst seine feudale Vergangenheit hinter sich gelassen, das dort befindliche Sommerschlösschen der Wittelsbacher blieb nur bis 1626 in der Au. Auch die Paulanermönche sind bereits 1799 aus den Klostergebäuden ausgezogen. Nach verschiedenen anderen Nutzung ist hier seit 1807 das Strafarbeitshaus untergebracht, nach wie vor fließt ein Seitenarm des Auer Mühlbachs durch das Gelände und betreibt mehrere Werkstätten der *Besserungsanstalt*. Auf der gegenüberliegenden Seite der Verbindungsstraße nach Giesing, der heutigen Ohlmüllerstraße war die frühere Klosterbrauerei der Paulaner seit 1803 verpachtet, 1813 übernahm sie Josef Zacherl als Eigentümer und baute sie innerhalb kurzer Zeit zu einem bedeutenden Unternehmen aus. 1813 errichtete er oben auf der Anhöhe einen großen Lagerkeller, den *Zacherlkeller*.

Krebsbauernhof

Der Standort oben auf der Anhöhe zwischen dem Hang und der Straße nach Giesing war schon zur Zeit der Stadtgründung im 12. Jahrhundert besiedelt. Nach seinem Besitzer Niklas Krebs, einem Hoffischer des bayerischen Herzogs hieß er seit dem 16. Jh. Krebsbauernhof – der größte Bauernhof in Giesing. Die Auffahrt zur Anhöhe war immer eine große Herausforderung für die Ochsen- und Pferdekarren, die Straße wurde ständig ausgebaut, die Hänge zu den benachbarten Höfen aufwändig abgestützt.

Nockhergarten

Seit 1789 besaß die Münchner Bankierfamilie Nockher gegenüber dem Krebsbauernhof Grund und ein Schlösschen auf dem später nach ihr benannten Nockherberg, das 1858 an die Gebrüder Schmederer verkauft wurde, die Besitzer der Paulanerbrauerei. In einem der Gebäude an der Auer Bergstraße war die Gastwirtschaft zum Nockhergarten eingerichtet, die wie auch der Krebsbauernhof 1903/04 der Straßenregulierung weichen mussten.

Auffahrt zum Nockherberg und Krebsbauernhof, Josef Puschkin um 1890, rechts das „Räubergassl"

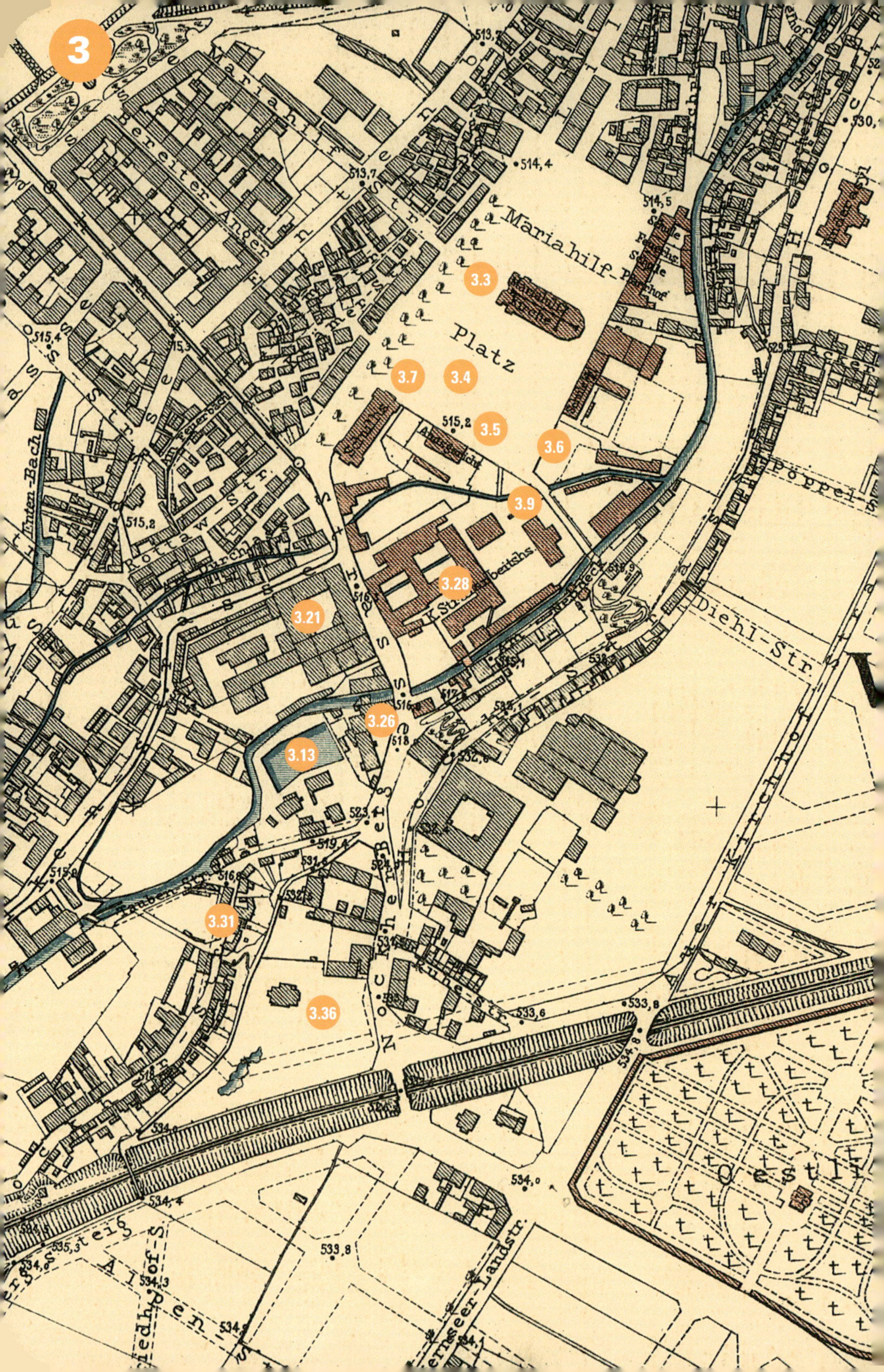
3
3.3
3.7
3.4
3.5
3.6
3.9
3.28
3.21
3.26
3.13
3.31
3.36
Mariahilf-Platz
Mariahilf Kirche
Schule
Amtsgericht
Pöppel-S
Diehl-Str.
Enten-Bach
Bereiten-Anger
Landstr.

Mariahilfkirche 1839

Die Au wird Teil der Großstadt

Bis zum Ende des 19. Jh. änderte sich in der Au vieles. Zwar bestanden noch viele der Herbergsbauten, aber immer mehr bedrängten mehrgeschoßige Mietshäuser die alten Siedlungsflächen, wie westlich der Entenbachstraße auf dem ehem. Bereiteranger. Der Neubau der Mariahilfkirche von 1839 dominiert den Mariahilfplatz und wird zum Wahrzeichen der Au. Auf zwei Seiten ist der Platz inzwischen von öffentlichen Bauten umgeben. Auf der Ostseite Schulgebäude, das Auer Feuerhaus und der Pfarrhof der Kirchengemeinde, anschließend die Erziehungsanstalt der Armen Schulschwestern. Im Süden mittig das Rathaus der Vorstadt Au von 1830, das ab 1854 das Amtsgericht aufnimmt, links davon der Neubau der Mariahilfschule von 1880 und das Strafarbeitshaus in den ehemaligen Klostergebäuden, das 1904 teilweise durch einen Neubau ersetzt wird. Gleichzeitig entsteht ein neues Gebäude für das Amtsgericht, in dem heute das Landratsamt untergebracht ist.

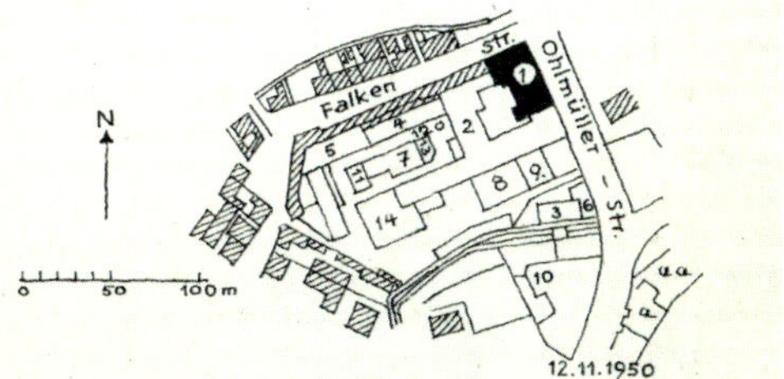

Paulaner-Brauerei, Ohlmüllerstraße 42

1 Altes Bräuhaus erbaut ca 1714
2 Neues Bräuhaus " um 1822
3 Gebäude neu erbaut 1855
4 Schenkkeller Anbau 1864
5 Bierkeller Anbau 1872
6 Wissenschaftliche Station 1881
7 Maschinenhaus erbaut 1885
8 Neues Sudhaus erb. 1888
9 Haufentenne erbaut 1888
10 Eisfabrik, Um- u. Neub. 1903
11 Maschinenhaus, Neubau 1920
12 Kamin, Neubau 1925
13 Kesselhaus, Erweiterung 1927
14 Sudhaus, Neubau 1928

Paulanerbrauerei

Die Brauereistandorte am Auer Mühlbach und in der Hochau haben sich stark verdichtet. Als erster in München hatte Franz Xaver Zacherl 1842 den Dampfbetrieb zur Herstellung des Biers in der Unteren Au eingerichtet. Als er 1849 starb, übernahmen seine Neffen Schmederer die Brauereistandorte und erweiterten neue Sudhäuser, Maschinenhäuser und große Lagerkeller in der Hochau. (Max Megele, Baugeschichtlicher Atlas der LHM, 1950)

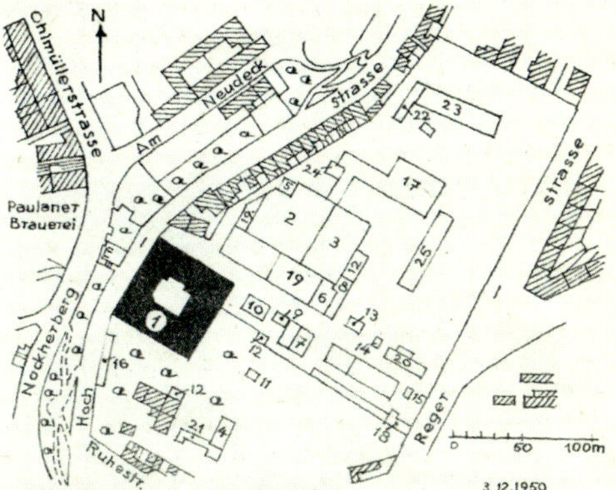

Paulaner Brauerei Hochstraße 49/51

1 Salvatorkeller erbaut vor 1826
2 Lagerkeller erbaut 1877
3 Lagerkeller Erweitg " 1881
4 Stallgebäude " 1884
5 Vordach " 1886
6 Kühlhaus " 1889
7 Kesselhaus " 1889
8 Banzenwichse " 1897
9 Kohlenschuppen " 1899
10 Eishaus " 1899
11 Musikpavillon " 1900
12 Aborte " 1900
13 Lagerhütte " 1904
14 Bieraufschreibhäuschen 1905
15 Portierhäuschen erbaut 1905
16 Pavillon " 1906
17 Schutzdachverlegung 1906
18 Lagerhütte erbaut 1907
19 Kellererweiterung " 1909
20 Halle " 1913
21 Stallgeb. Anbau " 1920
22 Lagerhalle " 1925
23 Schutzdach " 1925
24 Bürogebäude " 1926
25 Wagen-Lagerhalle " 1933

3
Schweigerstraße
Sammtstraße
Am Herrgottseck
3.11
Bereiteranger
Mariahilfstraße
3.30
Gebsattelstraße
Ohlmüllerstraße
Zeppelinstraße
Mariahilfplatz
3.3
Mariahilfplatz
3.10
Asamstraße
3.4
Ackerstraße
Boosstraße
3.7
Hochstraße
Am Feuerbächl
3.6
Mariahilfplatz
Pöppelstraße
3.25
3.29
Albanistraße
3.21
3.28
Falkenstraße
3.26
Taubenstraße
3.33
Schwalbenstr.
Regerstraße
Hochstraße
3.38
Ruhestraße
3.31
Hiendlmayerstraße
3.34
Nockherstraße
3.39
Am Bergsteig
Alpenrosenstraße
Edelweißstraße
Tegernseer Landstraße
Alpenplatz
Aignerstraße
100 m
Denkmalgeschützte Bauten

Au Mariahilfplatz 3

Gebsattelbrücke

Die erhebliche Zunahme der Bevölkerung Münchens im letzten Quartal des 19. Jh. und damit verbunden ein intensiver Ausbau auch der unteren und oberen Au führten zu mehrfachen Forderungen nach neuen Brückenverbindungen über die Isar und dem Ausbau der weiterführenden Straßenverbindungen nach Osten. Dazu gehörte der Ausbau der Auffahrt zum Nockherberg und eine neue Ost–West-Verbindung als Verlängerung der Corneliusbrücke, die bis 1903 fertiggestellt war. Um die Hochstraße als bedeutende Verkehrsverbindung nicht unterbrechen zu müssen, schuf man eine neue Brücke, unter der die Gebsattelstraße geführt wurde. Architekt der Brücke war Theodor Fischer, ausgeführt wurde der Eisenbetonbau durch die Firma Wayss & Freytag bis 1903.
Wie auch bei anderen Brückenneubauten üblich, ließ man eine Dampflokomotive über die Strecke ziehen – als Belastungsprobe. Den Stützhang der östlichen Seite nutzte man für eine öffentliche Toilettenanlage, Theodor Fischer gelang mit dem Treppenaufgang für Fußgänger zur Hochstraße eine reizvolle räumliche Inszenierung, die von der Plastik eines Bären des Bildhauers Viktor Schneiber gekrönt wird. Einige Jahre später ergänzte man auf der westlichen Seite einen Terrassenvorbau.

Gebsattelbrücke nach der Fertigstellung 1901

Gebsattelflitzer

Das erste Seifenkistlrennen am Gebsattelberg organisierten Mitglieder der amerikanischen Besatzungstruppen in den *German Youth Activities* am 2. Oktober 1948. Beim *Soapbox Derby* standen 15.000 begeisterte Zuschauer am Gebsattelberg, 150 Schulbuben und zwei Mädchen wagten die Fahrt hinunter zum Mariahilfplatz.
Zum Anlass der 150-jährigen Eingemeindung der Au organisierten Bezirksausschuss und viele Helfer, allen voran Ullrich Martini und der Goldschmied Bernhard Kiefer am 20. Juni 2004 ein neues Seifenkistlrennen: das seitdem mit Unterbrechungen jährlich zur Jakobidult stattfindet, seit 2007 als *Großer Preis der Vorstadt Au.*

3 **Mariahilfplatz** Kreuzkapelle

Alte Mariahilfkirche und Kreuzkapelle, Johann Stridbeck um 1697

Kirchen in der Au

Über das Gebiet der heutigen Au verteilt gab es im Laufe der Jahrhunderte 5 Kirchen: Die älteste war die Kreuzkapelle von 1466 an der Nordwest-Ecke des heutigen Mariahilfplatzes, die wegen Baufälligkeit 1817 abgerissen wurde. Beim Schloss Neudeck wurde im Jahr 1621 der Grundstein für die Karl-Borromäus-Kirche gelegt, die zur Klosterkirche der Paulaner und zur ersten Pfarrkirche der Au wurde, 1799 wurde das Kloster aufgelöst, das Kirchengebäude 1902 abgerissen. Ebenfalls auf dem Mariahilfplatz entstand bis 1639 neben der Kreuzkapelle die (alte) Mariahilfkirche aufgrund einer Stiftung, sie wurde 1802 zur Pfarrkirche der Au bis 1839. Die neue, noch bestehende Mariahilfkirche wurde in den Jahren 1831 bis 1839 als neue Pfarrkirche errichtet.

Weitere Kirchen bzw. Kapellen waren seit 1705 im Kloster Lilienthal direkt am Auer Mühlbach und seit 1715 im Benediktinerinnenkloster Lilienberg, beide Frauenklöster wurden um 1800 aufgelöst. Kapellen gab es auch im Giesinger Krankenhaus, dem späteren Irrenhaus in Giesing, im ehemaligen Waisenhaus und die Friedhofskapelle des neuen seit 1817 bestehenden Friedhofs in der Hochau.

3.1 Kreuzkapelle

Die älteste bekannte Kirche der Au ging auf eine „wundersame Erscheinung" zurück. Ein Hochwasser der Isar hatte 1463 auch die Auer Fluren überschwemmt. Als das Wasser zurückging, blieb auf einer Kiesbank ein Kreuz liegen, das vermutlich aus der Gegend um Tölz oder Lenggries angeschwemmt worden war. Das war der Anlass zum Bau einer Kapelle, die von den Auer Bürgern, Holzarbeitern und Floßleuten errichtet und 1466 vom Freisinger Bischof Johann Tulbeck eingeweiht wurde. Auf dem oben abgebildeten Kupferstich von Johann Stridbeck aus dem Jahr 1679 ist sie rechts zu sehen. Direkt dahinter verläuft die Straße nach Untergiesing, der Blick geht nach Süden, zwischen den Bäumen kann man die Klosterkirche der Paulaner mit dem besonderen Turmdach erkennen. Das aufgefundene Kreuz setzte man auf den Altar der Kapelle in der Erwartung, künftig von Hochwasser verschont zu werden, immerhin die nächsten elf Jahre wurde diese Hoffnung nicht enttäuscht.

Um 1813 ist die Kapelle so baufällig, dass sie nicht mehr ohne Gefahr benutzt werden kann. Nach einem Kostenvoranschlag des Maurermeisters Widmann aus der Au über die Summe von 147 Gulden 25 Kreuzer für die notwendigen Instandsetzungsarbeiten empfahl Kreisbaumeister Gustav Vorherr den Abriss. Dadurch würde auch der Marktplatz, auf dem ja die Dulten abgehalten wurden, gewinnen und die Hauptstraße nach Giesing besser zu führen sein. Im Februar ordnete die Generallandeskommission die „Demolierung" der Kreuzkapelle an, abgerissen wurde der Bau allerdings erst 1817, Teile der Mauersteine und der Einrichtung konnten für den Bau des Leichenhauses im neuen Auer Friedhof auf der Hochau verwendet werden.

Die erste Mariahilfkirche

Initiator des Kirchenbaus war der lothringische Hofbeamte Sebastian Rothon (auch Rottaw), Kammerdiener und Seidensticker am Hof der Kurfürstin Elisabeth aus Lothringen, der ersten Gattin des bayerischen Kurfürsten Maximilian I. Rothon hatte auf dem Rückweg von einer Wallfahrt nach Rom von einem befreundeten Abt in Paris eine Marienfigur erhalten, die als besonders kunstvoll und wundertätig galt. Er übergab die Statue den Paulanermönchen mit dem Versprechen, dafür eine Kapelle zu bauen und 300 Gulden zu stiften. Nach der Zustimmung des Kurfürsten und der Genehmigung des Freisinger Bischofs begannen 1631 die Arbeiten – mitten im Dreißigjährigen Krieg. Verzögert durch den Einmarsch der schwedischen Besatzer 1632 kann der Bau auf dem nördlichen Teil des heutigen Mariahilfplatzes schließlich bis 1639 fertig gestellt werden, das Gnadenbild der Maria mit dem Jesuskind, vermutlich eine provençalische Arbeit von ca. 1600 wird auf den Hauptaltar gestellt, geweiht wird die Kapelle dem seit wenigen Jahren heilig gesprochen Karl Borromäus und Franz von Paula, dem Ordensgründer des Paulanerordens. Im Bild links ist die erste Mariahilfkapelle auf der linken Seite zu sehen mit der Turmbekrönung einer Marienfigur, die aus einem Eichenstamm geschnitzt war.

Marienwallfahrt

Innerhalb kurzer Zeit entwickelte sich eine bedeutende Wallfahrt zum Gnadenbild der Maria in der Au, die auch weiterhin von Sebastian Rothon als Stiftungsprobst gefördert wurde, nicht immer im Einklang mit den Paulanermönchen, denen die seelsorgerische Betreuung zustand – sie waren dem Stifter etwas zu träge.

Die kleine Kirche konnte schließlich den Andrang der Wallfahrer und Ausflügler nicht mehr fassen, viele Gläubige standen in ihrer Andacht im Freien. Darum ließ der Paulanermönch Franziskus Gebhard 1694 den bis dahin etwas trostlosen Platz neu gestalten und mit Linden bepflanzen, die den frommen Pilgern Schatten spenden sollten, eine Verschönerung der gesamten Anlage war sicher auch beabsichtigt.

Nicht nur die Zahl der Pilger wurde größer, auch die Spenden flossen reichlich, u.a. auch von den Mitgliedern einer vornehmen Rosenkranzbruderschaft, der auch der Kurfürst angehörte, aber auch von den Unternehmern vor Ort, wie dem Papierfabrikanten Christoph Mayr. Mitte des 18. Jahrhunderts konnten allein durch den Verkauf der versilberten Votivtäfelchen an die 1.000 Gulden pro Jahr erzielt werden.

Dadurch wurden Erweiterungen der Kapelle möglich und eine hochwertigere Ausstattung. U.a. fertigte der Maler Johannes Zick 1723/25 ein neues Deckengemälde und der Bildhauer Johann Baptist Straub lieferte 1734/35 einen neuen Marienaltar für 2.000 Gulden.

Gegen Ende des 18. Jahrhunderts lässt der Wallfahrtsbetrieb aber erheblich nach, das Kirchengebäude verfällt zusehends, 1793 fällt ein Teil der Decke ein, 1801 wird die Marienfigur auf der Turmspitze schadhaft: Der Kopf der Eichenfigur senkt sich langsam, was die frömmeren Auer zunächst als Wunder deuten, bis der Marienkopf fast herunterfällt und wieder repariert werden musste. Als 1799 das Paulanerkloster aufgelöst wurde und die Klosterkirche nicht mehr für Gottesdienste der Pfarrgemeinde zur Verfügung stand, bestimmte man 1802 die alte Mariahilfkirche zur Pfarrkirche der Au, sie blieb es bis zur Einweihung der neuen Mariahilfkirche 1839. Ein Jahr später wurde das Kirchengebäude abgerissen und das Gnadenbild in die neue Kirche übertragen, der man wieder den Namen Mariahilfkirche gab, obwohl sich der bedeutendste Stifter, König Ludwig I. eher eine Bonifatiuskirche gewünscht hätte.

Hochaltar der Mariahilfkirche von Johann Baptist Straub mit dem Marien-Gnadenbild und Figuren der vier Erdteile

Verfault und versessen

Nach der Auflösung des Kircheneigentums in den Jahren 1802/03 und der Übernahme durch die staatliche Verwaltung blieb von den ehemals 5 Kirchengebäuden in der Au nur noch eine übrig: die alte Mariahilfkirche auf der Nordhälfte des Platzes, seit langem baufällig und für die mächtig angewachsene Pfarrgemeinde der inzwischen zur Stadt III. Klasse aufgestiegenen Au viel zu klein. Die beiden Frauenklöster waren aufgelöst wie das Paulanerkloster auch, die zugehörige Kirche diente als Militär-Lazarett, Heulager und zuletzt als Gefängnis.

Joseph Höchl, der Baumeister, untersuchte im Auftrag des Auer Magistrats den Dachstuhl der alten Mariahilfkirche und fand ihn vollkommen „verfault und versessen", eine langfristige Nutzung als Pfarrkirche war unmöglich. Als sich das Pfarramt und der Magistrat an die Regierung des Isarkreises wandten, um eine Wiederherstellung zu bewirken oder einen Neubau, wurden sie zurückgewiesen mit dem Vorwurf, sie hätten längst entsprechende Sanierungsmaßnahmen einleiten sollen. Nach einer zweiten Eingabe inklusive einem Originalstück des verfaulten Dachstuhls stimmte endlich doch das Landgericht und am 1. April 1825 auch die kgl. Regierung des Isarkreises einem Neubau zu.

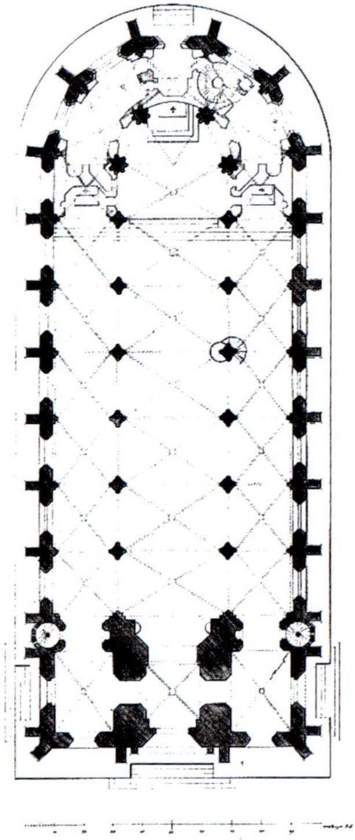

3.3 Entwürfe für die neue Kirche

Schon seit 1822 erstellten mehrere Baumeister Entwürfe für eine Umgestaltung des Platzes, veranlasst u.a. auch durch die Gemeinde, im Zusammenhang mit dem Neubau der Pfarrkirche und einem Neubau eines Rathauses: Anton Petzl, Oberbaurat Pertsch, der Architekt Johann Michael Vorherr, kgl. Baurat bei der Kreisregierung (bis er von Ludwig I. für ungeeignet empfunden wurde).
Da eine Entscheidung des Landgerichts noch ausstand, drängte der Auer Magistrat weiter auf eine Lösung der unbefriedigenden Situation und verwies eindringlich auf die Verantwortung der kgl. Verwaltung zur kirchlichen Versorgung der Pfarrgemeinde, die sich ständig vergrößerte und speziell in der Au „moralischer Einwirkung" bedurfte.

Erst als sich König Ludwig I., unmittelbar nach seiner Thronbesteigung 1825 selbst einschaltete, kam Bewegung in das Verfahren. Er beauftragte mehrere Architekten mit neuen Entwürfen u.a. auch Leo von Klenze. Dessen Hauptkonkurrent Friedrich von Gärtner, Mitglied der Prüfungskommission zur Begutachtung der Entwürfe, hatte jedoch inzwischen in einem Dossier ein neues Problemfeld eröffnet: die Frage nach dem Baustil für den Kirchenbau. Während für andere Bauaufgaben der Zeit klassizistische und romanische Stilrichtungen bevorzugt wurden, schlug Gärtner für den Kirchenbau ganz allgemein den Stil der *altteutschen* Gotik vor. Daraufhin beauftragte der König auch ihn mit einem Vorentwurf, der auch allseits Beifall fand, ausgenommen natürlich bei Klenze. Der Entwurf kam nicht zur Ausführung, da der Auer Magistrat zunächst notwendigerweise den Bau des Rathauses an der Südseite des Mariahilfplatzes vorzog.

Der Auftrag zu einer „gothischen" Kirche

Schließlich beauftragte der König 1830 einen weiteren Architekten mit dem Entwurf einer „gothischen" Kirche im national tradierten Baustil: Daniel Joseph Ohlmüller. Er hatte sich bereits bei anderen Entwürfen und Bauten mit der Gotik befasst und legte zwei Alternativen vor: einen kleineren Kirchenbau aus Backsteinen und einer Turmspitze aus Gußeisen und einen größeren Bau mit einer durchbrochenen Spitze aus Stein. Dem Auer Magistrat waren beide Versionen viel zu kostspielig. Schließlich bot der König im März 1831 eine finanzielle Beteiligung von insgesamt 100.000 Gulden an unter der Bedingung, dass der größer angelegte Entwurf von Ohlmüller im gotischen Stil ausgeführt würde. Die Gemeinde war trotzdem nicht in der Lage, den Bau zu finanzieren (in der Gemeindekasse befanden sich zu diesem Zeitpunkz exakt 69 Gulden 28 Kreuzer), erst als sie (zögerlich) die Mittel aus einer Erhöhung des Malzaufschlags, also einer Biersteuer akzeptierte, konnte der Bau entstehen. (Die Zahl öffentlicher Gebäude, deren Bau in München mit Erhöhung von Biersteuern ermöglicht wurden ist i.Ü. immens.)

Der vom König gewünschte Termin der Grundsteinlegung musste zwar wegen der Dult verlegt werden, endlich wurde am 28. November 1831 der erste Stein gesetzt, am Geburtstag des Kronprinzen Max. Schon bei dieser Feier wurde allen vor Augen geführt, dass die geplante Grundfläche der neuen Kirche viel zu klein gewählt war, in der Folge vergrößerte man das Bauvolumen inkl. der Höhe des Turms. Auch die zunächst ablehnende Haltung des Auer Magistrats hinsichtlich des baulichen Aufwands wandelte sich zur Überzeugung, „daß dieser Bau sowohl in Hinsicht seines Styles, als der hiezu erforderlichen Decorierung ohne Rücksicht auf die erforderlichen Kosten zur Vollendung kommen sollte". Der König, der sich selbst in Detailfragen einbrachte – den Bauplatz inmitten des Mariahilfplatzes befürwortete, ein steileres Dach verlangte, das mit farbig glasierten Ziegeln gedeckt wurde – brachte den Auern noch ein weiteres Geschenk: 19 große Glasfenster, die in der gerade gegründeten kgl. Glasmalereianstalt an der Luisenstraße hergestellt werden sollten.

Kunst und Religion im Dienst für das Königreich

Der selbst gewählte Anspruch des Königs einer geistig-religiösen Erhebung und moralischen Aufwertung seiner Untertanen mithilfe von Kunst und Architektur bescherte den Auern zwar einen prachtvollen und stimmungsvollen Monumentalbau, eine Aufnahme der Au in das Stadtgebiet von München lehnte der Monarch jedoch ab und damit auch eine Verbesserung der sozialen Verhältnisse.

Ausgeführt wurde der Bau von Stadtbaumeister Joseph Höchl und dem Auer Zimmerermeister Ertl. Bereits im Juli 1835 wurde der letzte Gewölbestein gesetzt und am 25. August 1837 das vergoldete Turmkreuz in einem feierlichen Akt enthüllt. Pfarrer Hermann Rabl, dessen unermüdlichem Einsatz mit seinen guten Verbindungen zum König der Kirchenbau wesentlich zu verdanken war, hielt ein feierliches *Te deum* auf dem Mariahilfplatz.

Max Ainmiller, Krämergasse in der Au 1841

Kirchweihe am 25. August 1839

Eingeweiht wurde die neue Pfarrkirche schließlich am 25. August 1839 durch den Freisinger Erzbischof Lothar Anselm Gebsattel mit einer Prozession von der alten zur neuen Kirche und einem feierlichen Hochamt. Der Magistrat der Stadt Au, Honoratioren, Architekten, Maler, Bildhauer und die Arbeiter, die fast alle aus der Au stammten, waren versammelt, auch die Schulkinder – die zwei bravsten ganz vorne, 40 Knaben in altdeutscher Tracht, eine Abteilung des Bürgermilitärs und natürlich die begeisterten Auer selbst. Sechs der zuletzt geborenen Kinder bedürftiger Eltern in der Au wurden am Ende der Feier getauft, auf die Namen des Herrscherpaares, die Buben auf „Ludwig" und die Mädchen auf „Therese".

Der Architekt Joseph Daniel Ohlmüller konnte die Fertigstellung seines Entwurfs nicht mehr erleben – er starb während der Innenausbauten am 22. April 1839 (man sagt, er sei vom Baugerüst gefallen), auch der Baumeister Joseph Höchl, seinerzeit der größte Bauunternehmer der Stadt, war im Januar 1938 verstorben, durch den Architekten Georg Friedrich Ziebland wurde der Bau nach den Plänen Ohlmüllers fortgeführt.

3.3 Der erste Bau der Neogotik in Bayern

Die Auer Mariahilfkirche ist der erste neogotische Kirchenbau in Süddeutschland. Unmittelbare Vorbilder in stilistischer Hinsicht gab es für den Architekten in Oberbayern nicht mehr: sämtliche gotischen Kirchen waren barockisiert worden oder durch Neubauten ersetzt. Ohlmüller orientierte sich u.a. an der Landshuter St.-Martins-Kirche und beim Entwurf des Turms am Freiburger Münster. Der Architekt sah sich durchaus in der Tradition der mittelalterlichen Baumeister, der Bau selbst wurde auch zum Anstoß für eine größere Wertschätzung der erhaltenen gotischen Kirchen und ihre Fertigstellung bzw. Regotisierung wie in Köln und Regensburg. In München entstanden danach noch zwei weitere neugotische Pfarrkirchen in den 1854 zusammen mit der Au eingemeindeten Stadtteilen: die Giesinger Heilig-Kreuz-Kirche (1866–1886, Architekt Georg von Dollmann) und die Kirche St. Johann Baptist in Haidhausen nach einer Planung von Matthias Berger (1852–1874).

Die monumentale Wirkung des kompakten Baukörpers wird noch gesteigert durch einen umlaufenden steinernen Sockel und die mittige Platzierung auf dem freigeräumten Mariahilfplatz, die gotisierenden Elemente wie Fialen und Streben sind nicht mehr konstruktiv notwendig wie in der Gotik, sondern nur noch Dekoration.

Innenraum und Glasmalerei

Die ursprünglich dreischiffige Hallenkirche mit einem etwas erhöhten Mittelteil wurde von 16 langgestreckten Pfeilern gegliedert. Der Raumeindruck wurde geprägt von den 19 riesigen farbigen Glasfenstern – ein Geschenk König Ludwigs I., der erste Großauftrag für die 1827 eingerichtete kgl. Glasmalereianstalt. Sie bewirkten im Zusammenhang mit den schlanken Strebepfeilern und dem Rippensterngewölbe über den Tagesverlauf besondere „romantische" Lichtstimmungen. Die mehr als 15 m hohen Fenster mit Darstellungen aus dem Marienleben entstanden unter der künstlerischen Leitung von Heinrich Heß und der technischen Umsetzung durch Ainmiller nach Entwürfen mehrerer Künstler: Johann Schraudolph, Christoph Ruben, Wilhelm Röckl und v. a. Joseph Anton Fischer. Ausgeführt wurden die Glasfenster nicht als farbige Gläser wie in der Gotik, sondern als Malerei auf dem Glas.

St. Markus, erhaltenes Detail der Farbfenster

Innenraum der Mariahilfkirche

Ohlmüller als Fresko an der Neuen Pinakothek

Der Architekt: Joseph Daniel Ohlmüller

Bamberg 10. Januar 1791 – 22. April 1839 München
Der Architekt hatte den Auftrag zum Bau der Mariahilfkirche gezielt von König Ludwig I. erhalten. Ohlmüller war Schüler von Karl von Fischer an der Akademie der Künste, Mitarbeiter und rechte Hand von Klenze und betreute mehrere Baustellen u.a. die Glyptothek, das Odeon, die Hauptpost am Max-Joseph-Platz und die Walhalla. Nach seinen Plänen entstand bis 1834 die (katholische) Theresienkirche in Hallbergmoss, finanziert mit privaten Mitteln des Königs, benannt nach seiner (protestantischen) Gattin. Ohlmüller lieferte städtebauliche Entwürfe für die 1834 abgebrannten Salinenanlagen in Reichenhall und leitete die Baumaßnahmen. 1833 Entwurf für die Ruhmeshalle auf der Theresienhöhe als gotisierender Zentralbau. Planungen für ein Nationaldenkmal in Oberwittelsbach (1832–34) und die König-Otto-Kapelle in Kiefersfelden (1834–36). 1837 wurde dem Architekten die Bauausführung von Schloss Hohenschwangau übertragen. 1834/35 Mausoleum für den Grafen La Rosée in Inkofen. 1836 Entwurf für eine Familiengrabstätte für Ludwig I. und seine Gattin Therese in Scheyern, die nicht ausgeführt wurde, weil der protestantischen Königin eine Bestattung nach katholischem Ritus weder vom Prior des Klosters Scheyern noch vom Papst in Rom zugestanden wurde. 1827–34 Bau der protestantischen Kirche in Rinnthal, der bedeutendste klassizistische Kirchenbau in der Pfalz. Ohlmüller fertigte Planungen zu mehreren Kuranlagen in Bad Steben, Höhenstadt und Alexandersbad, erst 1854 wird nach seinen Plänen die Kapelle in Schloss Possenhofen errichtet. Ohlmüller war seit 1832 Mitglied des Baukunstausschusses. Nach ihm wurde eine Straße in der Au benannt, seine Marmorbüste steht seit 1853 in der Ruhmeshalle. Als einer der bedeutendsten Architekten seiner Zeit in Bayern wurde er in die Reihe der Künstlerdarstellungen auf den Außenwänden der Neuen Pinakothek aufgenommen, nach einer Vorlage von Wilhelm von Kaulbach. Eine besondere Ehre erfuhr Ohlmüller post mortem mit der Umbettung seines Leichnams unter die Eingangshalle der Mariahilfkirche. Bereits fünf Tage nach seiner Bestattung am 25. April 1839 im Südlichen Friedhof wurde der Leichnam wieder ausgegraben, der Sarg in einen Übersarg aus Hartholz versetzt und ummauert, um ihn beim Umsetzen (wofür man eine Frist von 10 Jahren festgesetzt hatte) vor Verwechslungen mit anderen Familienmitgliedern zu sichern. Am 29. Oktober 1849 wurde Ohlmüllers Sarg in der Mariahilfkirche zum dritten Mal bestattet.

Nach der Zerstörung 1945

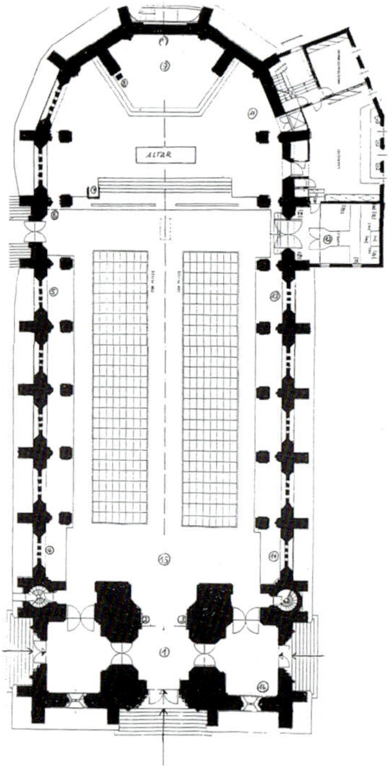

3.3 Zerstörung im Krieg

Von der ursprünglichen Raumwirkung ist heute nichts mehr erhalten. In den Fliegerangriffen des Zweiten Weltkriegs wurde nahezu die komplette Innenausstattung, die Glasfenster und das Gewölbe vernichtet: Am 7. September 1943 traf eine Bombe die Nordseite des Kirchendachs und die Hälfte der Fenster, nach dem Angriff vom 2./3. Oktober 1943 waren alle Fenster zerstört bis auf zwei im Presbyterium, die in Sicherheit gebracht werden konnten. Wertvolle kirchliche Geräte und Paramente wurden ausgelagert und nach Marquartstein gebracht, das Gnadenbild fand in der Krypta unterhalb des Presbyteriums Schutz, der auch als öffentlicher Luftschutzkeller galt, und wo auch weiterhin Gottesdienste stattfanden. Am 25. April 1944 brannte der Dachstuhl bis zum Morgen danach aus, Löschversuche waren unmöglich. In der Nacht zum 1. Mai 1944 „stürzte das noch vorhandene Gewölbe der Nordseite ein und die vier Säulen der Nordseite brachen in sich zusammen", so schreibt die Pfarrschwester Angela Schwital in ihrem Bericht.

Bei Kriegsende standen von der Mariahilfkirche nur noch die Außenmauern und der Turm, der auf der Nordseite aber ebenfalls einen Treffer erhalten hatte. Die Au gehörte zu den am schwersten zerstörten Vierteln der Stadt

Wiederaufbau und Neugestaltung

Am 20. Januar 1947 begann Stadtpfarrer Joseph Holzer zunächst mit wenigen Helfern die Schutträumung der Mariahilfkirche. Vordringlich war allerdings die Wiederherstellung im zerstörten Predigerhaus und dem Kolpinghaus in der Entenbachstraße, sowie die Einrichtung einer Notkirche bei den Schulschwestern. Im November 1948 gründete sich ein Kirchenbauverein im Wagnerbräu, der sich für die Erhaltung des Turms und die Wiederherstellung der Kirche einsetzte und Spenden sammelte. 1950 begann der Architekt Georg Peter mit Sicherungsmaßnahmen am Turm, im Mai 1952 begann der Wiederaufbau durch die Baufirma Stöhr. Schon im folgenden Jahr konnte die Kirche von Kardinal Joseph Wendel am 13. September 1953 geweiht werden, mit einer Lichterprozession wurde das Gnadenbild in eine Seitenkapelle der Kirche gebracht.

Ausgeführt wurde der Wiederaufbau der Mariahilfkirche nach einer Planung des Architekten Michael Steinbrecher, der auch Planungen für weite Teile des zerstörten Viertels erstellt hat. Entwürfe gab es bereits ab 1947 u.a. von den Architekten Holzbauer und Döllgast. Ohne jedes Gefühl für die ehemalige Raumwirkung der dreischiffigen Halle wurden die Pfeiler ersetzt durch an die Seiten verschobene Stahlbetonstützen, die eine flache Betondecke tragen. Die bis zu drei Meter breiten Öffnungen der zerstörten Glasfenster wurden verengt und zugemauert – es blieben schmale Lichtschlitze, die wohl einen *modernen* Kirchenbau erzeugen sollten, aber nichts von der ursprünglichen *romantischen* Lichtstimmung vermitteln. 1974 musste die durchbrochene Turmspitze abgetragen werden, die Steine waren zu stark verwittert, mehr als 1.000 Formsteine wurden mit einem Spezialbeton nachgegossen und in den Jahren 1977 bis 1981 wieder aufgesetzt.

Glockenspiele in der Mariahilfkirche

Die Kirchenglocken der Erbauungszeit mussten 1942 im Zweiten Weltkrieg abgegeben werden, sie wurden im Turm zerschlagen, da sie wegen ihrer Größe nicht anders heruntergebracht werden konnten – tagelang mussten die Auer die Zerstörung mitanhören. Alle Glocken wurden für die Rüstungsindustrie eingeschmolzen. Ende des Jahres 1952 konnte die erste neue Glocke, die mehr als 5 Tonnen schwere Salvator-Glocke, wieder in den Turm gezogen werden. Bis März 1960 wurden fünf Glocken der Erdinger Glockengießerei Czudnochowsky im Turm eingebaut. Seit Mitte 1960 konnten die Glocken in einer Reihenschaltung geläutet werden, für die liturgischen Feste gab es eine eigene Läuteordnung.

Seit 2008 engagierten sich Pfarrer Markus Gottswinter und sein Mesner Richard Schmidt (+ 2012) für den Einbau eines umfangreichen Carillons in der Turmstube unterhalb der vorhandenen fünf Glocken. Innerhalb der kurzen Zeit von zwei Jahren konnten sie die erforderlichen 500.000 Euro an Spenden gewinnen, die für den Bau eines neuen Glockenstuhls aus Lärchenholz, die 60 neuen Glocken in unterschiedlichen Größen und Tonlagen und den Spieltisch für den Carilloneur samt schallschutztechnischer Einhausung notwendig waren. Gebaut wurde das Carillon von der niederländischen Firma *Royal Eijsbouts*, die für den Glockenguss verantwortlich ist und der österreichischen Firma *Gloria Läuteanlagen* (Glockenstuhl und Montage). Die größte Glocke, die 2,2 Tonnen schwere *Paulanerin* wurde von der benachbarten Paulanerbrauerei gestiftet. Der Aufzug der Glocke in die Turmstube durch die Paulaner-Braurösser hat allerdings nicht geklappt trotz guten Zuredens durch die Tourismus-Chefin Gabriele Weishäupl. Die Rösser blieben einfach stehen. Ein großer Erfolg ist die verdienstvolle und bemerkenswerte Aktion trotzdem.

Carilloneur Stefan Duschl

Münchner Glockenspiele

Die Anlage in der Mariahilfkirche gilt heute als drittgrößtes Carillon in Deutschland. In München gab es seit 1972 ein Carillon im Olympiapark, das seit 2007 eingelagert ist. Das berühmteste Glockenspiel der Stadt im Turm des Neuen Rathauses, eine Stiftung des Münchner Kaufmanns Karl Rosipal, spielt seit 1909 für die versammelte Touristenschar aus aller Welt und verfügte wohl anfangs auch über einen Spieltisch. Auf dringenden Wunsch des damaligen Oberbürgermeisters Christian Ude wurde es in den Jahren 2006 bis 2008 stimmlich überholt mit erheblichen Mitteln u.a. der Stadtsparkasse München – seitdem spielt es noch falscher.

3 Mariahilfplatz

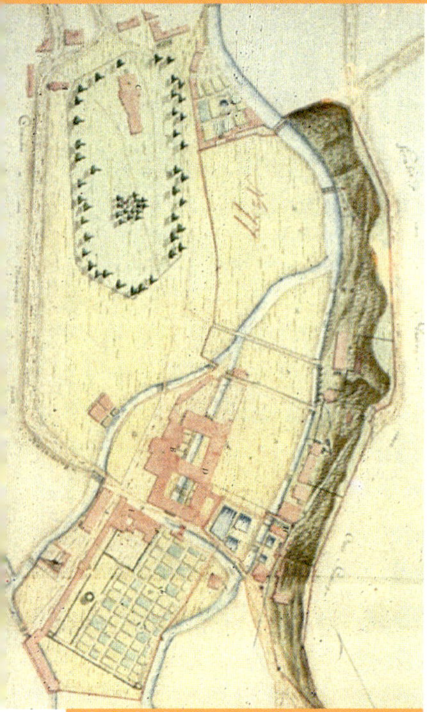

Mariahilfplatz um 1790

Der Plan von 1790 zeigt im Norden die alte Mariahilfkirche, umgeben von einer *eiförmigen* Baumpflanzung, links oben, direkt an der heutigen Lilienstraße, der alten Hauptstraße von der Au nach Giesing, die Kreuzkapelle von 1466. Die Straße führt nach Süden und knickt nach Osten ab, führt zwischen Paulanerkloster und der Klosterbrauereihindurch, heute Ohlmüllerstraße, Richtung Isarhang und Giesing.

Unmittelbar unterhalb des Isarhangs (hier dunkler dargestellt) die ehemaligen Gebäude des herzoglichen Lustschlosses, das *Grüne Haus*, später als Porzellanmanufaktur genutzt.

Rechts des heutigen Mariahilfplatzes das erste Schulhaus der Au. Siedlungsbauten, die auch 1790 bereits westlich der Lilienstraße bestanden, sind hier nicht dargestellt.

3.4 Weiderechte für die Giesinger Bauern

Die Auenlandschaft, die sich aus den Anschwemmungen der Isar zwischen der Hangkante und dem nach Westen getriebenen Hauptstrom der Isar gebildet hatte, war zwar ungeeignet für eine intensivere landwirtschaftliche Nutzung, mit der Zeit bildeten sich jedoch größere Wiesenflächen, die als Viehweiden genutzt werden konnten. Ein Weiderecht für diese Flächen, der sogen. *Bluembesuch,* stand den Giesinger Bauern seit alters her zu. Als sich auch in der Au kleinere Gehöfte bildeten bzw. die Auer ihr Vieh ebenfalls auf die Wiesen trieben, kam es in der Zeit Kurfürst Maximilians um 1600 zum Streit mit den Giesinger Bauern.

Das Weiderecht war die Voraussetzung dafür, dass sich bis heute ein großer Freibereich mitten in der Au erhalten halt, wenn auch die Fläche von der Hauptstraße der alten Au bis zum Auer Mühlbach im Lauf der Jahrhunderte sich ständig verkleinert hatte: durch den Sitz Neudeck und seine Gartenanlagen, durch erste Besiedlungen und öffentliche Bauten, durch mehrere kirchliche Bauwerke. Auch die Paulanermönche hatten wohl Nutzungsrechte für die Wiesen erhalten, möglicherweise im Zusammenhang mit der seelsorgerischen Betreuung der Wallfahrtskirche, der alten Mariahilfkirche, die bis 1629 auf dem Platz errichtet wurde.

Die Wallfahrt entwickelte sich überraschend gut, die frommen Pilger mussten schließlich im Freien zur Andacht Platz nehmen. Zum Schutz vor Sonne und Regen und zur Verschönerung des Platzes ließ der Paulanermönch Franziskus Gebhard 1694 daher Lindenbäume pflanzen. Um 1800 beschreibt Lorenz Westenrieder den großen Platz „mit Rasen und Bäumen bewachsen, eiförmig gestaltet … und das köstlichste Stück mancher, sonst prunkenden Stadt".

Im Frühjahr 1807 wurden die Bäume abgeholzt, sie nahmen den umgebenden Häusern Licht weg, hieß es. Sie wurden ersetzt durch Obstbäume, ganz im Sinne einer aufgeklärten, ökonomisch orientierten und gesundheitlichen Fürsorge, im Sinne des *Nützlichen und Schönen.* Für einen Paradeplatz der Bürgerwehr blieb auch noch Raum.

Verschönerung der Vorstadt

Mit der Aufwertung von der bisherigen *Ruralgemeinde*, also einer Landgemeinde zur Stadt III. Klasse am 25. Juli 1818 änderten sich auch die Erwartungen der königlichen Behörden wie des neu installierten Auer Magistrats selbst. Das kgl. Generalkommissariat des Isarkreises versuchte den Magistrat zu ermutigen, „diesem Orte auch eine gefälligere Außenseite zu geben … Trottoirs anzulegen, die Wirtshäuser mit ordentlichen Benennungen (zu versehen), … ihren Straßen ebenfalls Namen zu geben … eine nächtliche Beleuchtung einzuführen. … Wenn alles in Ordnung gebracht ist, erwartet man einen Bericht hierüber im Detail, um Seiner Majestät dem Könige diese rühmlichen Anstalten zur Kenntnis bringen zu können".

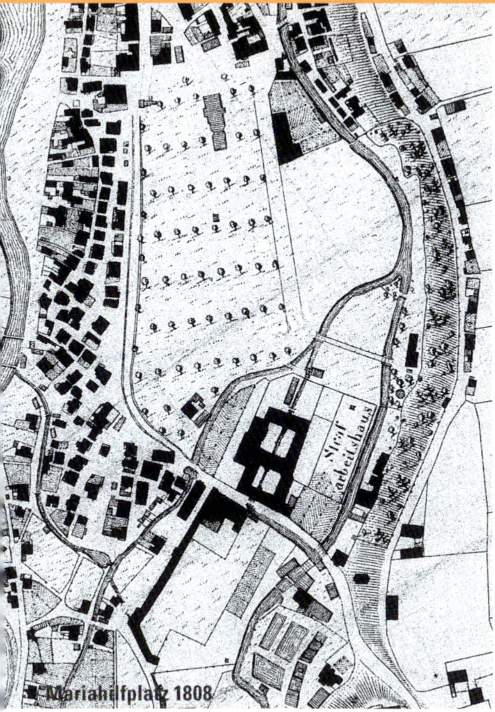

Mariahilfplatz 1808

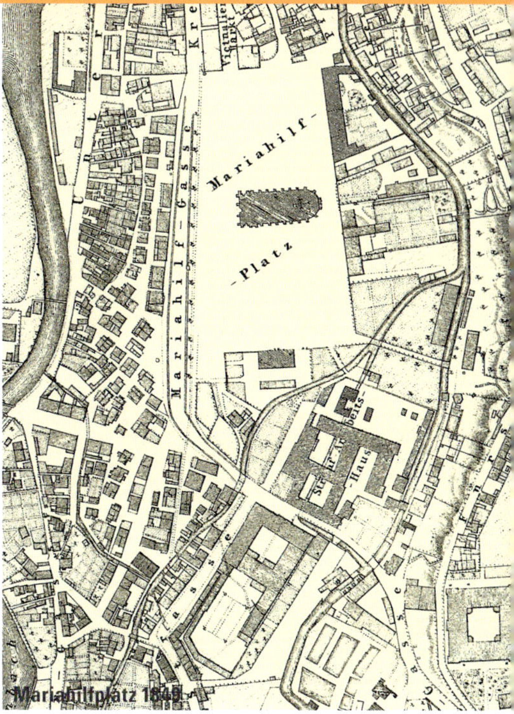

Mariahilfplatz 1840

Generalplanungen

Die vom Auer Magistrat erwarteten „rühmlichen Anstalten" wirkten sich auch unmittelbar auf die Überlegungen zu einer Neugestaltung des Mariahilfplatzes aus: Ulrich Himbsel hatte bereits 1816 einen Generalplan zur Isarvorstadt und St.-Anna-Vorstadt eingereicht, in dem auch die Vorstadt Au berücksichtigt wurde. Es folgten zahlreiche Planungen: von Joseph Höchl, dem Stadtbaumeister, Johann Christian Vorherr, Kreisbauinspektor des Isarkreises, dem Auer Baumeister Petzl, von Johann Nepomuk Pertsch, dem Architekten der protestantischen Kirche in der Sonnenstraße u.A. Wesentlicher Aspekt war dabei auch immer der Neubau einer Pfarrkirche, nachdem die Klosterkirche der Paulaner nicht mehr für kirchliche Zwecke genutzt werden konnte.

Um die freie Fläche des heutigen Mariahilfplatzes überhaupt einer repräsentativen städtischen Neugestaltung unterziehen zu können, mussten die Besitzverhältnisse geklärt werden. Unklar war, ob die Fläche ohnehin der Staat im Besitz hatte oder über die Säkularisation an ihn gelangt war – am Ende bezahlte die Gemeinde der Vorstadt Au dem „Staatsärar" 4.172 Gulden für den Mariahilfplatz.

3.5 Rathaus der Stadt III. Klasse

Allen Entwürfen zur Platzgestaltung war gemein, dass eine Regulierung der Platzform angestrebt wurde, zu dem letztlich ausgeführten Rechteck von 125 zu 225 m, eingerahmt von der alten Hauptstraße im Westen, Häuserzeilen im Norden und Osten, u.a. der alten Auer Schule und dem neuen Rathaus der Vorstadt Au südlich der Platzanlage. Das Rathaus ließ die Stadtgemeinde Au mit eigenen Mitteln von Baumeister Höchl errichten, am 25. August 1830 wurde es im Beisein des Magistrats eingeweiht. Auf dem Gelände steht heute das Landratsamt. Das Bild unten zeigt den Blick von der Mariahilfkirche auf das Rathausgebäude im Jahr 1890, im Hintergrund die Giesinger Kirche.

Rathaus der Vorstadt Au, 1890

③ **Panorama** vom Turm der Mariahilfkirche

Kath. Arbeiterverein
Auer Mühlbach
Schmederer-Keller
Strafarbeitshaus
Giesinger Pfarrkirche
Paulaner-Brauerei
Rathaus der Vorstadt Au

Berufsfachschule
Landratsamt

Falkenstraße
ulhaus am Mariahilfplatz

Krämerstraße

Ohlmüllerstraße/
Entenbachstraße

ndschule

3 **Panorama** vom Turm der Mariahilfkirche

1890

Kreuzkirche
Gärtnerplatztheater
Mariahilfstraße
Frauenkirche
Muffatwehr
Kohleninsel
Theatinerkirche
Ludwigskirche
Neue Isarkaserne
Gasthaus Damenwir

Europäisches Patentamt
Deutsches Museum

2016

Anna im Lehel
sarkaserne
Lilienstraße
Maximilianeum
Muffatwerk
Sammtstraße
Kegelhof
Haidhauser Kirche
Auer Mühlbach
Auer Schule
Kinderasyl
Tagesschule

Der Stolz von der Au

In der Fruah um a zehni
Pressierts mir net weni,
Schliaf i aus ´m Bett und in d´Hosn,
´S Gilet und ´s Jackettl,
A Sportszigarettl,
Ins Knopfloch steck i noch a Rosn.
Dann geh i ganz schleuni
Zum Donisl hin,
Und fruahstück da drinn ganz pomade,
A Lunga mit Knödl,
A Weißwurscht speis´ i,
Mittags bin i auf der Parade.

Am Sonntag mit´n Gschpusi
Geh i zu da Musi,
Denn tanzn, dös tua i mit Freudn.
Da zreißn s´ mi fast ganz,
Weil i gar so guat tanz,
Nach links um, rechts kann i´s net leidn!
Wenn Damenwahl is,
Nachher hab i scho ´s Griß,
A jede hat mi bei der Faltn,
Schö gwachsn muaß sei,
Und a ganz saubers Gfriß,
Die andern, die lass i die Altn.

Mei Vata geht fechtn,
Und Muatta tuat spechtn,
Damit ihn d´ Gendarm net dalinsn.
Mei Schwester is gscheider,
Sie hat schöne Kleider,
Ihr Gschäft, des tragt halt schee Zinsn.
Mei Bruada, der arbat
Am Bau alle Tag,
Am Sonntag, da geht er zum Wuidern.
Damit Sie auch wissen,
Womit ich mich plag:
Ich handle mit heiligen Buidern!

Ja i bin der Stolz von der Au,
Am Mariahilfplatz geborn.
Die Madln, die renna, weil s´mi alle kenna,
Sehn s´ mi, is a jede verlorn!
I bin als Athlet guat bekannt,
Stemm zwoa Zentner frei aus der Hand.
Kumm i in an Wirtshaus,
Da schreit alles grad naus:
Ja da kummt ja der Stolz von der Au!

Text: August Junker; Humorist, Theaterdirektor, 1871–1946
Melodie: Gustav Krebs; Musiker, Komponist, 1890–1951

Volkssänger

Die Vorstadttypen waren, wie Andreas Koll schreibt, die Vorbilder für die Volkssänger wie August Junker und Alois Hönle. In den Vorstädten, nicht in der bürgerlichen Innenstadt sammelten sich die Zuzügler aus dem ländlichen Umland, die in der Stadt Arbeit und ein besseres Leben suchten. Und hier – im Westend, in Giesing, Haidhausen und der Au entwickelten sie ein eigenes Vorstadt-Bewusstsein, zwar meist in kärglichen Lebensumständen, ohne feste Arbeitsstellen und mit geringen Chancen auf das städtische Bürgerrecht, aber mit dem Willen und der Hoffnung auf einen sozialen Aufstieg. Diese Bevölkerungsschichten waren die Grundlage der Volkssänger und meist auch ihre Zuhörer. Dazu kamen noch – zumindest in den Städten – geregelte Zeiten für das Arbeiten und die Freizeit, auch wenn aus heutiger Sicht die Arbeitszeiten unzumutbar waren. Mit der auch für die unteren sozialen Schichten verfügbaren Freizeit entstand ein neues Lebensgefühl und der Bedarf an Massen-Unterhaltung, der sich bald in zahlreichen Singspielhallen, Varietes und Vergnügungstheatern zeigte.

Gustl Junker (1871–1946) gehörte zu den beliebtesten Münchner Volkssängern. In seinen Couplets besang er vor allem Vorstadttypen, die *kleinen Leute* aus den Herbergsvierteln der Au, von Giesing und Haidhausen und die einfachen Existenzen des damals blühenden Münchner Baugewerbes wie den *Stoatrager* und den *Pflasterer.* Mit den Allerweltsfiguren wie dem *Kare* und dem *Lucke* konnten sich die Vorstädter identifizieren. Heute noch bekannt sind zwei der größten Erfolge von Junker: „Ja i bin der Stolz von der Au" und „Der schöne Kare". Ab 1905 führte er zusammen mit Alois Hönle das Apollotheater im Hotel Münchner Hof an der Dachauer Straße.

Andreas Koll, Volkssängerunterhaltung in der Stadt,
in: An jedem Eck a Gaudi, Edition Bayern, Sonderheft #04, Augsburg 2011

Klara Metzger-Vespermann

Die Nachtigall von der Au
Klara Metzger (1799–1827) ist in der Au aufgewachsen. Ihre Eltern waren wohl arm, der Vater Johann Georg Metzger hatte zeitweise auch ein Engagament als Flötist, soll als Maurer gearbeitet haben und zog im Winter als Musiker durch die Gastwirtschaften der Stadt und über Land zu Kirchweih- und Dorffesten. Manchmal mit der kleinen Klara, die seine Musik mit ihrem Gesang begleitete und ihren Brüdern Friedrich und Joseph, die später auch Flötisten wurden. Dabei soll sie dem Komponisten und Hofkapellmeister Peter von Winter aufgefallen sein, der sie als Pflegekind in seine Familie aufnahm, ihr eine Ausbildung in seiner 1804 gegründeten Gesangsschule ermöglichte und sie auf Konzertreisen nach Norddeutschland mitnahm.

Mit 17 Jahren hatte Klara schon erste künstlerische Erfolge als Sopranistin und Mezzosopran an der Münchner Hofoper bei der Münchner Erstaufführung von Winters Oper *Zaira*. Innerhalb kürzester Zeit wurde die junge Sängerin zum Publikumsliebling. Nach Auftritten in der Oper *Miamotto* von Winter und *Rodrigo und Ximene* von Johann Kaspar Aiblinger gastierte sie an den Opernhäusern in Berlin, Dresden, Leipzig, Genua, Nürnberg, Wien und 1817 auch an der Mailänder Scala in der Uraufführung von Winters Oper *I due Valdomiri*. Ab 1819 wieder in München erhielt sie ein festes Engagament als Hofopernsängerin und trat 1822 als *Agathe* in der Münchner Erstaufführung von Carl Maria von Webers *Freischütz* auf, Weber beschrieb ihre Kunst als „einzig und unerreichbar" und über ihre Darstellung der *Agathe* im *Freischütz*: „Ich wußte noch gar nicht, daß ich so etwas Schönes geschrieben habe".

Seit 1821 war Klara Metzger mit dem Bariton Wilhelm Vespermann (1784–1834) verheiratet, ihre ebenfalls musikalisch begabte Tochter Maria Vespermann (1823–1886) wurde Schriftstellerin (verheiratete Görres bzw. Arndts). Klara Metzger-Vespermann starb früh: am 6. März 1827 erlag sie einem Schlaganfall. Ihr Grab ist im Alten Südlichen Friedhof (18-14-11/12).

„Ihr Gesang war brilliant und anmuthsvoll zugleich" schreibt das Morgenblatt für gebildete Leser, und rühmt weiter ihren Gesang: „das richtige Ergreifen der höchsten Töne bey dem Aufschwung aus der Tiefe und dem Übergang in das schmelzendste Piano, die Nettigkeit der Rouladen und die Zierlichkeit der chromatischen Gesänge". Die Sängerin wurde an allen Bühnen Europas gefeiert.

CLARA METZGER-VESPERMANN.

Von ihren ersten Honoraren an der Hofoper hat Klara Metzger ihren Eltern eine Herberge in der Au gekauft, im ersten Stock des großen Anwesens an der heutigen Franz-Prüller-Straße 12, der damaligen Kirchplatzgasse. Heute gehört das Haus dem Regisseur Joseph Vilsmaier.

Franz-Prüller-Straße 12

Armen-Industrieschule

Die wenigsten Einwohner der Au hatten zu Beginn des 19. Jahrhunderts eine geregelte Arbeit oder gar eine handwerkliche Ausbildung, die meisten waren Taglöhner oder hatten bestenfalls kurzfristige Arbeitsstellen ohne weitere Aussichten. Für die Erziehung der „verwahrlosten und aussichtslosen Jugend" wollte Stadtpfarrer Hermann Rabl (1778–1848) eine *Armen-Industrieschule* gründen, er zählte mehr als 600 Buben und Mädchen ohne Beschäftigung in der Au.

Ziel war es, den bedürftigeren Schülern eine Mittagsmahlzeit zu geben und v.a. eine Beschäftigungsmöglichkeit für ihre freien Nachmittage anzubieten, auch für die Kinder, die nicht mehr schulpflichtig waren. Mithilfe von Spenden und einer finanziellen Unterstützung der Regierung des Isarkreises baute Rabl ab 1832 eine Lehranstalt auf für die Verarbeitung von Flachs und Hanf und die Herstellung von Leinen, später auch die Herstellung von Wolle. Die hier gefertigten Waren wurden verkauft und trugen zum Unterhalt der Lehr- und Beschäftigungsanstalt bei. 1835/36 entstand ein Neubau für die Anstalt am Mariahilfplatz, ca. 200 Kinder konnten betreut werden.

War die Beschäftigungsanstalt eher dazu vorgesehen, die Kinder vor Verwahrlosung zu bewahren, ergänzte Rabl eine pädagogische *Heilanstalt* in der die „verwahrlosten und verdorbenen Kinder … wieder zu gesitteten, arbeitsamen Menschen umgebildet" werden sollten. 1840 konnte Rabl ein 8 Tagwerk großes Grundstück an der Hochstraße 10 von dem Koch Huber für 6.000 Gulden erwerben (heute Hochstraße 31, Städtisches Tagesheim). Hier wurden Obstbäume angepflanzt, Felder angelegt, ein Wohngebäude für eine Gärtnerfamilie und Stallungen für 6 Kühe und für Schweine eingerichtet. Die Bemühungen und Ziele Rabls sind nicht nur im Zusammenhang mit einer umfassenden Lehrerausbildung für seine landwirtschaftliche Musteranstalt zu sehen, sondern auch als ein wertvoller Beitrag zur Volkserziehung hin zu einem ökologisch wie ökonomisch angemesseneren Umgang mit den Ressourcen der Natur.

In den letzten Jahren vor seinem Tod 1848 hatte Rabl erhebliche Mühen, Spenden für seine beiden Anstalten zu akquirieren. Es folgten Jahre, in denen über Zuständigkeiten und die Besetzung der Plätze gestritten wurde. Nach der Eingemeindung 1854 wurde aus dem Haus für die *männlichen Zöglinge* eine *Städtische Erziehungsanstalt für verlassene Kinder*, die Abteilung für Mädchen wurde den Armen Schulschwestern eingegliedert. Das Anstaltsgebäude am Mariahilfplatz 10 wurde schließlich als Schulhaus der Au benutzt, auf den landwirtschaftlichen Flächen in der Hochau wurde ab 1888 das städtische Kinderasyl gebaut.

Karolina Gerhardinger

Regensburg 1797 – 1879 München
Nach einer Ausbildung als Lehrerin u.a. bei den Augustiner-Chorfrauen in Stadtamhof bei Regensburg gründete Gerhardinger mit Unterstützung des Regensburger Bischofs Georg Michael Wittmann und des Hofkaplans Franz Sebastian Job, Beichtvater der österreichischen Kaiserin, im Oktober 1833 in Neunburg vorm Wald mit zwei anderen Frauen einen neuen Orden, die *Kongregation der Armen Schulschwestern v. u. lb. Frau.*

Im November 1835 legte sie ihr Gelübde ab und nannte sich *Theresia a Jesu Gerhardinger.* Die von ihr geführte Schule wurde wegen ihres ganzheitlichen Ansatzes vorbildlich für viele andere Schulen. Eine erste Niederlassung eröffnete die Kongregation 1839 in der Au, König Ludwig I. stellte dem Orden als Mutterhaus das ehemalige Klostergebäude der Klarissinnen am Anger zur Verfügung. Mit fünf Schwestern ging Gerhardinger 1847/48 nach Nordamerika und gründete dort weitere 8 Niederlassungen. Am 9. Mai 1879 starb Theresia a Jesu Gerhardinger im Angerkloster, sie ist in der Jakobskirche begraben. Zu dieser Zeit waren in Europa und Amerika ca. 2.200 Schwestern und 650 Kandidatinnen in der Erziehung von über 80.000 Kindern in fast 300 Niederlassungen tätig.

Auf eine Initiative des katholischen Frauenbunds aus dem Jahr 1925 hin wurde Theresia von Jesu Gerhardinger durch Papst Johannes Paul II. am 17. November 1985 in Rom seliggesprochen. Aufgrund ihrer Verdienste zur Verbesserung der Lebens- und Bildungssituation von Frauen und Mädchen wurde Gerhardinger als Pionierin der Frauenbildung in Bayern mit der Aufstellung einer Büste in der Walhalla gewürdigt. Seit 2014 steht außerdem eine Skulptur der *Sel. M. Theresia Gerhardinger* am Eingang zur Gnadenkapelle der Mariahilfkirche.

3.6 Arme Schulschwestern

Durch Vermittlung des Münchner Domdekans Georg von Öttl und des Auer Pfarres Hermann Rabl bot der Auer Magistrat 1839 zwei freie Lehrerinnenstellen dem Orden der Armen Schulschwestern an, die 1833 in Neunburg v. W. eine Kongregation gegründet hatten. Im Dezember 1839 kam deren Oberin, Karoline Gerhardinger mit drei Schwestern und einer Kandidatin in der Au an. Bereits ein Jahr später übernahmen die Schwestern auch alle anderen Mädchenklassen der Auer Schule außerdem die Mädchen der Erziehungsanstalt. Als das Grundstück des Zimmermeisters Ertl (der auch den Dachstuhl der Mariahilfkirche gebaut hatte) zwischen Mariahilfplatz und Auer Mühlbach zum Verkauf stand, konnte die Kongregation mit kirchlichen Mitteln dieses Anwesen erwerben.

Um 1845 wurde ein benachbarter Bau erworben, das Wohnhaus und die Werkstätte des Schreinermeisters und Möbelfabrikanten Anton Wahle (Mariahilfplatz 13), das bis zum Auer Mühlbach führte und den Bach zum Antrieb der Maschinen genutzt hatte, wie auch eine benachbarte Stärkefabrik und Tuchwalke. Mit den Erwerbungen kamen auch Grundstücke am gegenüberliegenden Ufer in den Besitz des Ordens. Heute befinden sich auf dem Gelände eine Realschule von 1951 für Schülerinnen, eine Berufsfachschule für Hauswirtschaft, ein Kindergarten und zwei Fachakademien für Sozialpädagogik und Hauswirtschaft. Träger der Schule ist seit 2002 die Erzdiözese München und Freising.

Heidenkinder in der Au

Als der Missionar Nicolò Olivieri (1792–1864) im Jahr 1855 ca. 40 *Negerkinder*, die aus dem Sklavenhandel in Ägypten freigekauft waren, im Kloster der Armen Schulschwestern unterbrachte, gab sich die Münchner Hautevolée die Klinke in die Hand: hohe und höchste Herrschaften besichtigten die traumatisierten Kinder, von einem Mädchen das man nach der Taufe Karoline nannte, ließ Königin Marie ein Portrait und eine Büste anfertigen, die im Nationalmuseum ausgestellt war. Nachdem die Kinder in der Mariahilfkirche getauft wurden, wobei sie nach einem Bericht von Freudenberger fürchteten, dass sie dabei geschlachtet werden sollten, wurden sie auf andere Klöster verteilt. Neun Mädchen blieben in der Au, wovon eines flüchtete und sich in Konstantinopel verheiratete, alle anderen bis auf eine – Helene – starben früh am rauen Klima.

Die Kinder waren Teil einer groß angelegten Aktion von Missionsvereinen, mit der über 1.000 afrikanische Kinder freigekauft wurden, die Mitte des 19. Jahrhunderts von Arabern im südlichen Sudan entführt und auf Sklavenmärkten verbracht worden waren. Missionare kauften die Kinder, meist Mädchen, frei und brachten sie nach Europa, der Genueser Pater Nicolò Olivieri war einer der Hauptorganisatoren. Finanziert wurden die Aktionen durch Missionsvereine wie den 1852 in Köln gegründeten *Verein zur Unterstützung der armen Negerkinder*. Die Kinder wurden in Klöster verbracht, um dort erzogen zu werden, sie wurden in meist spektakulären Aktionen getauft und erhielten oft prominente Paten. Die Mehrzahl dieser Kinder war jedoch den europäischen Klimabedingungen nicht gewachsen. Viele starben bereits bei der Überfahrt. Das Ergebnis der falsch verstandenen *Seelenhilfe* war letztlich ein Desaster.

3.7 Grundschule am Mariahilfplatz

Der Bau der Volksschule wurde am 6. Dezember 1880 feierlich eingeweiht. Architekt war August Voit. In vier Geschoßen standen 29 Schulzimmer zur Verfügung, Räume für die Lehrerschaft und eine Wohnung für einen Hausmeister. 1888 teilte man das Gebäude in eine Schule für Mädchen und eine Knabenschule, auch die Eingänge waren separat, der Eingang für die Buben war auf der Nordseite, für die Mädchen im Süden. Zur Ohlmüllerstraße hin errichtete man 1911/12 einen Erweiterungsbau. Im ersten Weltkrieg richtete man im Erdgeschoß eine Suppenküche ein und die amtliche Verteilungsstelle für Lebensmittelmarken. Als um 1925 die Schülerzahlen erheblich zurückgingen, wurden acht Schulzimmer für berufliche Fachklassen verwendet.

Im Zweiten Weltkrieg wurden das 1. und 2. Obergeschoß durch das Kriegsschädenamt belegt, die meisten Kinder waren ins Umland verbracht worden. Bei einem Luftangriff in der Nacht zum 25. April 1944 wurde der Anbau von 1925 vollkommen zerstört, der *Altbau* der Schule brannte bis auf die Grundmauern aus.

Paulanerbrunnen

Vermutlich in Zusammenarbeit mit dem Architekten Theodor Fischer gestaltete der Bildhauer Josef Flossmann 1908 den Paulanerbrunnen an der Mariahilfschule. Gestiftet wurde der Brunnen durch den Brauereibesitzer Franz X. Schmederer. Auf einem hohen Marmorpostament stand die Figur des heiligen Franz von Paula, des Ordensstifters der Paulaner. Der Brunnen stand an der Ecke Mariahilfplatz/Ohlmüllerstraße.

Neubau Mariahilfschule

Grundsteinlegung für den Neubau war am 27. Mai 1957, bereits im September 1958 konnte ein Trakt mit 16 Klassenzimmern bezogen werden, feierlich eröffnet wurde die Volksschule am 22. Oktober 1959 in Anwesenheit von Oberbürgermeister Thomas Wimmer. Der Neubau bestand aus drei Baukörpern, einem viergeschoßigen Bau im Nordwesten mit den Klassenzimmern, die zum Hof orientiert sind, einem weiteren viergeschoßigen Bau zum Mariahilfplatz hin mit einem Kindergarten, darüber die Fachklassen und Verwaltungsräume. Ein Baukörper entlang der Ohlmüllerstraße enthielt die Turnhallen und eine überdeckte Pausenhalle, die offen ist zum Innenhof, der einzigen Freifläche der Schule. Die Fassadenbemalungen wurden in Zusammenarbeit mit dem Akademieprofessor Hermann Kaspar durchgeführt. Kaspar (1904–1986) war einer der von den Nationalsozialisten bevorzugten Künstler (z.B. Ausstattung der neuen Reichskanzlei) und erhielt nach dem Krieg wieder seine Professur an der Münchner Akademie bis 1972. Von ihm stammt auch die Fassadenmalerei am Gebäude des Kulturreferats in der Burgstraße. Zur Zeit besuchen mehr als 300 Kinder in 12 Klassen die Grundschule und den Kindergarten. Der Bau müsste seit langem saniert werden.

3.8 Geburtshaus Karl Valentin

Das Haus in der ehemaligen *Unteren Isargasse 45*, später *Entenbachstraße* und heute *Zeppelinstraße* ist nicht wegen seines bauhistorischen Wertes denkmalgeschützt, sondern wegen seiner kulturgeschichtlichen Bedeutung als Geburtshaus von Karl Valentin, der selbst aber immer betonte, im Münchner Postscheckamt auf die Welt gekommen zu sein, also eigentlich in der Gebärklinik in der Sonnenstraße, in der ab 1929 das Postscheckamt untergebracht war, und in der nach wie vor ein Arzt behauptet, in Valentins Geburtszimmer zu arbeiten.

Gebaut wurde das Haus 1851 für den *bürgerlichen Tapezierermeister* Karl Falk, 1874 wurde es um drei Achsen nach Süden hin erweitert, damals befand sich in jedem Stockwerk eine Wohnung mit drei Zimmern. Am 4. Juni 1882 wurde im ersten Stock Valentin Ludwig Fey geboren, bekannter als Karl Valentin. Im Hof waren Remisen für die Möbelwagen der Spedition Falk & Fey, die 1905 von der Familie Fey verkauft werden musste.

Nachdem das Haus jahrelang leerstand und inzwischen vollkommen heruntergekommen war, stellten die neuen Besitzer 1984 den Antrag auf Abriss des Valentin-Geburtshauses. Daraufhin beschloss der Münchner Stadtrat, das Haus für 1,6 Millionen DM zu kaufen. Unmittelbar nach dem Kauf 1989 beantragte die Stadt für das Haus den Denkmalschutz zur Verwunderung des Landesamtes für Denkmalschutz. Da eine Sanierung für die Stadt zu kostspielig war, verkaufte sie das Haus schließlich wieder 1996 an Klaus Schmidt nachdem ein Verkauf an Rudolph Moshammer nicht zustande gekommen war. Kaufpreis: 888.888,88 DM. Bis 1998 ließ Schmidt das Vorderhaus mit dem Architekten Gert Bayer sanieren und im Hinterhof einen Neubau hochziehen. Einige der Wohnungen erwarb die Tochter von Bertolt Brecht: Hanne Hiob. Im Vorderhaus hat auch der *Verein der Freunde der Vorstadt Au* eine neue Heimat gefunden.

Zeppelinstraße 41

1904 zog in die rückwärtigen Gebäude der damaligen Entenbachstraße 63 der Wagenbauer Ludwig Weinberger mit einer Werkstatt ein: er baute Karosserien für Motorwägen. Nachdem er 1910 das gesamte Anwesen erworben hatte, entstanden neue Werkstätten im Hof.

Spektakulärster Karosserie-Aufbau war der Auftrag, den Weinberger 1932 vom elsässischen Autokonstrukteur Ettore Bugatti erhielt: eine handgefertigte Cabriolet-Karosserie für den *Bugatti Type 41*, den *Bugatti Royale*, mit schwarzer Lackierung und hellem Verdeck auf ein im Elsass vorgefertigtes Fahrgestell samt Motor.
Der *Bugatti Royale* war ein absoluter Luxuswagen, es wurden nur 6 Exemplare produziert, die heute noch alle erhalten sind. Den Wagen mit der in der Au produzierten Karosserie kaufte der Nürnberger Gynäkologe und Hobby-Rennfahrer Dr. Josef Fuchs für mehr als 80.000 Reichsmark, damals der Wert für ca. 8 Einfamilienhäuser. 1934 wanderte Fuchs mit seinem *Royale* über die Schweiz, Triest, Shanghai und Kanada in die USA aus. Der Wagen steht heute im Henry-Ford-Museum in Dearborn/ Michigan. Ludwig Weinberger fertigte in seiner Werkstatt insgesamt 10 Bugatti-Karosserien und zog sich 1953 ins Privatleben zurück.

Bugatti Royal 1932

3 Karl Valentin

Der Schrecken der Au

Karl Valentin, einer der bekanntesten Münchner, wurde als Valentin Ludwig Fey am 4. Juni 1882 im noch erhaltenen Haus in der damaligen *Unteren Isargasse 45*, später *Entenbachgasse*, heute *Zeppelinstraße 41* geboren. Sein Vater Johann Valentin Fey hatte in eine Spedition eingeheiratet, die dann den Namen Falk & Fey führte und in der Entenbachstraße ihren Sitz hatte. Nach dem frühen Tod der ersten Frau heiratete der Vater die aus dem sächsischen Zittau stammende Johanna Schatte, die ihm vier Kinder gebar. Ein Mädchen starb mit fünf Monaten, zwei Buben – Karl und Max kurz nach der Geburt von Valentin 1882 an Diphtherie. Der Name des Bruders Karl wurde nach 1902 Teil des Künstlernamens Karl Valentin.

Schon im Kindergarten Ecke Lilien-/Ohlmüllerstraße soll Valentin gewisse Vorbehalte gegen Erziehungsversuche gezeigt haben, die Zeit an der Volksschule nannte er eine *siebenjährige Zuchthausstrafe*. Valentin war evangelisch und daher ab 1888 u.a. an der konfessionsgemischten Klenzeschule an der Wittelsbacherstraße und nicht an der katholisch gebundenen Auer Volksschule. Schon als kleiner Bub fand er Freude an der Musik, lernte Zitherspielen und brachte sich noch ein Dutzend andere Musikinstrumente bei.

In der ganzen Au war der *Fey-Bua* verschrien, schreibt Sabine Rinberger, seine gesammelten Erlebnisse sind in seinen *Jugendstreichen des Knaben Karl* nachzulesen. Er zählte sich durchaus zur „halbstarken Vorstadtszene" der Au und zu den *Gigerln*, den Vorstadtgigolos mit fescher Ausstattung und gestelztem Habitus in der Öffentlichkeit. Geplant war natürlich, dass der einzige Sohn auch die Spedition übernehmen sollte, daher machte Valentin nach 1897 eine Schreinerlehre, aber schon in dieser Zeit gab es auch erste Auftritte z. B. im Lilienbräu, dem Stammlokal seines Vaters und auf dem eigenen Gelände der Spedition selbst: im Möbelwagen von Falk & Fey spielte Valentin für die Auer Kinder, u.a. den Faust in 12 Minuten. Bei einem Besuch in der Singspielhalle Colosseum an der Hans-Sachs-Straße mit seinem geliebten Zitherlehrer Ignaz Heppner erlebte Valentin mit 14 Jahren den Unterhaltungskünstler Karl Maxstadt, der ihn so beeindruckte, dass er selbst auch Gesangshumorist werden wollte und sich mit Couplets nach Karl Maxstadt auch die ersten künstlerischen Sporen verdiente.

Nach dem Tod des Vaters 1897 übernahm Valentin zusammen mit seiner Mutter die Spedition, die aber bereits verschuldet war und 1906 verkauft werden musste, die Mutter zog daraufhin in ihre Heimatstadt Zittau. In den folgenden Jahren versuchte Karl Valentin Auftritte in verschiedenen Städten zu erhalten und kam 1908 wieder nach München zurück. 1911 heiratete er Gisela Royes, das ehemalige Dienstmädchen der Familie, mit der er bereits zwei uneheliche Kinder hatte. Zur gleichen Zeit lernte er auch Elisabeth Wellano kennen, die Bühnen- und Lebenspartnerin, die sich später Liesl Karlstadt nannte. Es soll durchaus noch eine ganze Reihe anderer Liebschaften gegeben haben.

Nach Misserfolgen mit einem selbstgebauten *Orchestrion*, mit dem er in mehreren Städten auftrat und schlecht bezahlten Engagements in Münchner Gastwirtschaften kam der Durchbruch für Valentin 1907/08 im Frankfurter Hof in der Schillerstraße, einem Hotel, das dem Wirt des Wagnerbräu, Hans Wagner gehörte. Der Monolog *Das Aquarium*, ein pseudowissenschaftlicher Vortrag (*Eine botanzoologische Viecherei*), in dem er seinen besonderen Sprachwitz in seinen *Blödsinns-Couplets* einsetzte, wurde zum durchschlagenden Erfolg. Eine große Rolle für den Erfolg seiner Monologe war die Entwicklung einer körperbetonten Aufmachung als „magerster Komiker Münchens", angekündigt wurde er als *Lebende Karikatur.* Auf die Idee gebracht hatte ihn der Künstler Ludwig Greiner, Wirt des *Gasthaus zum Feuerhaus* am Oberanger, er entwarf auch erste Plakate, die Valentin in seiner typischen Pose als knochendürren Hungerhaken zeigen.

Karl Valentin und Liesl Karlstadt

Mit Liesl Karlstadt, die er im Frankfurter Hof kennengelernt hatte, fand Karl Valentin eine kongeniale Bühnenpartnerin, mit ihr feierte er seine größten Erfolge, nicht nur in München, sondern auch ausserhalb: in Zürich, Wien und v.a. ab 1924 in Berlin, wo er hymnisch gefeiert und auch international bekannt wurde.

Valentin richtete sich 1912 in München ein eigenes Filmstudio ein, in dem bis 1929 ca. 40 Kurzfilme produziert wurden. Er trat mit Bertolt Brecht, mit dem er befreundet war, in den Kammerspielen auf. Für kurze Zeit betrieb er ein eigenes Theater, den Goethe-Saal in der Leopoldstraße 46 a, das er aber nach acht Wochen wegen schlechter Geschäfte und entnervender Auflagen der Feuerpolizei wieder aufgeben musste: *„Auf unsere Stall-Laterne auf der Bühne passt der Branddirektor auf, und hinter seinem Rücken brennt der Glaspalast ab."*

Wenig Erfolg hatte Valentin auch mit dem Versuch ein Panoptikum für Nonsens einzurichten: es wurde bereits nach zwei Monaten wieder geschlossen, damit waren auch die Ersparnisse von Valentin und Liesl Karlstadt dahin.

Ich bin ein armer dünner Mann

Zu Beginn der 1930er Jahre ließ das Interesse an Karl Valentin und seiner Kunst stark nach, Liesl Karlstadt fiel mehrfach wegen Depressionen aus, die Auftrittsmöglichkeiten in den Singspielhallen wurden weniger, der künstlerische Höhepunkt war überschritten. Den Nationalsozialisten stand Karl Valentin kritisch gegenüber, wie diese auch ihm, einzelne Stücke wurden zensiert, Valentin erhielt aber kein Auftrittsverbot wie andere Künstler. Nach dem Zweiten Weltkrieg zog er sich mangels Aufträgen in sein Haus in Planegg zurück, seit 1940 war er nicht mehr aufgetreten, erst in der Sylvesternacht 1947 kam es zu einem Engagement im *Simpl* und im folgenden Monat zu einem kurzen Gastspiel im *Bunten Würfel*. Am Rosenmontag des Jahres 1948 starb Karl Valentin, vergessen von seinem Münchner Publikum, an seiner Leichenfeier nahmen 100 Leute teil ohne einen offiziellen Vertreter der Stadt München.

Sabine Rinberger, Ein Universalgenie – Die Künstlerlaufbahn des Karl Valentin in: An jedem Eck a Gaudi, Edition Bayern, Sonderheft #04, Augsburg 2011

Valentin-Sammlungen

Obwohl sich Karl Valentin bei seinen Projekten auch immer mit den neuesten Technologien beschäftigte (Film- und Tontechnik, neueste Scheinwerfer) verfolgte er mit größter Sorge die Veränderungen der Zeit v.a. den unaufhörlichen Wandel des *Alten München* zur modernen Großstadt. Er sammelte alles, was mit der Volkssängerkultur und mit der Münchner Stadtgeschichte zu tun hatte: Postkarten und Fotographien mit alten Stadtansichten, stereoskopische Bilder, die er auch in Alt-Münchner Panoramen zeigte. Zitat Valentin: *„A oids Buidl vo München is mehra wert ois a Brilliant."* Die Valentin-Sammlung wurde im August 1939 vom Stadtarchiv aufgekauft und bildet heute ein bedeutendes Konvolut zum Stadtbild ab der Mitte des 19. Jahrhunderts. Die Sammlung zur Volkssänger-Kultur ist eine der wichtigsten Quellen zu diesem Thema und ist die Grundlage für die 2004 eingerichtete Volkssänger-Ausstellung im Valentin-Karlstadt-Musäum am Isartor.

Der übrige Nachlass von Karl Valentin blieb aber nicht in München. Als die notleidende Familie Anfang der 1950er Jahre seine Hinterlassenschaften an die Stadt München verkaufen wollte, schlug die Stadt das Angebot aus – und alles ging nach Köln, der Theaterwissenschaftler Carl Niessen hatte den gesamten Nachlass für 7.000 Mark aufgekauft. Vielleicht hat Karl Valentin das auch geahnt als er an seinen Freund Kiem Pauli schrieb: *„Ich habe meine lieben Bayern und speziell meine Münchner kennen gelernt. Alle anderen mit Ausnahme der Eskimos und Indianer haben mehr Interesse an mir als meine ‚Landsleute'."*

Dass es 1959 doch noch zu einem Valentin-Musäum in München, seit 2001 gar zu einem Valentin-Karlstadt-Musäum gekommen ist, kann man dem Maler, Bühnenbildner und Kommunisten Hannes König verdanken, der schon in frühester Jugend von Valentin begeistert war. Auf ihn geht die Gründung des Museums und ein Großteil der Ausstattung zurück.

Info Valentin-Karlstadt-Musäum

Valentin-Karlstadt-Musäum,
Im Tal 50, 80331 München

Öffnungszeiten

Montag, Dienstag und Donnerstag 11:01–17:29 Uhr

Freitag und Samstag 11:01–17:59 Uhr

Sonntag 10:01–17:59 Uhr,
Mittwochs geschlossen.

Eintritt: 2,99, für Kinder u.ä. 1,99

www.valentin-musaeum.de

3.9 Nepomuk-Kapelle

In einer Holzrotunde auf dem „Maria-Rasenplatz", dem heutigen Mariahilfplatz, stand seit 1734 eine steinerne Statue des heiligen Nepomuk, der als Helfer in Wassernöten in der Au verständlicherweise sehr verehrt wurde. Gestiftet war die Figur von Virgil Mayr, einem Familienmitglied der Papierfabrikanten Mayr in der Au. Es heißt, dass dieser Virgil Mayr, gerade als er vom Aufstellen der Statue nach Hause gekommen ist, „tötlich vom Schlag getroffen worden sei". 1814 war die kleine hölzerne Kapelle so baufällig, dass der damalige Kaplan Merkl eine Kollekte in Gang brachte und fast 300 Gulden sammeln konnte, um einen neuen Bau zu errichten und eine neue, schönere Heiligenfigur zu erwerben.

Einige Jahre vorher, im März 1804 war der über 200 Jahre bestehende Brunnen vor dem Jesuitenkolleg in der Münchner Innenstadt abgebaut worden, um eine bessere Verkehrsführung zu erreichen. Auf diesem Brunnen stand eine Nepomukfigur des berühmten Bildhauers Roman Anton Boos, umgeben von fünf Sternen, die durchgehend beleuchtet waren wie die Laternen an der Mariensäule – eine große Besonderheit in der ansonsten nachts eher dunklen Stadt. Die Nepomukfigur von Boos, eine über zwei Meter große Marmorstatue von 1770, hatte der Baumeister Josef Höchl für 100 Gulden erworben und überließ sie nun den Auern um den gleichen Betrag für die neue Kapelle.

Nepomukfigur um 1905

Auch die fünf Sternleuchter sollten wieder angebracht werden, daraus wurde jedoch nichts – sie waren zwar erhalten, wurden aber im städtischen Feuerhaus auf dem Anger verwendet – ganz profan als Lampen.

Die Nepomukfigur von Boos stellte man auf einen Sandsteinsockel und darüber einen hölzernen Kuppelbau auf vier Säulen nach einem Entwurf des Hofbauzeichners Johann Jodl. Mitsamt seiner Kapelle musste der Heilige in den folgenden Jahren des öfteren umziehen: an die Außenmauer der alten Mariahilfkirche und schließlich auf eine kleine Grünfläche am Weg zum Neudeck. Bei den Luftangriffen des Zweiten Weltkriegs wurden Kapelle und Nepomukfigur zerstört.

3.10 Unterführung

Geplant war ein durchgehender Weg entlang des Auer Mühlbachs am Fuß des Isarhangs. Mit erheblichem Aufwand wurde bereits eine Unterführung der Gebsattelstraße auf der Hangseite geschaffen – der Weg führt allerdings nur wenige Meter weiter bis zum Zaun des Schulgeländes der frommen Schulschwestern, die sich einer Durchführung des Wegs standhaft verweigern. Sehr schade. Auch Überlegungen, den Uferweg in diesem Bereich direkt über der Wasserfläche zu führen, sind leider noch nicht weiter gediehen.

3.11 Hochbunker Quellenstraße

Mit großem propagandistischem Aufwand wurde die Münchner Bevölkerung bereits seit 1933 auf die Notwendigkeit des Luftschutzes vor Fliegerangriffen eingestimmt. Seit 1941 und verstärkt ab September 1942, als die ersten schweren Luftangriffe der Royal Air Force über der Stadt niedergingen, wurden geeignete Luftschutzanlagen fertig gestellt. Insgesamt entstanden 48 öffentliche Hoch- und Tiefbunker im Stadtgebiet, davon im Bereich der Au und Untergiesings die Hochbunker an der Ohlmüllerstraße (1987 für Erweiterungsbauten des Landratsamtes München abgerissen), an der Claude-Lorrain-Straße und an der Quellenstraße. Zusätzlich wurde der Lagerraum der Paulanerbrauerei am Nockherberg ausgebaut. Im Hochbunker Quellenstraße (1941) fanden 530 Personen Schutz, bei weitem keine Größenordnung, die der tatsächlichen Einwohnerzahl in diesem Bereich entsprochen hätte.

Die Gestaltung der Hochbunker sollte zum Einen eher verharmlosend und traditionell wirken, zum Anderen sollten die zeltförmigen Dächer aus Beton auch Fliegerbomben abprallen lassen. Einige Jahre hatte hier die Marinekameradschaft 1890 e.V. ihre Heimat, heute ist im Gebäude eine kulturelle Nutzung untergebracht. Der Bau wurde 2009 saniert, leider wurde dabei auch das Wandbild von 2003 übermalt.

Ende des Uferwegs

Der abgeräumte Mariahilfplatz 1952

Bebauungsplan Steinbrecher 1947/48

Zerstörung und Wiederaufbau

Wie der Großteil der Münchner Innenstadt wurde auch die Au, v.a. in den letzten Kriegsjahren des Zweiten Weltkriegs durch Luftangriffe schwer getroffen. Bei dem bis dahin schwersten Luftangriff am 25. April 1944 erhielt die Mariahilfkirche weitere Treffer, die Mariahilfschule und auch ein großer Teil der noch erhaltenen Herbergen wurden zerstört – die alte Au existierte nicht mehr. Von den 8.564 Wohnungen in der Au waren 4.120 zerstört.

Entgegen dem Plan der Behörden, die Mariahilfkirche zu sprengen, wurde im Jahr 1948 nach einer Bürgerversammlung im Wagnerbräu der Beschluss gefasst, die Kirche und den Turm wiederherzustellen. Gleichzeitig legte der Architekt Michael Steinbrecher Planungen für den Wiederaufbau der zerstörten Herbergsviertel vor. Wie auch im Gebiet der Münchner Altstadt, für die Karl Meitinger einen Wiederaufbauplan (*Das Neue München*) vorgelegt hatte, versuchte auch Steinbrecher, die vorgegebenen Straßenführungen und die alten Baulinien zu erhalten, schon um Probleme bei Grundstücksumlegungen zu vermeiden. Er füllte die Baublöcke aber mit einer Mischung aus Block- und Zeilenbauten, die dem Charakter der alten Au nicht angemessen waren. Der Mariahilfplatz sollte durch ein Gebäude in Fortsetzung der Lilienstraße und einen Hofanbau an die Kirche stark verkleinert werden.
Für den Wiederaufbau der Kirche lagen bereits mehrere Entwürfe vor u.a. von Georg Holzbauer und Hans Döllgast. 1951 wurden Döllgast und Steinbrecher mit weiteren Vorentwürfen beauftragt, Steinbrecher leitete ab 1952 schließlich die stark vereinfachende Wiederherstellung. Seine Planung für die Au selbst wurde zwar in großen Teilen nicht ausgeführt, für das Planungskonzept der Neubauten um den Paulanerplatz und zwischen Zeppelinstraße und Mariahilfplatz war sie aber eine wichtige Voraussetzung.

Modell zum Wiederaufbau der Au 1948

Sanierung der 50er-Jahre-Bauten durch die GWG

Die Bauten der 1950er-Jahre sind weitgehend in der Verantwortung der GWG (Städtische Wohnungsgesellschaft München mbH), die seit 1992 in einem stadtweiten *Programm zur Verbesserung des Miethausbesitzes* ihre Gebäude saniert. Der städtische Wohnbau an der Lilienstraße 16/18 wurde 1997 durch die Architekten Holzfurtner und Bahner saniert und mit dem bayerischen Wohnungspreis 1997 ausgezeichnet. Die Bauten zwischen Auer Mühlbach und Lilienstraße bis 2000 modernisiert und aufgestockt (Architekturbüro Stocker) und 2003 mit dem Deutschen Bauherrenpreis ausgezeichnet. Die gleichen Architekten sanierten bis 2007 auch die 1950er-Jahre-Bebauung um den Paulanerplatz.
Die Bauten der 1970er Jahre an der Schweigerstraße/Ecke Lilienstraße wurden bis 2009 saniert und aufgestockt (Architekturbüro Michael Morschek).

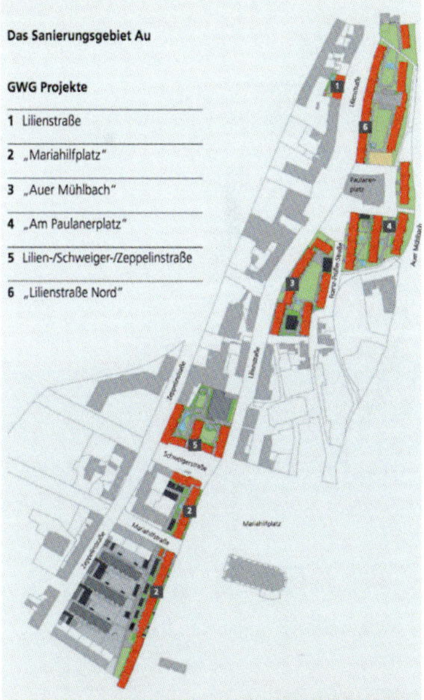

Sanierungsprojekte

Die GWG als Bauherr bemüht sich um eine verträgliche Behandlung der Mieter bei notwendigen Umsetzungen und legte bei den Planungen besonderen Wert auf einen zeitgemäßen Ausbau nach ökologischen und energetischen Aspekten.

3 Neudeck

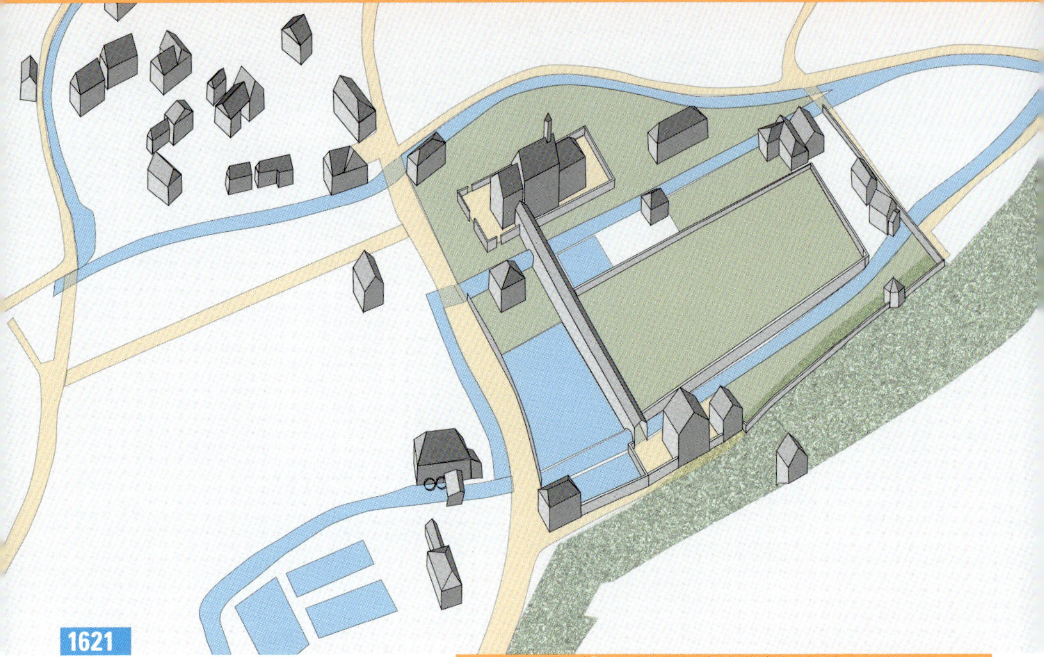

Vom Fischerdorf zum Fürstensitz

Noch in der Mitte des 15. Jahrhunderts waren die Flächen rechts der Isar spärlich bebaut aufgrund der ständigen Hochwassergefahr. Der Auer Mühlbach wurde für den Antrieb zahlreicher Mühlen genutzt sowie für die Anlage von vielen Fischteichen. Auch das saubere Quellwasser, das aus dem Hang austrat, konnte für die Fischzucht genutzt werden. Nicht nur einfache Fischer waren daher in der Au zugange, sondern auch angesehene Münchner Patrizier wie die Ridler und die Ligsalz, die sich die eigene Versorgung mit Fischen, die Einnahmen aus der Zucht und das Vergnügen am Fischen selber sichern wollten.

Auch der bayerische Herzog Wilhelm IV. nutzte ein Jagdhaus in Neudeck als Ausgangspunkt für seine Jagdausflüge in den Grünwalder Forst. Sein Sohn, Albrecht V. kaufte einzelne Fischweiher, tauschte mit anderen Besitzungen und begründete eine Schwaige. Eine neue Mühle wurde gebaut und verpachtet – die Riegermühle – und 1561 ein Wohnhaus für die Betreuung durch den Hoffischer. Zum Besitz gehörte auch ein Teil des Isarhangs, der mit Planken eingezäunt wurde.

Ausbau zur Sommerresidenz

Es folgten weitere Erwerbungen durch die bayerischen Herzöge Albrecht V., seinen Sohn Wilhelm V. und seinen zweitgeborenen Sohn Ferdinand, der – ständig in Geldnöten – seinen Besitz wieder abgeben musste. Über bürgerliche Mittelsmänner wurden die Grundstücke weitergegeben. Die Besitzungen wurden 1621 zu einem Edelsitz erklärt und wieder von den Fürsten zurück-„gekauft". Ziel der komplizierten Vorgänge war eine Herauslösung aus dem rechtlichen Einflussbereich des Gerichts ob der Au.

In der Zeit Herzog Wilhelms V. kann das Neudecker Gelände arrondiert werden, auf ihn geht vermutlich auch der erste kleine Schlossbau um 1597 zurück. Die zusammengekauften Grundstücke wurden zu einer größeren Gartenanlage umgeformt. Der Plan rechts oben zeigt die gesamte Anlage um 1621 bereits mit dem Schlossbau, dem *Grünen Haus*, weil es grün angestrichen war. Dazu ein kleiner Saalanbau, das Wohnhaus für den Hoffischer, die Fischteiche, Gärten und ein Bau jenseits des abgezweigten Kanals, die Kirche St. Karl Borromäus mit einem direkten, überdeckten und uneinsehbaren Zugang für den Fürsten.

Herzog Wilhelm V., der sich zunehmend überfordert sah mit der Regierung des finanziell desolaten Herzogtums hatte im Oktober 1597 abgedankt zugunsten seines Sohnes Maximilian. Wilhelm, später der Fromme genannt, zog sich danach für 28 Jahre zurück in seine Klausen rund um das alte Schloß in Schleißheim und v.a. in seine Sommerresidenz in Neudeck und führte ein frommes und asketisches Leben. Um den Neudecker Besitz ließ er eine hohe Mauer bauen, sehr zum Missfallen der Giesinger Bauern, die damit ihre Weideplätze schlechter erreichen konnten.

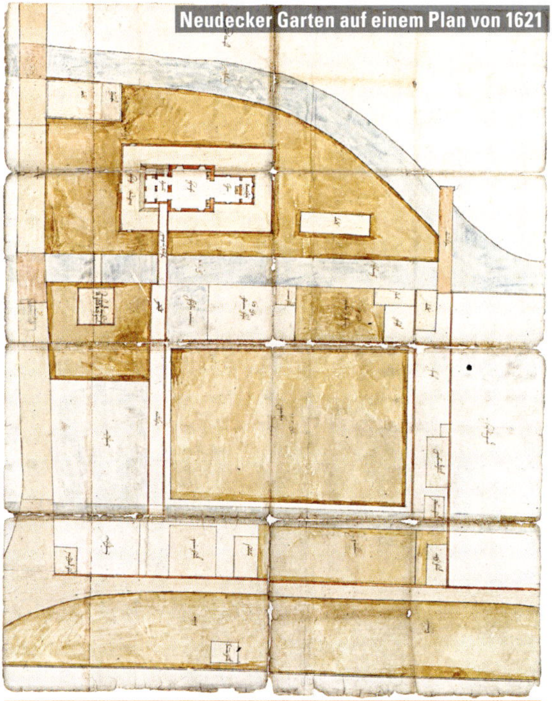

Neudecker Garten auf einem Plan von 1621

3.12 Herzoglicher Lust-Garten

Herzog Albrecht V. erweiterte ab 1566 die zum Sommerschloss Neudeck gehörigen Gartenanlagen, weite Teile des Isarhangs wurden mit Bäumen bepflanzt und bildeten mit dem Garten am Auer Mühlbach einen zusammenhängenden Landschaftspark. Auch nach dem Ausbau zu einer feudalen Sommerresidenz und Hofmark durch den nachfolgenden bayerischen Herzog Wilhelm V. ab 1579 blieb der Garten eher ein privates Refugium im Gegensatz zu den größeren repräsentativen Gartenanlagen an der Residenz im Stadtzentrum. Der Fürstenfamilie standen das *Grüne Haus* mit einem Nebengebäude unterhalb des Isarhangs zur Verfügung, ein weiteres auf dem Hochufer. Für die Hofbediensteten entstand u.a. ein Pagenhaus für die Edelknaben an der Krämerstraße. Mehrere Hofbeamte kauften sich eigene Häuser in der Umgebung.

Vom Fürstensitz zum Armenhaus

Nach dem Tod Wilhelm des Frommen 1626 diente die Anlage nicht mehr als Sommerresidenz der bayerischen Fürsten. Inzwischen war auch für Adelaide, die etwas anspruchsvollere Gattin des bayerischen Kurfürsten Ferdinand Maria ein Sommerschloss in Nymphenburg entstanden, das in den folgenden Jahrzehnten umfangreich ausgebaut wurde. Das Neudecker Schloss geriet aus der Mode und verödete, die Gartenanlagen wurden als Hofküchengärten genutzt und lieferten Obst und Gemüse an die Hofhaltung der Residenz. Teile des Gartens und einzelne Gebäude wurden später dem Kloster der Paulaner übergeben. Das *Grüne Haus* selbst, Mittelpunkt der sommerlichen Residenz am Isarhang, diente später mehreren Hofbeamten als Wohnsitz, nach 1712 kurzfristig sogar als Armenhaus.

Exotischer Garten in der Au

Neben den Obst- und Gemüsegärten gab es Felder mit seltenen Blumen, die aus Italien herangeschafft wurden: Veilchen, Hyazinthen, Balsaminen-Narzissen und Tulpen aus der Türkei, die zu Höchstpreisen gehandelt wurden. In Metallbecken sprudelte Quellwasser aus dem Isarhang, Wasserspiele erfreuten die Besucher. Verteilt im Garten waren kleine Kapellen und Grotten für das fromme Tagewerk des Herzogs.
An den Ziergarten grenzte der Nutzgarten: Dutzende von Apfel- und Birnbäumen, Pfirsichbäume, Morillen, Weichslbäume, Pomeranzen, dazu Beete für Spargel, Gemüse und heilende Kräuter. Hier stand auch das Gärtnerhaus, aus dem später das Neudecker Gasthaus wurde. Noch weiter in Richtung Norden entwickelt sich der ansonsten regelmäßige Renaissance-Garten freier und natürlicher.
Neben dem Gärtnerhaus befanden sich Stallungen für wertvolle Pferde, Zwinger für die Jagdhunde und große Volieren für exotische Vögel. Für viel Geld wurden weiße Papageien und *indianische Rappen* gekauft, singende Drosseln, *wohlsingende Haubenlerchen* (pro Stück für 19 Gulden), Pfauen, Schwäne und Enten streiften durch den Park.

Neudecker Hofgärtner

Als erster Hofgärtner unter Wilhelm V. wird Kosmos Denk genannt, sein Nachfolger wurde Georg Öffner, der Stammvater der später berühmten Gärtner-Dynastie der Effner. Sein Enkel war Joseph Effner, Gartenarchitekt zur Zeit des Kurfürsten Max Emanuel und Großvater von Carl Joseph von Effner, der u.a. die Maximiliansanlagen geplant hat.

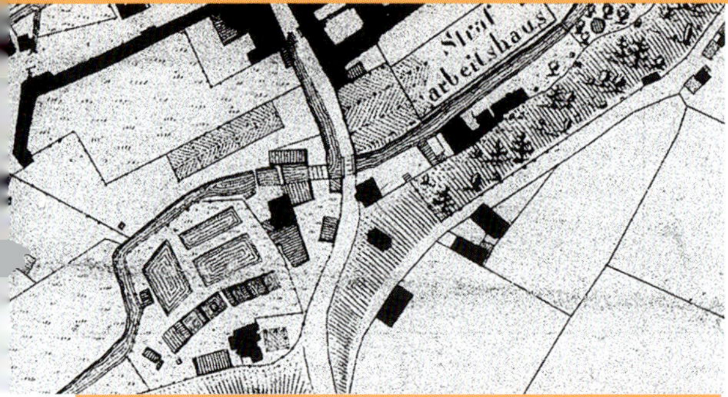

3.13 Untergiesinger Hoffischerei

Zur Versorgung der fürstlichen Hoftafel wurden in der Au zwei Hoffischereien eingerichtet. Auf der südlichen Seite der Auffahrt zum Giesinger Berg befand sich die Untergiesinger Hoffischerei, deren Gelände von Herzog Albrecht V. schon Mitte des 16. Jahrhunderts erworben worden war. Auch hier gab es mehrere Fischbecken, zuletzt fünf: der *Haslweiher*, der *Lange-* und der *Augustinerweiher*, das *Kleine Weiherl* und ein *Fischweiher* mit einer kleinen Insel und einem Sommerhäuschen darauf. Dazu ein Fischhaus für Forellen, mehrere Krebshütten und Schildkrötengruben. Verantwortlich für die Betreuung der Fischzucht war ein Hoffischer, der mehrere Fischknechte beaufsichtigte, die für das Ausfischen sorgten, die Weiherbecken reinigten und v.a. im Winter die Weiher eisfrei halten mussten. Zum Ausgraben und Reinigen der Becken wurden aber auch die Einwohner der Au und der Falkenau im Rahmen von Scharwerksdiensten herangezogen, die dafür natürlich wenig Begeisterung aufbringen konnten. Auch die Fischfuhren von einer Anlage zur anderen, zu den Residenzen und nach außerhalb waren meist Scharwerksdienste. Mit dem Niedergang der Schlossanlage Neudeck gerieten auch die aufwändig zu erhaltenden Fischereien mehr und mehr in Verfall, eine Erhöhung der heutigen Ohlmüllerstraße 1794 erschwerte den Baubestand. 1805 wurden sie schließlich aufgelöst. Die Untergiesinger Fischerei kam in Privatbesitz, die Weiher wurden zu einem größeren See zusammengeschlossen, auf dem Gelände entstand später eine Bettfedernfabrik.

3.14 Ferdinand´sche Hoffischerei

Die sogen. Ferdinand´sche Hoffischerei lag unmittelbar innerhalb der herzoglichen Gartenanlagen am Neudeck und umfasste ähnlich der Untergiesinger Fischerei mehrere Becken für die Aufzucht der Fische und die Bereithaltung der edleren Fischsorten: Forellen, Äschen, Saiblinge.
Im Mai 1586 hatte Herzog Ferdinand die *Neudecker Weiher* erworben, aufgrund seiner eher desolaten finanziellen Situation aber wieder an seinen Stallmeister Wilhelm Leb verkauft, der sie 1611 wieder an Herzog Wilhelm V. zurückgab. Mitte des 17. Jahrhunderts kam die Neudecker Hoffischerei an Maximilian Philipp Hieronymus, den zweitgeborenen Sohn des Kurfürsten Maximilian I. und nach seinem Tod 1705 an den regierenden Fürsten Max Emanuel. Das Gelände wurde schließlich der Strafarbeitshaus-Verwaltung im Juli 1805 übergeben, im ehemaligen Fischerhaus wurde eine Wohnung eingerichtet.

Krebse und Schildkröten

Einige Becken der Ferdinandschen Hoffischerei waren direkt in den Isarhang eingebaut zur Aufzucht von Krebsen und Schildkröten. Im Winter wurden an die 1.000 Schildkröten in den Kellern der Hoffischerei im Sand gehalten, die aus Österreich und Ungarn bezogen wurden. Entscheidend war die Versorgung der Anlage mit sauberem Grundwasser aus dem Isarhang, bei geringem Wasseranfall war der Fischbestand gefährdet. Das aus dem Hang austretende Quellwasser versorgte die Becken, abgeleitet wurde das Wasser in den Auer Mühlbach.

Fischen im Stadtbach

Das Fischen in den Stadtbächen und der Isar war seit 1516 bis ins 19. Jh. durch eine Landesordnung geregelt, zur Aufzucht der Edelfische für den fürstlichen Bedarf waren die Stadtfischer zur Abgabe von Speisefischen verpflichtet. *Wildern mit der Angel* wurde mit Zuchthaus bestraft, wobei man besonders die Burschen in der Au und in Giesing im Auge hatte.

3.15 Falkenhof in der Au

Wichtiger Bestandteil der fürstlichen Freizeitgestaltung war die Jagd auf Hirsche und Rotwild und die Falknerei. Schloss Neudeck, das Sommerschlösschen der bayerischen Herzöge war Ausgangspunkt für die adeligen Jagdausflüge am Isarufer und nach Grünwald. Als Sitz für die Aufzucht und Unterkunft der Vögel begründete Herzog Albrecht IV. (1493–1550) die Hofmark Falkenau, ein eigener Aumeister betreute den Falkenhof.

Mangelnde Versorgungsmöglichkeiten in der Zeit des Spanischen Erbfolgekriegs und mehrfache Überschwemmungen des Falkenhofs führten zu großen Verlusten im Bestand der Raubvögel, daher ließ Kurfürst Max Emanuel nach seiner Rückkehr aus dem Exil 1714 ein neues Falkenhaus vor dem Neuhauser Tor errichten.

Der Auer Falkenhof (etwa am Ort der Falkenstraße 36) wurde mit dem zugehörigen Gelände an den Besitzer des Grundstücks, das für die neue Falknerei vorgesehen war verkauft, an den Hofkammerrat Johann Georg von Messerer. Neben dem Falkenhof gehörten dazu zwei Falkner- und Tagwerkshäusl und ein halbes Tagwerk Grund samt Schankgerechtigkeiten. Die Falkenau wurde zu einem eigenen *Sitz*. Messerer kaufte noch weiteren Grund dazu, u.a. die Riegermühle. In einem Neubau richtete er eine Tafernwirtschaft ein.

Durch die nachfolgenden Besitzer, u.a. die Familie Kern wurde der Sitz Falkenau erheblich erweitert, um 1791 gehörten 80 Häuser mit 300 Familien dazu. Streit gab es mit dem Hofbankier Franz Anton von Pilgram, der einen Teil der Grundstücke erworben hatte, v.a. hinsichtlich des formalen und rechtlichen Status eines Edelsitzes, den er Pilgramsheim nannte. Nach mehreren weiteren Besitzern kamen Teile des Anwesen zu Ignaz Mayer, der hier eine Lederfabrik aufbaute, die nach 1824 von seinen Schwägern Arnold und Simon von Eichthal weitergeführt wurde: die Lederfabrik Giesing.

Den Falkenhof kaufte 1798 ein Michael Weiynbeck, der seine Tafernwirtschaft *Zum silbernen Falken* nannte.

1886 erwarb die Pschorrbrauerei die Gastwirtschaft und errichtete 1904 einen Neubau, der im Zweiten Weltkrieg zerstört wurde. Heute erinnern an den Falkenhof in der Au nur noch der Name der Falkenstraße und das italienische Lokal *il falco*.

Falknerei

Höhepunkt der fürstlichen Jagden war die Falknerei, dazu wurden Raubvögel wie Falken, Habichte und Sperber abgerichtet. Die freien Isarauen im heutigen Untergiesing und der Au bildeten dafür gute Voraussetzungen, das Falkenbächl, eine Ableitung des Auer Mühlbachs, durchzog das Gelände.

Ein Falkenhaus gab es in München bis 1590 beim Alten Hof neben dem heute noch bestehenden Zerwirkbau, der für das Zerlegen der bei der Jagd erlegten Tiere gebraucht wurde. Nicht weit entfernt davon stand der Falkenturm, (in der Nähe der heutigen Falkenturmstraße), in dem Vögel gehalten und Gerätschaften zur Falknerei und Dressur der Vögel aufbewahrt wurden. Nach 1500 wurde der Falkenturm zum Gefängnis.

Grünes Haus, 1905

3.16 Ein vergessenes Schloss

Nach der Säkularisation wurde das Grüne Haus mit den anderen Gebäuden der ehemaligen Porzellanfabrik an den Sohn des Neudecker Wirts, Kaspar Mareis verkauft, der die Räume als Wohnungen vermietete, im Erdgeschoß war lange Zeit ein Milchladen. Als um 1900 der Auer Mühlbach aus Verkehrsgründen überdeckt werden sollte, kaufte die Stadt das ehemalige Gartenschlösschen der Wittelsbacher, dessen vornehme Nutzung längst vergessen war und ließ es 1905 abreissen.

Das Innere der Klosterkirche mit einer marmorierte Mittelstütze in Form einer Palme

3.17 Eine Kirche für den frommen Herzog

Im westlichen Teil der Gartenanlage zwischen den Seitenarmen des Auer Mühlbachs ließ Wilhelm V., der Bauherr der Michaelskirche und des Jesuitenkollegs, ab 1621 eine Kirche zu Ehren des Hl. Karl Borromäus errichten, wobei ein erheblicher Teil der Finanzierung durch Kirchenkontributionen in den Rentämtern München, Landshut, Burghausen und Straubing eingezogen wurde. Nur zwei Jahre nachdem der Grundstein gesetzt worden war, konnte die Kirche am 29. Oktober 1623 eingeweiht werden. Baumeister war der bedeutende Künstler Hans Krumper.

Das benachbarte Grundstück erwarb man im Auftrag Herzog Wilhelms V. für ein Pfarrhaus. Für 1.000 Gulden baute man noch einen überdeckten Gang vom herzoglichen Schloss, dem Grünen Haus, entlang der Fischteiche bis zur neuen Kirche als Sichtschutz für die vornehmen Fürsten.

Eine Pfarrei für die Au

Schwierigkeiten gab es jedoch bei dem Vorhaben, eine neue Pfarrei in der Au einzurichten, die von der Bogenhausener Pfarrei abgeteilt werden musste. Gegen eine Abtrennung der seelsorgerischen Aufgaben für „viele tausend Seelen“ gab es keine Einwände, umsomehr jedoch gegen eine Trennung der Einnahmen der Pfarrei Bogenhausen. Schließlich wurden wie für den Kirchenbau, auch für die finanzielle Basis der Pfarrei Geldmittel aus den Kirchenstiftungen der vier Rentämter abgezogen. Herzog Wilhelm V., der Initiator, und sein Sohn, inzwischen Kurfürst Maximilian I. stifteten noch eigene Gelder, nun aber nicht mehr für den Aufbau einer Pfarrei, sondern für die Einrichtung eines Klosters.

Die Basilianer

Als besonders geeignet wurden dem Herzog Mönche des Basilianerordens empfohlen, ein erster Pater, Hilarion, war bereits angekommen, zwei von ihnen sollten mit Empfehlung des Papstes aus Rom anreisen, wobei einer schon vor dem Ziel wieder umkehrte, weil man ihm „von Deutschland übel nachgeredet“ hätte. Am 20. Mai 1624 kam auch Pater Basilius endlich an und brachte neben einer Reliquie eines Holzsplitters des heiligen Kreuzes auch umfassende Vollmachten für die Mönche und ihren neuen Besitz, womit sowohl der Einfluss des Herzogs aber auch aller Anderen verhindert würde und eine seelsorgerische Betreuung der Au nicht möglich gewesen wäre – das war dem Stifter dann doch zuviel. Die – nur griechisch sprechenden – Basilianermönche erfüllten nicht die hohen und frommen Erwartungen, die man in sie gesetzt hatte, von einer Ordensregel konnte keine Rede sein. Die Patres übernachteten auch auswärts im Wirtshaus, von „Hurerei, unziemlichem Saufen, gotteslästerlichem Fluchen und dergleichen Übel mehr“ ist die Rede, die sich selbst überlassenen Novizen „gingen statt in den Chor in den Keller, besoffen sich und trieben noch viel, viel schlimmere Dinge“, schreibt Freudenberger – und Pater Hilarion spricht von „res venereas“. Im Oktober 1624 wurden sie wieder entlassen und nach Rom zurückgeschickt: „Große Bestürzung in Rom“. Aber auf einen weiteren Versuch mit den Basilianern wollte sich Herzog Wilhelm nicht mehr einlassen. Zunächst wurde die Neudecker Pfarrerstelle mit dem ehem. Dechanten von Wasserburg besetzt: Dr. Georg Hannemann, auch wegen seiner Verdienste um die Klostergründung.

Paulanermönche

Aus dem Burgund reisten schließlich im November 1627 zehn Paulanermönche an, die im Priesterhaus der Karl-Borromäus-Kirche untergebracht wurden. Die Mönche des Bettelordens ernährten sich nur von Brot, Gemüse, *Kräutelwerk* und Fischen, die Finanzierung war gesichert durch ein Schenkungskapital des Kurfürsten, Sachlieferungen und Spenden. Der kurfürstliche Hof lieferte vorerst Lebensmittel und allerhand Gerät samt dem Mobiliar. Für die fleischlos lebenden Mönche wurden 1628 noch weitere Gemüse-Gärten südlich der heutigen Ohlmüllerstraße angekauft. Das Kloster übergeben wurde ihnen am 4. Februar 1629. Da der kurfürstliche Hof nun weit größere Aufwändungen als geplant für die Gründung des Klosters unternommen hatte, legte man den Mönchen nahe, den Kurfürsten künftig nicht mehr zu „molestieren“, also zu belästigen.

Stuckdecke

Die Klosterkirche der Paulaner wurde nach der Auflösung des Klosters profaniert, diente verschiedenen Zwecken und wurde 1902 abgebrochen. Erhalten hat sich aber eine Abformung der stuckierten Decke nach dem Entwurf von Hans Krumper. Die Decke ist heute Teil eines Ausstellungsraums im Bayerischen Nationalmuseum, der dem Barock gewidmet ist.

3.18 Klosterbrauerei der Paulaner

In kurzer Zeit hatten sich die Paulanermönche einen guten Ruf sowohl in der Au als auch in München erworben und erhielten Spenden, mehrere Stiftungen, Immobilien und Erbschaften. Durch das Vermächtnis der Bierbrauerswitwe Lerchl fiel den Paulanermönchen 1633 eine Brauwirtschaft an der Neuhausergasse im Hackenviertel zu, die es ihnen ermöglichte, Bier für den Eigenbedarf zu brauen. Zum Aufbau eines größeren Klosters und ihrer Selbstversorgung erhielten die Paulaner weitere Grundstücke und Gebäude in der Nachbarschaft, ab 1660 konnten der Konvent und die Wirtschaftsgebäude neu errichtet werden.

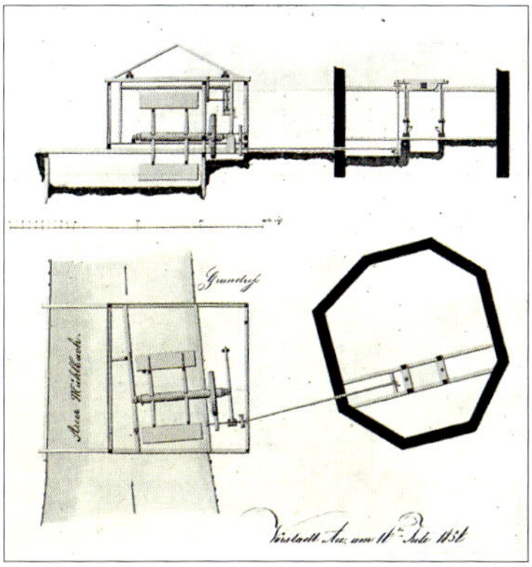

3.19 Brunnhaus am Neudeck

Um das Gelände besser mit Wasser zu versorgen und die herzogliche Gartenanlage mit einem Wassergraben zu schützen, ließ Wilhelm V. den Auer Mühlbach um die Gartenanlage herum leiten, ein zusätzlicher Seitenkanal (später Zacherl- und Strafhauskanal) versorgte die zugehörigen Fischweiher und ermöglichte das erforderliche Ablassen der Becken. Zur Versorgung der Fischweiher und Brunnen im Neudecker Garten ließ das Herzogshaus 1586 ein eigenes Brunnhaus am Auer Mühlbach bauen, das mit Hilfe des Bachwassers Quellwasser aus dem Isarhang förderte, aber auch einen großen Anteil an Frischwasser über Leitungen, die sogen. Deicheln in die Altstadt beförderte. Am Rindermarkt hatte Herzog Ferdinand, der Bruder des regierenden Herzogs seine Residenz mit einem Lustgarten, dessen Brunnen über den heute noch bestehenden *Löwenturm* mit dem Auer Wasser versorgt wurden.

An die Auer Bürger wurde das Wasser aus dem Neudecker Brunnhaus erst ab 1808 abgegeben, als man die erste Wasserleitung der Au anlegte und damit neun öffentliche Brunnen und 20 private Brunnen bediente.

Quellfassung an der neugestalteten Anlage an Stelle des Brunnhauses

3 Neudeck Paulanerkloster

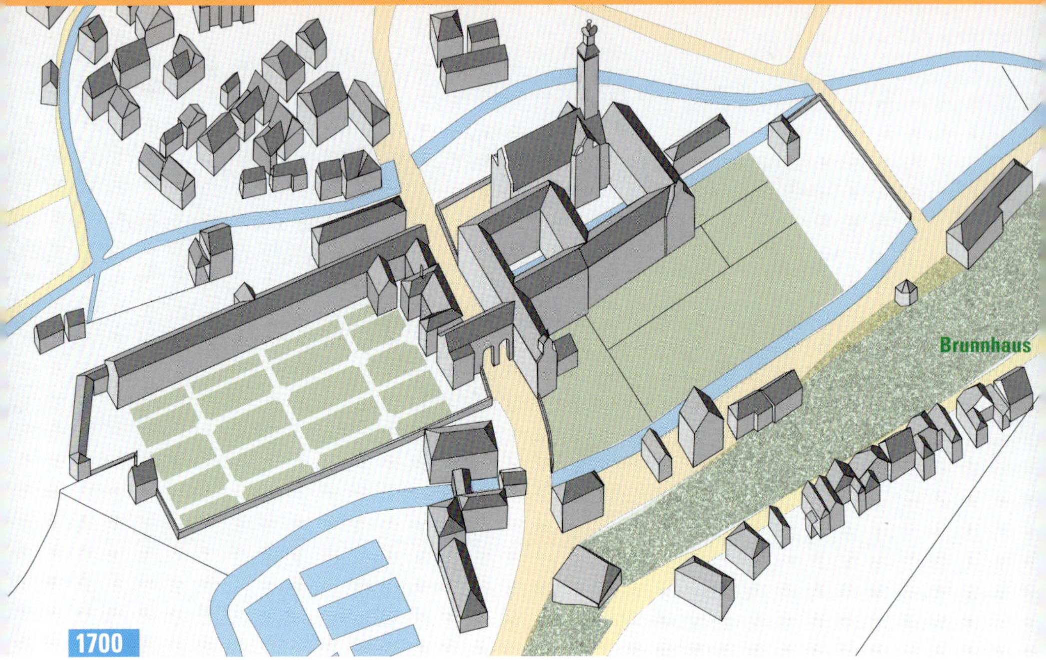

Bier für den Kurfürsten

Auch als Ergänzung zum strengen Fastengebot brauten die Paulanermönche seit 1651 ein spezielles Starkbier, zunächst nur für ihre eigenen Bedürfnisse. Trotz der Widerstände der Münchner Brauer gelang es ihnen, das Bier auch an die Auer Bevölkerung und Ausflügler aus München auszuschenken.

Geschickt nutzten die Mönche zur Bewilligung die jährliche Bewirtung des Kurfürsten mit dem ihm gewidmeten St. Vaterbier zum Fest des Ordensstifters. Die Tradition des beliebten Starkbieranstichs im Salvatorkeller geht auf dieses Fest zurück.

Seelsorge in der Au

Die Paulanermönche engagierten sich v.a. in der Seelsorge für die Auer und versuchten gleichzeitig energisch keine „Konkurrenz" in unmittelbarer Nähe entstehen zu lassen, wie die Frauenkloster Lilienberg und Liliental.

Als der herzogliche Hofbedienstete Sebastian Rothon eine wundertätige Muttergottesstatue aus Paris in die Au brachte und den Bau einer Kapelle gelobte, wehrten sich die Paulaner heftig dagegen, dass die neue Gnadenkapelle an die Jesuiten vergeben würde und sorgten dafür, dass das Gnadenbild in ihre Hände kam. Sie unterstützten den Bau der ersten Mariahilfkirche, kümmerten sich um die entstehende Wallfahrt und begründeten eine hochangesehene und damit lukrative Rosenkranz-Bruderschaft.

Das Fest zu Ehren des Ordensstifters

Jedes Jahr feierten sie am 2. April das Fest ihres Ordensstifters Franz von Paula mit einem großen Aufwand. Zum Hochamt kam regelmäßig der Kurfürst mit dem gesamten Hofstaat, der Einzug der Fürsten und ihres Gefolges durch die Au wurde mit größtem Aufwand inszeniert, mit Ehrenpforten, Pauken und Trompeten, Schulmädchen streuten Blumen, die Bürgerwehr stand Parade. Seit 1627 folgte der kirchlichen Feier eine *Ausspeisung* und ein opulenter Ausschank des Salvatorbieres an die Hofschranzen: der Beginn des heute noch dem Landesherrn kredenzten Starkbieres samt pompöser Inszenierung der hohen und höchsten Damen und Herren.

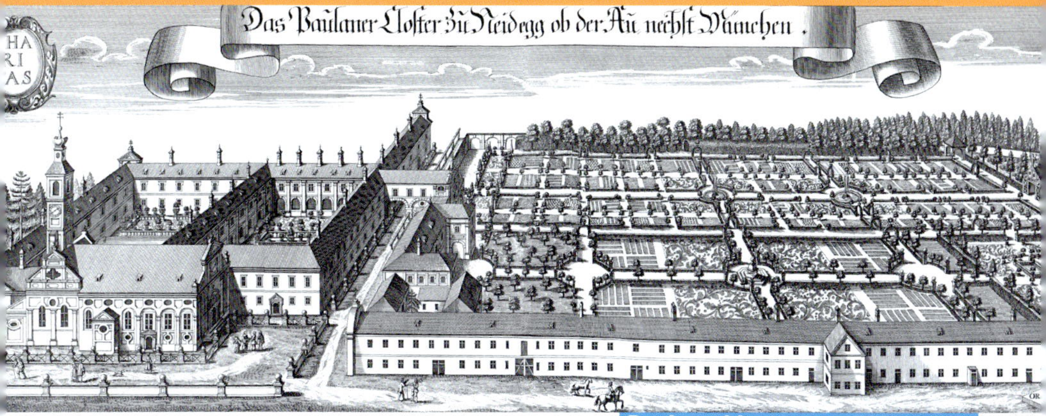

Paulanerkloster um 1700

Der Stich von Michael Wening zeigt den gesamten Neubau der Klosteranlage. Sie wird geteilt durch die heutige Ohlmüllerstraße, links der Konvent der Mönche, im Vordergrund die Kirche St. Karl Borromäus, heute Standort des Landratsamtes, rechts der große Klostergarten mit Nebengebäuden, in denen die Brauerei untergebracht war. Nach hinten schließt der Hang an.

3.19 Klosterausbau

Neben den zahlreichen Stiftungen erhielten die Paulaner immer wieder Zuweisungen des kurfürstlichen Hofs, besonders in der Zeit des Kurfürsten Ferdinand Maria, dessen italienische Gattin Adelaide sich auch dafür einsetzte, dass die Mönche ein weit größeres Kloster als ihre bisherigen Räumlichkeiten bauen konnten. Ferdinand Maria überließ ihnen im April 1668 Grundstücke zwischen der Klosterkirche und dem ehemaligen Lusthaus am Auer Mühlbach für einen Neubau, allerdings mit der Einschränkung, keine Fenster zum fürstlichen Bau hin anzulegen. Die Aufenthalte des kurfürstlichen Hofs in Neudeck waren aber ohnehin schon sehr viel seltener geworden – 1664 hatte der Kurfürst seiner anspruchsvollen Gattin Adelaide einen ersten Schloss-Bau in Nymphenburg geschenkt als Dank für die Geburt des Kronprinzen Max Emanuel. Damit kam das Neudecker Schloss mit seinen Gärten aus der Mode.

Noch im Herbst 1668 begannen die Klosterbrüder mit dem Neubau, Ziegel lieferte der *Rämelsdorfer Ziegelstadel*, Kalk bezogen sie aus Grünwald. Wer der Baumeister der Klosteranlage um zwei Höfe war, ist nicht bekannt, möglicherweise Wenzeslaus Gebhard, der damalige *Corrector* des Klosters. Bis zu 36 Paulanermönche lebten im Konvent. Der aus der Au stammende Paulanermönch Josef Schwaiger fertigte die Ausmalungen im Speisesaal der Mönche und in den Klostergängen, von denen einige bei Restaurierungen vor kurzem wiederhergestellt wurden. Michael Wening hat diese Bilder im Auftrag des Klosters in Kupfer gestochen.

Paulanerbier

Als bedeutende Einnahmequelle entwickelte sich die Bierproduktion. Zunächst zwar nur gedacht zur eigenen Versorgung – fast Hauptnahrung – neben den einfachen Fischen und Mehlspeisen ohne Eier, Milch und Butter gab es v.a. braunes Bier. Aber am Festtag des Ordenspatrons schenkten die Paulaner auch an alle Gäste aus und schließlich über das ganze Jahr. Darüber beklagten sich natürlich die Auer Wirte und Brauer und nicht nur die in der Au. Und obwohl man den Paulanern hohe Geldstrafen androhte, scherten sie sich nicht darum. Im Gegenteil, sie gaben ihr Bier noch billiger ab als die Konkurrenz und schenkten besser ein – die Paulanermass hatte 5 Quartel.

Misswirtschaft

Trotz aller Zuwendungen und Erbschaften und trotz eines einträglichen Bräuhauses – „die Paulaner brachten es auf keinen grünen Zweig" schreibt Freudenberger. „Sie hatten kein wirtschaftliches Talent". Eine der Ursachen war, dass der jeweilige Obere, der *Correktor* nur für ein Jahr abwechselnd gewählt wurde, viele der Korrektoren kamen aus dem Burgund und sprachen kein Deutsch, lange blieb das Kloster abhängig vom Provinzial.
Es kam zu Streitigkeiten der Klosterbrüder mit den Vorgesetzten. Noch dazu hatte einer der Korrektoren das Geld der Klosterkasse (4.000 Gulden) in der Lotterie verspielt. 1797 drohten hohe Abgaben für die Kriegskasse des Kurfürsten. Schließlich baten die Paulaner selbst um die Aufhebung.

Ende des Klosters

Dem wirtschaftlichen Niedergang seit 1796 folgte 1799 die Auflösung des Paulanerklosters, die Gebäude wurden u. a. als Militärlazarett, die Kirche als Heumagazin genutzt und ab 1807 als Strafarbeitshaus, das in den ehemaligen Klostergebäuden eingerichtet wurde. Die Karl-Borromäus-Kirche wurde 1901/02 abgerissen.

3.20 Porzellanmanufaktur im Grünen Haus

Die Wasserkraft des Auer Mühlbachs war ausschlaggebend für die Standortwahl einer Porzellanfabrik in den ehemaligen Gebäuden des Neudecker Gartenschlösschens. Nach dem Vorbild der Porzellanmanufaktur in Meißen, die der sächsische Kurfürst August der Starke hatte einrichten lassen, versuchten auch andere Fürsten in Europa lukrative Betriebe aufzubauen – eine eigene Porzellanfabrik gehörte quasi zum guten Ton eines Fürstenhauses. Größtes Problem dabei war das *Arkanum*, das Geheimnis der Porzellanherstellung, das Böttger in Meißen erfunden hatte und das dort mit allen Mitteln bewacht wurde.

Kurfürst Max III. Joseph begründete die Manufaktur 1747 im ehemaligen Lustschloss Neudeck. Zunächst mussten die Baulichkeiten vorbereitet werden. Ein Auer Hafnermeister namens Franz Ignaz Niedermayer nahm die Dinge in die Hand: den Bau eines Brennofens und den Umbau des Grünen Hauses – es wurden Zwischendecken eingezogen, um Platz zu schaffen für Dreh- und Modellierstuben, Malerwerkstätten und Büros. Als Trockenraum und Lager wurden zwei neue Häuser gebaut, v.a. war auch ein hoher Zaun um die ganze Anlage notwendig, um ungestört und geheim arbeiten zu können.
Der Auer Mühlbach betrieb die Pochwerke, die Mal- und Glasurmühlen und die Töpferscheiben, Brennholz konnte über die Isartrift und den Auer Mühlbach bis zum Produktionsgebäude getriftet werden.

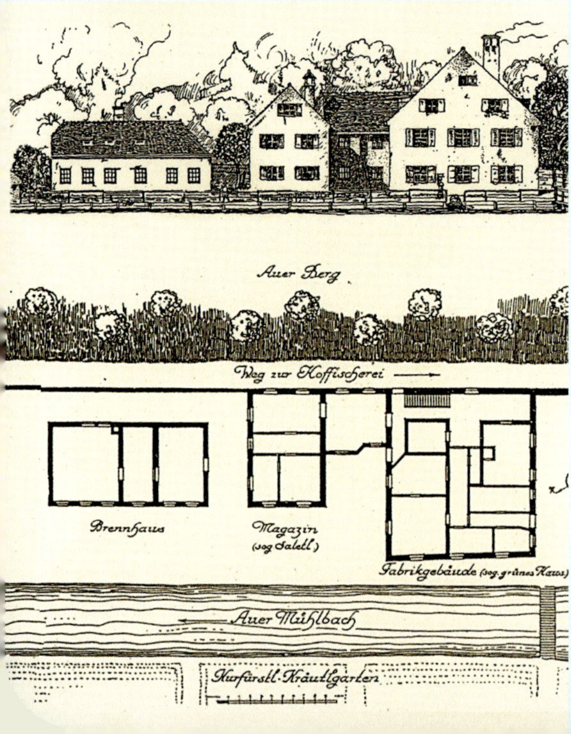

Anfangsschwierigkeiten

Mit Johann Lippisch fand man einen tüchtigen Brenner. Im November 1747 fuhr Lippisch mit 150 Gulden auf dem Ordinari-Floß nach Obernzell bei Passau, um Porzellanerde (Kaolin) zu beschaffen, aber das Floß zerschellte an der Landauer Isarbrücke, Lippisch konnte nicht mehr aufgefunden werden ebensowenig die 150 Gulden, also schickte man als nächsten den *Possierer* Theophil Schreiber, der 17 Tage unterwegs war und die wertvolle *Passauer Erde* nach Neudeck brachte. Mit erheblichem Aufwand mussten verschiedene andere Erden aus mehreren Orten in die Au geschafft werden.

1747 begann man mit der Produktion, aber die Ergebnisse waren weit entfernt von der Qualität eines Porzellans. Man versuchte verschiedene andere Erden aus Wolfratshausen und Schrobenhausen: das Ergebnis war simple Hafnerware, Einnahmen konnten über Jahre keine erzielt werden, der Kurfürst war schon im Begriff, das Unternehmen zu beenden. Schließlich übernahm Graf Sigmund von Haimhausen die Leitung, ein hervorragend gebildeter und weitgereister Mann, der 1751 Leiter der eben erst eingerichteten Bergverwaltung wurde. Haimhausen organisierte den Neudecker Betrieb vollkommen neu und versuchte mithilfe seiner guten Verbindungen zu Handelsunternehmen, Adelshäusern und eigenen Anwerbern Fachkräfte aus bereits bestehenden Manufakturen abzuwerben – ein durchaus übliches Mittel, wobei man sich eher nach Wien orientierte in der Hoffnung, katholische Arbeitskräfte zu gewinnen.

Industriespionage

Für die Aufbereitung der Porzellanmasse brauchte man einen Spezialisten. Schließlich gewann man einen erfahrenen Kenner: Joseph Jakob Ringler aus Straßburg, der bereits in Wien, in Hoechst und in Frankenthal Porzellanfabriken eingerichtet hatte, ein sogenannter *Keramik-Vagant*. Ringler war sich seines Wertes durchaus bewusst, das *Arkanum*, die Mischungsverhältnisse der Rohmaterialien trug er immer bei sich, für jeden Brand fertigte er selbst die Masse an und verkaufte sie jeweils an die Fabrik. Als Honorar erhielt er pro Woche fünf Gulden, damals immerhin der Wert einer Kuh.
Und für jede Massemischung berechnete er noch einmal je zweieinhalb Gulden. Dem Ringler beigegeben wurde „in schicklicher Weise" der *Bergwerksverweser* und Chemiker Johann Paul Hartel und, so schreibt Freudenberger: „das war schlau". Denn Ringler hat wohl manchmal etwas über den verständlichen Durst getrunken und dabei haben die Arbeiter sich über seine Notizen hergemacht. Ringler blieb kaum ein Jahr, bis er von einem württembergischen Headhunter nach Memmingen und Ellwangen abgeworben wurde – lange genug, dass auch die *Porzellan-Fabrikanten* in der Au das nötige Wissen hatten, um echtes Porzellan herstellen zu können.

Nach den Anfangsschwierigkeiten arbeiteten schließlich ca. 30 Personen und der Modellmeister Joseph Ponhauser. Mit Stolz konnte endlich der Initiator, Kurfürst Maximilian III. seinem Onkel, dem Kölner Erzbischof Klemens August im März 1755 die bayerische Porzellanproduktion vorführen. Erste Erfolge konnten mit einem Tafelschmuck erzielt werden, der für die Vermählung der Schwester des regierenden Fürsten, Maria Anna Josepha Augusta mit dem Markgrafen Ludwig von Baden hergestellt wurde: ein Rokokogarten mit zahlreichen Figuren, Postamenten, Hecken und Baumpyramiden, der heute im Bayerischen Nationalmuseum zu bewundern ist, wie viele Produkte der Manufaktur.

Künstlerischer Höhepunkt

Ihren künstlerischen Höhepunkt erreichte die Porzellanmanufaktur in der Au mit dem Tessiner Bildhauer Franz Anton Bustelli, der seit 1754 hier tätig war. Er gestaltete über 150 Figuren: einfache Arbeiter, Fischer, Marktfrauen, Käsehändler, aber auch Figuren der Commedia dell` Arte, Liebespaare, Putten als ovidische Götter – sie wurden zu Spitzenprodukten des Rokoko und zum Wahrzeichen der Porzellanmanufaktur weit über die Neudecker Zeit hinaus. Außerdem entstanden in Neudeck die ersten großen Geschirre, die ebenfalls stilprägend für die Manufaktur wurden.

Die Porzellanmanufaktur blieb nicht lange im Schloss Neudeck. Aufgrund von Streitigkeiten mit den Paulanermönchen war eine Erweiterung der Produktions- und Lagerstätten nicht möglich. 1761 erhielt die Manufaktur neue Fabrikationsanlagen am nördlichen Schlossrondell in Nymphenburg, in denen sie auch heute noch betrieben wird, in der Regel mit dem Wasser der Würm im Nymphenburg-Biederstein-Kanal.

Zacherlbrauerei und Eiswerke (links)

3.21 Zacherlbrauerei

Nach der Auflösung des Klosters ging die Brauerei in staatliche Verwaltung über – der Braubetrieb war ja der einträglichste Teil des Klosterkomplexes und das Bier der Paulaner stand nach wie vor in einem guten Ruf, v.a. auch dank des alten Braumeisters der Paulaner, Pater Barnabas Still, der auch das schließlich *Auer Hofbräuhaus* genannte Unternehmen weiter führte. 1803 ging die Brauerei bei einer Versteigerung an das Malteser-Priorat, das aber die baufälligen Gebäude weiter verpachtete an Franz Xaver Zacherl, damals bereits Besitzer des Hallerbräus.

Sudhaus der Zacherlbrauerei

Franz Xaver Zacherl (1772–1849)

1813 kaufte Zacherl schließlich den Betrieb für 13.000 Gulden *„mit allen übrigen Pertinenzien, wie solches Alles verkaufseits bisher besessen"*. Zacherl war ein fortschrittlicher und durchsetzungsfähiger Unternehmer, als erster in Bayern führte er den Dampfbetrieb in seiner Brauerei ein. Die eigentlich ungenehmigte Weiterführung der jährlichen Starkbierfeste im Brauereigebäude an der Ohlmüllerstraße blieb lange Streitpunkt zwischen der staatlichen Verwaltung und dem Brauereibesitzer, erst 1837 erhielt Zacherl eine offizielle Erlaubnis. Mit dem Ausbau der Brauereigebäude südlich der Ohlmüllerstraße wurde der Biergarten zu einem der beliebtesten Ausflugsziele vor der Stadt.

Peter Jacob Horemans: Hochzeit im Neudecker Garten 1747

3.22 Neudecker Garten

Die Stellen der Hofgärtner waren nicht sonderlich gut dotiert, daher gestattete Kurfürst Ferdinand Maria um 1677 dem Hofgärtner Johann Georg Preitenbach auf der Wiese neben dem Gärtnerhaus den Bierausschank, es häuften sich aber bald Klagen der kurfürstlichen Baudirektion und der Paulanermönche über Lärm und Geschrei der Zecher und über deren Tanzen, Kegelscheiben und Scheibenschießen – Preitenbach wurde ermahnt, der Ausschank zeitlich beschränkt. Schließlich überließ man ihm 1690 das Hofgärtnerhaus ganz einschließlich der Einnahmen des Bierausschanks, er musste dafür den gesamten Unterhalt des Neudecker Hofgartens, der Gebäude und des Brunnhauses übernehmen. Auch als der Hof die Gebäude wieder selbst verwaltete, betrieben die Hofgärtner die *Bierzäpflerei*, bis die Wirtschaft 1755 an die Paulaner ging. Nach der Auflösung des Klosters wurden Hofgärtnerhaus und Garten für 8.000 Gulden an den Wirtssohn Kaspar Mareis (+ 1841) verkauft, der aus dem Neudecker Garten eine beliebte und – auch von Münchnern – gern besuchte Gastwirtschaft mit einer Schießstätte machte. 1905 wurden die alten Gebäude abgerissen und durch Neubauten ersetzt, die im Zweiten Weltkrieg völlig zerstört wurden. Wie Adolph von Schaden in seiner Beschreibung der Stadt München aufführt, fand am Dienstag nach dem Kirchweihsonntag der *Betteltanz* statt und er mokierte sich darüber, dass sich die Auer Bettler dazu auch noch verkleiden wollten. Dann musste man den Neudecker Garten meiden, zu jeder anderen Zeit aber war der Garten auch von „sehr honoriger Gesellschaft aus München" besucht und man wurde „im Schatten hundertjähriger Bäume mit trefflichen Forellen und Krebsen bedient", die in den ehemals fürstlichen Becken gehalten wurden. Oberhalb des Neudecker Gartens war Ende der 1830er Jahre auch eine Badeanstalt: das Lehmaier´sche Mineralbad.

Neudecker Garten 1904

Betteltanz

Kirchweih war in Bayern ein beliebtes Fest im Jahr, weil am *Kirta* am Abend oft bis in den frühen Morgen getanzt werden durfte. Am Nachkirchweihtag wurde in vielen Orten der *Betteltanz* abgehalten, dann wurden die Burschen von den Madl´n eingeladen und auch freigehalten, oder wie von Schaden schreibt: *„die Chapeaus von ihren Damen regaliert"*.

3 **Neudeck** Auer Mühlbach

Abdeckung …

Im Zusammenhang mit dem Ausbau der Hochstraße und der Regulierung der Nockherberg-Auffahrt um 1900 wurde auch die Verkehrssituation vom Mariahilfplatz zum Nockherberg neu gestaltet. Die Stadt hatte sich beim Verkauf des Grundstücks, auf dem die Impfanstalt errichtet wurde verpflichtet, eine Straßenverbindung bis dorthin herzustellen (zeitweise war auch eine Fortführung der Strecke bis in die Hochau geplant). Zum Anschluss an den Nockherberg, auch als Anfahrt für Amtsgericht und Gefängnis wurde der Abschnitt des Auer Mühlbachs von der Impfanstalt bis zur Ohlmüllerstraße in einen Betonkanal verlegt und mit einer Decke für den Straßenaufbau geschlossen.

Der überbaute Auer Mühlbachs in den 1950er Ja

… und Öffnung des Auer Mühlbachs

Der Bachverlauf des Auer Mühlbachs *Am Neudeck* ist das erste ausgeführte Projekt einer Wiederöffnung der Stadtbäche. Vorausgegangen waren Anregungen von Mitgliedern des Stadtrats und vor allem konkrete Vorschläge von Karl Klühspieß und dem Münchner Forum, die überbauten Bäche wieder zu öffnen, bzw. die in den 1960er Jahren aufgelassenen Bäche wieder zu beleben. Ein verändertes Bewusstsein zum ökologischen Wert der Bäche in der Stadt war dafür die Voraussetzung. Das überdeckelte Teilstück des Auer Mühlbachs nördlich der Auffahrt zum Nockherberg war seit 1992 für den Straßenverkehr nicht mehr funktionsfähig. Im November 1999 beschloss der Bauauschuss des Stadtrats die Öffnung des Auer Mühlbachs *Am Neudeck* zusammen mit der Erneuerung der Straßenbrücke Ohlmüllerstraße/Am Nockherberg.

Um eine naturnahe, stadtökologisch wertvolle Gestaltung zu ermöglichen, verschob man das Bachbett um ca. 8 m Richtung Hang; zur Straßenseite erhielt der Bachlauf eine begrünte Mauer. Die Anlage wurde von den Architekten Will und Valena und den Landschaftsarchitekten Mahl-Gebhard gestaltet.

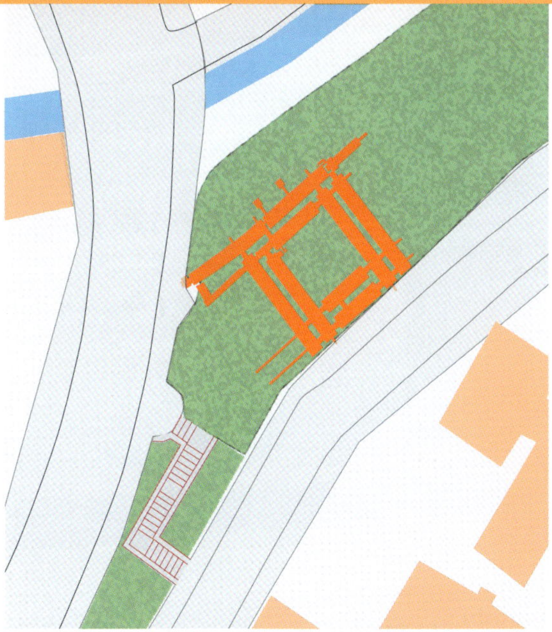

3.24 Bunker

Für den Betrieb der Paulanerbrauerei wurden im 19. Jh. unterhalb der Hochstraße Lagerkeller mit mehreren Räumen in den Hang eingebaut, eine Zufahrt war von der Straße *Am Nockherberg* her möglich. Die Stollendecken liegen ca. 10 m unter der Hochstraße. Bereits vor Beginn des Zweiten Weltkriegs befand sich in den bombensicheren Räumen die Befehlszentrale der Münchner Luftschutzleitung, später auch Dienststellen des Polizeipräsidiums, der Stadtverwaltung und anderer Organisationen. In den Jahren 1943/44 wurden Teile der Anlage zu einem öffentlichen Luftschutzbunker ausgebaut. Bei einem Luftangriff englischer Flugzeuge am 7./8. Oktober 1943 flüchteten ca. 800 Bürger in den noch unfertigen Schutzraum, es entstand eine Massenpanik, bei der acht Menschen zu Tode kamen. Heute werden die Räume u. a. vom Polizeisportverein mit einer Schießanlage genutzt.

Blumenbank

Im Zusammenhang mit dem Neubau der Straßenbrücke und der Öffnung des Auer Mühlbachs *Am Neudeck* wurde im März 2001 ein Kunstwettbewerb ausgeschrieben, als dessen Ergebnis ein Entwurf des Künstlers Olaf Nicolai *Blumenbank am Mühlbachufer* ausgewählt wurde. Auf den „furnierten" Zugangsbauten des ehemaligen Bunkers sollten überdimensionale Pflanzkübel mit Kirschbäumen installiert werden.
Das Projekt wurde vom Bezirksausschuss Au-Haidhausen und einer Einwohnerversammlung 2002 leider abgelehnt.

Vorschlag zur Blumenbank am Mühlbachufer von Olaf Nicolai

3.25 Zentral-Impfanstalt

Pocken (oder Blattern) waren seit Jahrtausenden bekannt, sie wurden vor ca. 2000 Jahren nach Deutschland eingeschleppt und lösten im 18. Jahrhundert die Pest als schlimmste Infektionskrankheit ab. Pro Jahr wurde in Deutschland um 1830 mit mehr als 70.000 Toten gerechnet. Auch Kurfürst Max III. Joseph starb 1777 an den Blattern. Immer wieder kam es zu schwerwiegenden Pocken-Epidemien, 1799 starben in München mehrere tausend Menschen.

Edward Jenner, ein englischer Landarzt aus Berkeley machte um 1786 die Erfahrung, dass sich Melker zwar an Kuhpocken ansteckten, diese Krankheit aber überwanden und dann auch gegen Menschenpocken immun waren. Ab 1790 führte er erste regelmäßige Impfungen durch. 1798 publizierte Jenner seine Forschungen. Er gilt als Erfinder der modernen Schutzimpfung gegen Pocken.

Dr. Franz Seraph Giel, führte als erster erfolgreiche Impfungen in München durch, 1802 bereits über 200, einschließlich der Kinder des bayerischen Kurfürsten, den Zwillings-Prinzessinen Amalie Auguste und Elisabeth Ludovika. Als 1804 in Haidhausen und der Vorstadt Au die Blattern ausbrachen, impfte Giel hier erfolgreich an die 350 *Individuen*, im gleichen Jahr wurde er vom Kurfürsten zum Impfarzt in Bayern ernannt. Die Landgerichte, Pfarrer, Ärzte, Hebammen und Schulllehrer in Bayern wurden von der Notwendigkeit der Schutzimpfung benachrichtigt und sollten bei der skeptischen Bevölkerung dafür eintreten. Im August 1807 führte das Königreich Bayern als erstes Land überhaupt ein Gesetz zur Schutzimpfung von Kindern ein. Vorbehalte und Verweigerungen der Landbevölkerung versuchte man mit Impfgeschenken und Strafen bei Nichteinhalten entgegenzuwirken. Innerhalb von 28 Jahren wurden mehr als 1,2 Millionen Impfungen vorgenommen, Serum mit dem Vakzine-Virus wurde auch nach auswärts versandt.

Die zentrale Impfanstalt im Königreich Bayern wurde in der Au eingerichtet und zwar auf dem Rest-Grundstück des Zimmermeisters Ertl, das beim Erwerb durch die Armen Schulschwestern nicht verkauft worden war. Das Gebäude diente zum Einen der Versorgung Bayerns (und auswärtiger Orte) mit Impfstoff, zum Anderen wurden hier die Erstimpfungen im Stadtbezirk München durchgeführt. Das Hauptgebäude enthielt die Verwaltung, Warte- und Behandlungsräume für die Impflinge, in einem eigenen Impfstall standen die zur Gewinnung der Lymphe erforderlichen Jungrinder, in einem getrennt liegenden Bau, dem Kontumazstall, die gerade eingekauften Jungstiere zur Beobachtung und ein Labor-Gebäude enthielt Räume zur Vorbereitung der Lymphe als Voraussetzung für die Fertigung des Impfstoffs.

Edward Jenner

Der englische Arzt Edward Jenner (1749–1823) hatte 1796 als erster erfolgreich einen Jungen mit Kuhpocken geimpft als Schutz vor Pocken.

Das heute noch bestehende Gebäude der Zantralimpfanstalt wurde in den Jahren 1903/04 nach Plänen von Hermann Buchert durch das Landbauamt errichtet und steht unter Denkmalschutz. Von Buchert stammt auch u.a. die Lehrerbildungsanstalt in Pasing, die Erweiterung der Schwabinger Kirche St. Sylvester und die Kirche St. Korbinian am Gotzinger Platz in Untersendling.

Die Zentrale Impfanstalt, später die Bayerische Landesimpfanstalt hatte ihren Sitz hier bis zu ihrer Auflösung 1983. Zur Zeit ist hier die Polizeiinspektion 21 untergebracht, ein geplanter Umbau in Wohnungen lässt auf sich warten. Die Pocken sind jedenfalls offiziell heute ausgestorben.

3.26 Spießmühle und Eisfabrik

An dieser Stelle bestand ein Mühle, die Leonhard Spieß 1437 vom Klarissinnenkloster erworben hatte. 1880 wurde die Mühle mit ihren Wasserrechten von der Mühlbesitzerswitwe Walburga Wagenmüller durch die 1879 gegründete Wiesbadener Gesellschaft für Lindes Eismaschinen erworben, die hier ihre vierte Eisfabrik einrichtete. Bis 1881 wurde eine Wasserturbine eingebaut, die vom Auer Mühlbach angetrieben wurde und mit einem Ammoniak-Verdichter 80 Tonnen Blockeis am Tag produzieren konnte. Nach der Zerstörung im Zweiten Weltkrieg wurde das Gebäude der Eisfabrik bis 1946 wieder aufgebaut und bis 1971 betrieben. Die Anlage steht seit 1980 unter Denkmalschutz und wurde im Jahr 2000 von der Paulanerbrauerei grundlegend renoviert. Die Anlage kann noch mit dem Wasser des Auer Mühlbachs angetrieben werden, eine Eisherstellung ist nicht mehr möglich. Die Eismaschine, 1891 von der Maschinenfabrik Augsburg produziert, gehört zu den ältesten erhaltenen Kältemaschinen. Das historische Maschinenhaus wird heute für besondere Anlässe der Brauerei genutzt und soll in die Planungen im Zusammenhang mit dem Neubau der zentralen Verwaltung der Paulanerbrauerei einbezogen werden.

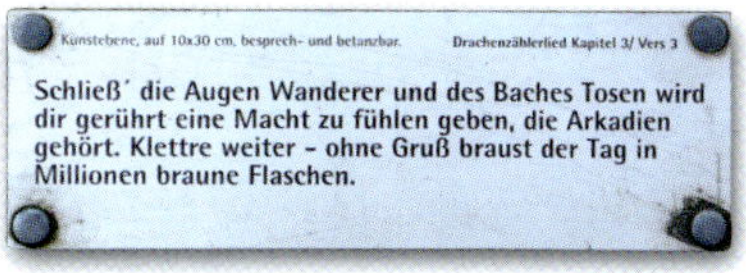

Mit dem Projekt: *Das Drachenzähler einmaleins: Obsession, Verplanung und neue KunstORTe* wurden zur Bundesgartenschau 2005 an 49 Stellen in der Stadt *Neue kunsterlaubte Orte* installiert, einer auch am Auer Mühlbach.

3.27 Brauerei im Eiswerk

Die Mikro-Brauerei mit einer *Ausschlagmenge* von 1,2 Hektoliter wurde 2011 in der ehemaligen *Braumeistervilla* neben dem Eiswerk in Betrieb genommen und dient zum einen als Experimentalbrauerei für die Paulanerbrauerei und stellt zum anderen hochwertige Spezialbiere her mit besonderen Hopfensorten, Herstellungstechniken und speziellen Lagerungen. Es gibt zeitweise einen Direktverkauf, *Bierdegustationen* und Bierbraukurse.

3 Neudeck Gefängnis

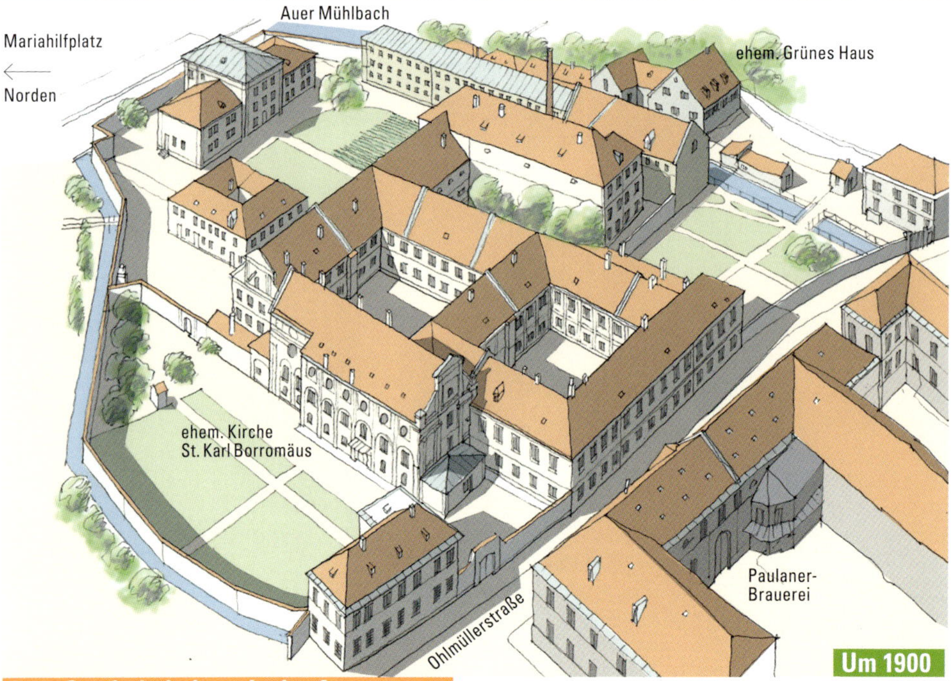

3.28 Strafarbeitshaus in der Au

Noch vor der allgemeinen Säkularisierung der bayerischen Klöster zu Beginn des 19. Jahrhunderts wurde 1799 das Paulanerkloster aufgehoben und in seinen Baulichkeiten 1807 die *Criminal-Strafanstalt* untergebracht. Bis dahin gab es ein kurfürstliches Zuchthaus (Correctionshaus) am Einlass, das städtische Gefängnis im heutigen Alten Rathaus (bis 1826), auch in einigen Türmen der mittelalterlichen Stadtbefestigung wurden Verbrecher eingesperrt. Vorteilhaft für den Betrieb der *Besserungsanstalt* in der Au war vor allem die Lage am Auer Mühlbach und seinen Abzweigungen aus hygienischen und wirtschaftlichen Gründen. Mit der Wasserkraft konnten Werkstätten betrieben werden, die ein wichtiger Bestandteil des fortschrittlicheren Strafvollzugs waren. Neben einer Tuchmacherei und einer Färberei gab es Schneider- und Schuhmacherwerkstätten, die im Wesentlichen für das bayerische Militär arbeiteten.

Vor allem aufgrund der geschickten Anstaltsführung durch den ersten *Kommissar*, Johann Baptist Freiherr von Weveld, wurde das Zuchthaus am Auer Mühlbach zur wirtschaftlich florierenden Musteranstalt. Die Haftbedingungen für die hier eingeschlossenen Schwerverbrecher blieben allerdings hart, die Häftlinge waren an Ketten und 30 Pfund schwere Eisenkugeln angeschmiedet.

Justizvollzugsanstalt

Nach 1900 verlegte man die Häftlinge nach Straubing und errichtete das Gefängnis in den Jahren 1902 bis 1904 neu. Auch der spätere bayerische Ministerpräsident Kurt Eisner verbüßte nach der Beteiligung am Januarstreik 1918 eine mehrmonatige Gefängnisstrafe in Neudeck. Während der NS-Zeit waren hier politische Gefangene in Schutzhaft u.a. die Landtagsabgeordnete und spätere Stadträtin Rosa Aschenbrenner und Mitglieder der weißen Rose: Kurt Huber und Alexander Schmorell, die 1943 in der Haftanstalt Stadelheim hingerichtet wurden. Die heute noch bestehenden Gefängnisgebäude gehen zurück auf einen Neubau von 1904 und wurden bis 2009 als Frauen- und Jugendgefängnis genutzt, insgesamt befanden sich hier 124 Haftplätze.

Amtsgericht 1904

3.29 Amtsgericht

Die Gebäude des Amtsgerichts München stehen im Wesentlichen auf dem Gelände des ehemaligen Paulanerklosters in der Au. Nach der Auflassung des Klosters wurde in den Räumen eine Kaserne und ein königliches Strafarbeitshaus eingerichtet, auf dem Grundstück direkt am Mariahilfplatz entstand 1830 das Rathaus der Stadt Au (im Bild oben am rechten unteren Bildrand), in dem nach der Eingemeindung 1854 das Amtsgericht untergebracht wurde. In den Jahren 1902–04 entstand ein neues, größeres Amtsgebäude nach Plänen des Baurats Friedrich Adelung unter Mitarbeit von Franz Branschowsky für das Amtsgericht München I und II und mehrere Dienstwohnungen. Der viergeschoßige Baukörper ist malerisch durch Risalite mit neobarocken Giebelformen gegliedert und sollte mit seiner Fassadengestaltung an das frühere Paulanerkloster erinnern, der Treppenturm im Innenhof erhielt einen Dachaufsatz in der Form der ehemaligen Klosterkirche Karl Borromäus. Die Nutzung als Gerichtsgebäude blieb bis 1955 erhalten, im folgenden Jahr zog hier das Landratsamt München ein, das bis dahin am Lilienberg untergebracht war.

„Der gute Richter der Au"

So beschrieb der Anarchist Erich Mühsam in seiner Zeitschrift *Kain* einen der Richter am Amtsgericht in der Au, den Oberlandesgerichtsrat Wilhelm Mayer, „den man allgemein den Vergleichs-Mayer" nannte, weil er versuchte jeden Prozess als Vergleich enden zu lassen. Mühsam war beeindruckt von der theatralischen Inszenierung der vielen literarischen Beleidigungs-Prozesse des Vergleichs-Mayers, von seinen rhetorischen Fähigkeiten, geistreichen Anmerkungen und seinem menschlichen Einfühlungsvermögen, er nannte ihn einen „charaktervollen und bedeutenden Mann". Bedeutende Prozesse fanden im Sitzungssaal V im oberen Stockwerk des Amtsgerichts unter seiner Leitung statt, u.a. der Prozess von Max Halbe gegen den Schriftsteller Friedrich Freksa (1908) wegen einer Besprechung eines Buchs von Josef Ruederer, der Beleidigungsprozess Maximilian Hardens gegen einen Zentrumsredakteur im Zusammenhang mit dem Harden-Eulenburg-Skandal und der Beleidigungs-Prozess, den der Afrikaforscher und Kolonialist Carl Peters im Sommer 1907 gegen den sozialdemokratischen Redakteur Martin Gruber anstrengte (und gewann). Der Münchner Stadtrat hat i.Ü. im Juni 2000 die frühere Karl-Peters-Straße in Ida-Pfeiffer-Straße umbenannt. Der „gute Richter" Wilhelm Mayer hat außerdem 1925 unter dem Pseudonym Wilhelm Herbert mit dem österreichischen Karikaturisten Carl Storch eine Parodie, eigentlich eher eine Kopie auf die Lausbubenstreiche von Max und Moritz herausgegeben: *Maus und Molli*, eine Mädchengeschichte.

3.29 Landratsamt München

Bis 1955 hatte das Landratsamt seinen Sitz am Lilienberg, danach übernahm es die Räume des ehemaligen Amtsgerichts, das in die neu erbaute Maxburg umzog. 1981–91 erhielt das Amt Erweiterungsbauten südwestlich der Altbauten nach einem überarbeiteten Wettbewerbsentwurf der Architekten Bauer/Kurz/Rauch/Stockburger. Damit verbunden war auch eine Renovierung der noch erhaltenen Klosterbauten zur Ohlmüllerstraße hin, die ebenfalls seitdem vom Landratsamt genutzt werden. Die zum größten Teil übermalten Wandmalereien in den Fluren aus dem 17. Jahrhundert wurden freigelegt, gesichert und teilweise restauriert. Das Architekturbüro wurde dafür von der Landeshauptstadt München mit dem Preis *Denkmalschutz und neues Bauen* ausgezeichnet.

Im Hauptgebäude in der Au und fünf Nebenstellen sind heute über 1.000 Mitarbeiter im Landratsamt beschäftigt, hier tagt der Kreisrat, Landrat ist seit der Kommunalwahl 2014 Christoph Göbel als Nachfolger der Landrätin Johanna Rumschöttel.

In den renovierten Gängen der ehemaligen Klosteranlage zur Ohlmüllerstraße hin werden in einer kleinen Ausstellung wichtige Daten zur Geschichte des Hauses präsentiert.

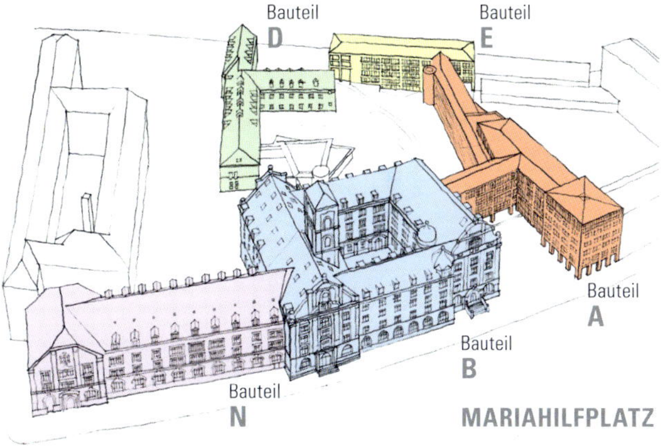

3 **Mariahilfplatz** Auer Dulten

Otto von Ruppert, Die Auer Dult 1873

Märkte in München

Entscheidendes Kriterium für die Gründung einer Stadt und ihre wirtschaftliche Entwicklung war die Abhaltung von Fernhandels-Märkten, die zunächst nur vom deutschen Kaiser zugestanden wurden, wie bei der Gründung der Stadt München durch Kaiser Friedrich Barbarossa, der Heinrich dem Löwen 1158 eine Verlegung des ursprünglich freisingischen Marktes bei Oberföhring nach München erlaubte. Neben dem Münchner Fernhandelsmarkt, der *Jakobidult*, gab es viele weitere Märkte: ab der Mitte des 16. Jahrhunderts die *Dreikönigsdult* mit mehreren hundert Händlern, die erst 1877 eingestellt wurde, einen *Nikolausmarkt* seit dem 17. Jahrhundert, aus dem sich der heutige Christkindlmarkt entwickelte, die *Magdalenendult* seit 1647, aus der sich das heute noch im Hirschgarten gefeierte *Magdalenenfest* herleitet und natürlich viele Märkte, die den lokalen Bedarf befriedigten: der Getreidemarkt auf dem Schrannenplatz, heute Marienplatz, später in der Schrannenhalle, eigene Märkte für den Verkauf von Fischen, Eiern, Kräutern, Wein und Salz. Märkte für Rinder, Schweine, Pferde, Vögel und Hunde, die an wechselnden Orten lange mitten in der Stadt stattfanden. Und schließlich Märkte für Heu, Holz (u.a. an der Unteren Floßländ) und Kohlen.

Die älteste Dult der Stadt: Jakobidult

Die drei Dulten auf dem Mariahilfplatz – *Maidult*, *Jakobidult* und *Kirchweihdult* – haben eine lange Tradition. Die älteste der Dulten kann schon um 1310 nachgewiesen werden, allerdings auf der linken Seite der Isar, auf dem Anger, dem heutigen St.-Jakobs-Platz, damals noch außerhalb der Stadtmauern vor der großen Erweiterung im 14. Jahrhundert. Dazu gab es etwa 10 Jahre später vier sogen. *Quatembermärkte* pro Jahr und natürlich Wochenmärkte für den täglichen Bedarf. Der große freie Platz bei der Jakobskirche am Anger war für den Jahrmarkt gut geeignet. Die Dult fand zum St.-Jakobs-Tag am 25. Juli, einem wichtigen Feiertag und jeweils einen Tag davor und danach statt, später wurde sie auch verlängert auf 14 Tage und ab 1870 mit einem Magistratsbeschluss auf acht Tage festgelegt.

Jakobifest am Anger

Das Wort Dult führt vom eigentlichen Anlass des Marktes her, nämlich vom lateinischen *indultum* – Ablass, der den Besuchern des Kirchenfestes zu Ehren des Heiligen Jakob und der zu Dultzeiten hier ausgestellten Reliquien des Andechser Klosters gegeben wurde: den frommen Pilgern wurden die zeitlichen Sündenstrafen ganz oder teilweise erlassen. Vor der Kirche durften nach altem Stadtrecht „chaempe, paternoster, lebzelten, slos, magram und wilde wurtz" (Kämme, Rosenkränze, Lebkuchen, Süßigkeiten, Granatäpfel und Kräuter) verkauft werden. Daraus entwickelte sich schließlich ein Jahrmarkt, der über eine lokale Bedeutung weit hinausging und nicht nur den heimischen Händlern offenstand, sondern v.a. auch den auswärtigen Kaufleuten, die Waren aus ganz Europa anbieten konnten: Pelze, Textilien, Gold- und Silberwaren, Haushaltsartikel und Gewürze. Die jährliche *Jakobidult* erhielt als Handelsmesse besondere Freiheiten verliehen, den Händlern wurde sicheres Geleit zugesagt – kein unbedeutender Aspekt für die Kaufleute im Mittelalter, die oft von weit her kamen und gefährliche Reisen unternehmen mussten.

Zahnbrecher und Wurzenkramer

Aber die *Jakobidult* war auch ein gesellschaftliches Ereignis, nicht nur die auswärtigen und lokalen Händler und die einfachen Bürger, Bauern und Pilger kamen hier zusammen, auch die angesehenen Patrizier besuchten die Dult, wie auch die Fürsten und Adligen, bis zu 60.000 Besucher sollen um 1500 zur Jakobidult gekommen sein. Und geboten wurde neben den Fernhandelswaren auch viel anderes Nützliches und Unterhaltsames von fahrenden Ärzten, Zahnbrechern, Okulisten, Waldmännern, Wurzenkramern, Messerschmieden, Quacksalbern, Pulvermachern, Gauklern, Moritatensängern, Taschenspielern, Fechtern, Seiltänzern, Komödianten und Marionettenspielern, wie der Stadtarchivar Michael Schattenhofer beschreibt.

Die *Jakobidult* blieb über Jahrhunderte auf dem heutigen St.-Jakobs-Platz und dehnte sich mit zunehmender Bedeutung auf benachbarte Straßen aus. 1791 verlegte man sie in die Kaufinger- und Neuhauser Gasse und die heutige Ettstraße, 1801 auf den Promenadeplatz, wenig später auf den Max-Joseph-Platz, nachdem man das dortige Franziskanerkloster abgeräumt hatte, jedenfalls bis der Bau des neuen Nationaltheaters begann. Ab 1822 kam die Dult auf den von den Wallbefestigungen freigeräumten Maximiliansplatz, bis sie ab 1874 auf den Johannisplatz in Haidhausen verlegt wurde und schließlich ab 1905 auf den Mariahilfplatz in der Au.

Tierschau auf der Auer Dult 1927

3.30 Auer Dulten: Maidult und Herbstdult

Die erste Auer Dult im Jahr und die letzte, die *Herbst-* oder *Kirchweihdult* gehen zurück auf ein Dekret des Kurfürsten Karl Theodor. Zu den jährlichen Patronatsfesten der Paulanermönche zu Ehren ihres Ordensgründers Franz von Paula kam in der Regel der Kurfürst samt Gefolge über die Isarbrücke und die Lilienstraße bis zum Kloster Neudeck: ein gewaltiger Aufmarsch inklusive Triumphpforten, geschmückten Häusern, der Auer Bürgerwehr, Kinderchören, Pauken und Trompeten. Im Kloster wurde der Kurfürst bewirtet, u.a. mit dem eigens für diesen Anlass gebrauten Starkbier der Paulaner. Und bei diesem Empfang am 6. Oktober 1796 hat Kurfürst Karl Theodor, damals schon über 70 Jahre alt, in Anwesenheit seiner 20-jährigen Gattin Maria Leopoldine den Vertretern der Auer Bürgerschaft zugestanden, zwei Märkte in der Au abzuhalten: zum ersten Mai und zum Festtag des Heiligen Karl Borromäus, Namenspatron des Kurfürsten, am 4. November, bzw. dem darauffolgendem Sonntag. Tatsächlicher Grund für die Bewilligung der beiden Jahrmärkte inkl. Viehmärkte war eine Unterstützung der Auer Gemeinde zur Behebung der ständigen Hochwasserschäden.

Noch im gleichen Jahr 1796 fand die erste Dult in der Au statt: 49 Händler schlugen Verkaufsstände in der Lilienstraße auf, der Besuch der dreitätigen *Auer Märkte* war zunächst allerdings eher verhalten.

Aber mit den Jahren fanden die Dulten nicht nur bei den Bewohnern der Au Gefallen sondern auch bei den Händlern von auswärts, um 1829 sollen bereits 1.465 *Fieranten* Verkaufsstände betrieben haben.

Im Übrigen hat auch Maria Leopoldina, die geschäftstüchtige Witwe des Kurfürsten Karl Theodor, Stände auf der Auer Dult betrieben. Neben den Trödlern, Schuhmachern, Viktualienhändlern gab es auch Seiltänzer, Musikanten, Bücherverkäufer, Betreiber von Glückshäfen und natürlich Wein- und Bierwirte, Punschbuden und Kochzelte. Die im Jahresverlauf günstig gelegenen Auer Dulten wurden zu einer ernstzunehmenden Konkurrenz für die *Jakobidult*, die auf der städtischen Isarseite abgehalten wurde, v.a. als seit 1832 auch die Reichenbachbrücke als Verbindung in die Au fertig war – die Münchner strömten in Scharen in die Au.

Unpassend für die Großstadt

Als die Au mit Giesing und Haidhausen 1854 endlich zur Stadt München eingemeindet wurde, gab es übers Jahr gesehen insgesamt vier Dulten: die *Auer Dulten* im Mai und im Herbst auf dem Mariahilfplatz und die *Münchner Jakobi-* und *Dreikönigsdult*, die damals auf dem Maximiliansplatz stattfanden. Alle Märkte hatten aber zu dieser Zeit nur noch lokale Bedeutung, die nationalen und internationalen Warenströme liefen immer mehr über andere Wege. Und für viele passten die althergebrachten Dulten nicht mehr zum Bild einer *modernen* Großstadt, zu der sich München bis zur Jahrhundertwende auch entwickelte. Während die Dulten über Jahrhunderte eine wesentliche Bedeutung für das Wirtschaftsleben der Städte hatten, ging schon seit dem 18. Jahrhundert die Bedeutung dieser Jahrmärkte immer mehr zurück. Durch das Ende des Zunftwesens und die Einführung der Gewerbefreiheit waren Beschränkungen für auswärtige Handwerker und Händler aufgehoben, die Dulten waren, so klagte der Magistrat „zu kleinen Märkten für geringwertige Waren herabgesunken". Wesentliche Attraktionen der *Jakobidult* wurden auch vom raschen Aufstieg des Oktoberfests übernommen. Die Großkaufleute der Münchner Innenstadt sahen mehr und mehr eine ungeliebte Konkurrenz in den Vorstadtdulten, während die kleinen Händler, die nicht nur aus der Vorstadt kamen, sondern auch aus dem Innenstadtgebiet um ihr Auskommen fürchteten. Gerade zu den Dulten kurz vor 1900 war die Nachfrage der Fieranten enorm gestiegen: auf der Maidult 1896 gab es 1.300 Verkaufsplätze, also Buden und Einzeltische, sogen. Schragenstände, im Jahr 1889 sogar 1.790 Plätze und im Frühjahr 1900 noch 1.480.

Der Kampf der Auer um die Dulten

Einer generellen Abschaffung der Dulten, wie sie Bürgermeister Johannes von Widenmayer vorschlug, stimmten die Gemeindegremien jedoch nicht zu. Schließlich wurden 1874 die *Jakobidult* und die *Dreikönigsdult* auf den Johannisplatz in Haidhausen verlegt und die *Auer Dulten* 1898 auf den Mariahilfplatz beschränkt, die bisher stattfindenden Viehmärkte fanden ab 1879 weitgehend im neuerbauten Viehmarkt im Schlachthofviertel statt.

1877 stellte man die *Dreikönigsdult* (Winterdult) aufgrund des schlechten Besuchs ganz ein. Als der Magistrat auch die *Jakobidult* aufgeben wollte, formierte sich Protest in der Au. Am 22. Oktober 1903 versammelten sich 300 Bürger, Hausbesitzer und Geschäftsleute der Au im oberen Saal des Radlwirts an der Lilienstraße und ersuchten in ihrer Resolution den Magistrat um die Verlegung der *Jakobidult* auf den Mariahilfplatz. Großes Engagement im Streit um die Dulten zeigten der aus der Au stammende Gemeindebevollmächtigte Konrad Riggauer, der seit 1887 in der Lilienstraße eine Rahmenvergolderei betrieb und seine Kollegen im Magistrat Clemens Pschorr und Otto Bauer. Schließlich wurde die *Jakobidult* zur dritten Auer Dult und fand probeweise 1904 und endgültig ab dem folgenden Jahr ebenfalls auf dem Mariahilfplatz statt.

Der Vergnügungsteil war aus Platzmangel getrennt u.a. auf der Kohleninsel, nach Baubeginn des deutschen Museums 1909 zum Teil auf der gegenüberliegenden Kalkofeninsel und auch am Gebsattelberg.

1906 fand die Auer Dult zu beiden Seiten der Ludwigsbrücke statt

Wenig Begeisterung zeigten jedoch die Lehrer der Mariahilfschule in einem Schreiben an die kgl. Schulkommission: *„Es ist Wieder Dultzeit. Eine Plage für die Auer Lehrer und Lehrerinnen! Das Aufschlagen des ersten Dultstandes bedeutet Abnahme des Fleißes der Schüler. Ist die Dult eröffnet, so kann einem ersprießlichen Arbeiten der Kinder in der Schule nicht mehr entsprochen werden; und daheim – daheim sind die meisten Kinder überhaupt nicht mehr, solange der Tag dauert. So geht es, bis die letzte Bude wieder abgeschlagen ist. Das dauert im ganzen etwa fünf Wochen… Innen beginnt der Unterricht, außen das Geschrei der Händler, und die Gedanken der Kinder bleiben bei den Dultständen und ihren Herrlichkeiten."*

Zitat aus: Martin Reinkowski, Die Au um 1900, Vorstadt zwischen Mittelalter und Moderne.

3 **Mariahilfplatz** Auer Dulten

Die Auer Dult fand noch in den ersten Kriegsjahren des Zweiten Weltkriegs statt, erst 1943 wurden die Dulten eingestellt, bereits ein Jahr nach Kriegsende gab es wieder eine Auer Dult, zunächst einige Jahre in der Blumenstraße aufgrund der Zerstörungen in der Au und schließlich ab 1950 wieder auf dem Mariahilfplatz. Einen Vorgeschmack auf die Unruhen der 1960er Jahre gab es am letzten Tag der *Jakobidult* 1956, als ca. 100 junge Burschen sich weigerten, das Dultgelände zu verlassen und erst durch ein *Überfallkommando* der Polizei auseinandergetrieben werden konnten.

Fieranten und Schausteller

Auch wenn die Auer Dulten um 1900 kurz vor ihrem Ende standen, heute sind sie beliebter denn je. Es gibt heute nur noch etwas über 300 *Standler* und knapp 20 Schausteller, in manchen Jahren konnten es früher auch weit mehr als 1.000 sein. Immer noch gilt der Geschirrmarkt als einer der größten, über 40 Antiquitätenhändler und Buchantiquare haben ihre Stände in den zur Dultzeit eigens benannten Straßen: Kirchengasserl, Herztropfengasse, Münchner-Kindl-Gasse, Raritätengasse, Tandlergasse, Schatzsuchergasse, Karl-Valentin-Gasse, Liesl-Karlstadt-Platz mit dem Geschirrmarkt und dem Rupert-Stöckl-Platz vor dem Haupteingang zur Mariahilfkirche, benannt nach dem 1999 verstorbenen Maler und Münchner Original. Die Neuheitengasse mit Haushaltssensationen und die Ahornallee in Verlängerung der Lilienstraße über die gesamte Breite des Mariahilfplatzes mit Kurzwaren, Trikotagen, Spielzeug, Süßigkeiten, Lederwaren, Kunsthandwerk, Devotionalien, dem besten Nusszopf der Welt, Champagnerkraut und dem weltweit umfangreichsten Sortiment an München-Literatur in der Ahornallee 20 b.

Bester Nusszopf der Stadt

Münchner Bücherstand in der Ahornallee

Info Auer-Dult-Termine

Maidult:
Beginn am Samstag vor dem 1. Mai

Jakobidult:
Beginn am Samstag nach Jakobi (25. Juli)

Kirchweihdult: Beginn am Samstag vor Kirchweih (3. Sonntag im Oktober)

Verkaufszeiten: 10.00 Uhr bis 20.00 Uhr (Herbst/Kirchweihdult: bis 19.00 Uhr)

www.auerdult.de

3 **Mariahilfplatz** Auer Dulten

Ponyreiten

Streit gab es in letzter Zeit eigentlich nur wegen der armen Ponys: Tierschützer kritisierten die Haltung der Ponys und das gesundheitsschädliche Rundrumreiten. Es gäb aber auch Ausweichmöglichkeiten:

Russenschaukel

Das historische Riesenrad wird schon in dritter Generation durch die Schaustellerfamilie Koppenhöfer geführt. In Auftrag gegeben hat den Bau der *Russischen Schaukel* Josef Esterl, ein Schwabinger Schuster mit seiner Frau Walburga, bei der Karusselfabrik Franz Gundelwein in Wutha/Thüringen für 12.500 Reichsmark. 1925 wurde die zerlegbare Konstruktion geliefert und erstmals auf der Auer Dult und auf dem Oktoberfest eingesetzt, bis in die 1960er Jahre das größte mobile Riesenrad in Süddeutschland mit einer Höhe von 14 m und 12 Gondeln. *Russische Schaukeln* wurden bereits im 18. Jahrhundert v.a. in Russland und im Vorderen Orient betrieben. Bis nach Italien und Finnland wurde das zerlegbare Russenrad der Familie Esterl zu Dulten und Volksfesten transportiert, heute werden nur noch die Münchner Feste angefahren, dreimal im Jahr die Auer Dult und das Oktoberfest, wo das bei vielen, v.a. Liebespaaren beliebte Riesenrad einen Stammplatz neben der Krinoline hat.

Aufgrund von Witterungsschäden musste der originale geschnitzte und bemalte Fassadenaufbau 1954 durch eine wetterbeständigere Konstruktion ersetzt werden. Der Anfahrbetrieb hat eine Besonderheit: einen Salzwasseranlasser – eine Wanne, gefüllt mit Wasser und Salz. Mithilfe einer Kurbel werden Elektroden ins Wasser getaucht, je nach Eintauchtiefe regeln sie stufenlos die Geschwindigkeit des 12 PS-Motors. Zu dem erstaunlich flotten Tempo spielt eine historische Konzertorgel der berühmten Orgelbaufirma Wilhelm Bruder aus Waldkirchen im Breisgau, die vor einigen Jahren aufwändig restauriert wurde und auch für Veranstaltungen gebucht werden kann.

3.31 Jägerhäuslgasse und Nockherstraße

Eine der wenigen Stellen, an denen man noch den Charakter der alten Herbergsbebauungen nachvollziehen kann, ist die Nockherstraße, die sich vom Fuß des Nockherbergs an der unteren Hangkante bis zum Kolumbusplatz hinzieht. Früher hieß die Wegeverbindung *Jägerhäuslgasse* nach den *Jägerhäuseln*, Unterkünften für die Jagdbetreuer der bayerischen Kurfürsten, die von ihrem Sommerschlößchen Neudeck zur Jagd bis nach Grünwald aufbrachen. Am nördlichen Ende des Wegs stand die Spiesmühle, Vorgänger der Eisfabrik, heute Paulanerbrauerei bzw. *Brauerei im Eiswerk* und die ehemalige Hoffischerei, am südlichen Ende lag das Hofkrankenhaus, das spätere Irrenhaus am Kolumbusplatz. Etwas westlich, Richtung Auer Mühlbach, der hier vom Hang etwas Abstand hält, lag die Riegermühle und der Falkenhof. Der Bachverlauf war 1697 weiter nach Westen zur Riegermühle hin verlegt worden.

Bis zum Beginn des 19. Jh. blieb das Gebiet weitgehend unbebaut, ab 1813 entstanden jedoch innerhalb kurzer Zeit Dutzende von meist kleinen Herbergsanwesen entlang der Straße, wie der Autor Peter Klimesch meint: „als Folge der Aufwertung der Au als ‚Vorstadt' von 1808 und der beginnenden Isarregulierung" (Peter Klimesch: Drunt in der grünen Au. Die Nockherstraße im Wandel der Zeit, 2014). Möglicherweise steht die Bebauung ab 1813 im Zusammenhang mit dem Isarhochwasser vom selben Jahr und der Notwendigkeit, für dadurch zerstörte Häuser in der Au Ersatzgrundstücke zu beschaffen. Der Baugrund war schlecht, die meist einstöckigen Häuser und v.a. ihre Rückgebäude und wilden Anbauten wurden in den Hang gebaut, der mühsam abgestützt werden musste und aus dem Grundwasser austrat. Eine Umbennung der Straße erfolgte 1875/77 nach dem anliegenden Nockherberg, der wiederum nach einer angesehenen und reichen Münchner Bankierfamilie benannt ist, die ursprünglich aus Hall in Tirol stammte und seit 1789 auf dem heutigen Nockherberg ein Schlösschen besaß.

Peter Klimesch beschreibt in seinem Buch detailliert die einzelnen Gebäude an der Nockherstraße: Auf der Hangseite sind von ca. 25 Häusern aus der Zeit vor 1945 noch 17 erhalten und zeigen trotz zahlreicher Umbauten im Lauf der Jahrhunderte auch heute noch zumindest eine Anmutung der „alten Au". An der nordwestlichen Seite der Nockherstraße lagen schon früh gewerbliche Betriebe: die Spießmühle seit Mitte des 15. Jahrhunderts und direkt an der Auffahrt zum Giesinger Berg eine der Hoffischereien seit der Mitte des 16. Jahrhunderts. Von 1876 bis 1882 bestand auf dem Gelände der ehemaligen Hoffischerei trotz der Proteste der Anwohner eine Weißgerberfabrik, danach war die Bettfedernfabrik *Billigheimer & Einstein* hier untergebracht, die bis zu ihrem Verkauf 1938 der größte Betrieb

Jägerwirt in der Nockherstraße 1906

dieser Art in Deutschland war. Vor der drohenden *Arisierung* durch die Nationalsozialisten wurde das Gelände verkauft, um 1941 bezog die 1933 gegründete Firma Rohde & Schwarz einen Teil der Gebäude. Das Gelände der Bettfedernfabrik wurde zu Beginn der 1950er Jahre an die ursprünglichen Besitzer Billigheimer zurückgegeben, die es an die Firma Kaut Bullinger verkauften. Heute steht auf dem Grundstück ein Bürogebäude.

3.32 Gasthaus zum Jägerwirt

Nockherstraße 32

Nach Georg Freudenberger, dem Auer Arzt und Historiker, geht das *Jägerwirtshäusl* auf das Jahr 1571 und auf eine ehemalige Pulvermühle zurück, die am Auer Mühlbach stand, als dieser hier noch unmittelbar unterhalb der Hangkante floss. Die Wirtschaft lag in der Nähe der Auffahrt zum heutigen Nockherberg, für die zusätzliche Ochsen oder Pferde (die sogen. Vorspanndienste) vom Wirt gegen Entgelt bereitgestellt wurden.

Der Jägerwirt war weit über die Au hinaus berühmt, eher berüchtigt, „wegen der abenteuerlichen Zustände, die dort herrschten", wie Peter Klimesch beschreibt. Das zweigeschoßige Wirtshaus hatte zu ebener Erde, fast schon unterhalb des Straßenniveaus zwei Zechräume mit nur 2,20 m Raumhöhe, Küche, Schank-Keller, Schlachthaus, Stallung und im Obergeschoß einen Tanzsaal und zwei Gästezimmer. Die Wirtschaft wurde bis 1931 betrieben, seit 1927 war sie im Besitz der Löwenbrauerei, 1939 wurden die längst verfallenen Gebäude abgerissen – das Grundstück blieb aber bis Mitte der 1970er Jahre unbebaut, 1977 entstanden hier Mietshäuser.

Literatur zur Nockherstraße und ihrer Bewohner:
Peter Klimesch: Drunt in der grünen Au.
Die Nockherstraße im Wandel der Zeit, 2014

3 Nockherstraße

Gewerbebauten an der Nockherstraße

Während auf der Hangseite der Nockherstraße v.a. Kleinhäuser und Herbergshäuser mit armen Bewohnern standen, entwickelte sich auf der gegenüberliegenden Straßenseite eine ganz andere Welt: Nach 1900 entstanden hier einige große bürgerliche Wohnhäuser, im Sprachgebrauch der *Nockherstraßler*, die *Herrschaftshäuser*. Auf den teils großen Grundstücksflächen entwickelte sich eine bunte Vielzahl an Kleingewerbe: eine Sauerkrautfabrik, Lohnkutschereien und die Kunstschlosserei Nüssel, die heute noch besteht (sh. rechts). Außerdem hielten die Bewohner zur eigenen Versorgung Hühner, Enten, Schweine und Rinder. Es gab auch mehrere Gastwirtschaften: den *Birkhof* (an Stelle der heutigen Nr. 52/54), das Wirtshaus *Zum Posthörnl* (heute Nr. 60) und die *Nockherhalle* heute Nr. 44. Die Gastwirtschaften wurden alle im Zweiten Weltkrieg zerstört, auf den Grundstücken entstanden mehrere eher belanglose Wohnbauten.

Nockherhalle 1905

3.33 Städtischer Brunnen

Am Ende der Taubenstraße steht einer der letzten erhaltenen Trinkwasserbrunnen, die um 1900 überall in der Stadt aufgestellt wurden und an die neue Wasserleitung aus dem Mangfalltal angeschlossen waren. Sie waren Teil der umfangreichen Maßnahmen der Stadt zur Verbesserung der hygienischen Bedingungen.

Heute stehen nur noch sieben dieser Brunnen im öffentlichen Raum. Am Fuß des gusseisernen Brunnens (entworfen vom Stadtbaurat Wilhelm Bertsch und von Prof. Ernst Pfeiffer) gibt es extra für die Zamperl ein *Hundebecken*.

3.34 Kunstschmiede Nüssel

Das Werkstattgebäude in der Nockherstraße 50 wurde vom Großvater des heutigen Firmeninhabers Ludwig Nüssel errichtet, seit 1964 hat die Firma ihren Sitz in der Nockherstraße. Die Schlosserei besteht allerdings bereits seit 1922, als Friedrich Nüssel, Urgroßvater des jetzigen Firmeninhabers in der Landwehrstraße eine Schmiede einrichtete. Nach dem Krieg arbeitete er bis 1967 in seiner Werkstatt am Dreifaltigkeitsplatz.1949 gründete dessen Sohn Fritz Nüssel einen eigenen Betrieb in der Schwanthalerstraße. Kurz darauf heiratete er Marlene Pankofer, die Tochter des in München bekannten Schlossermeisters Heinrich Pankofer.

Erich Fritz Nüssel übernahm 1983 den väterlichen Betrieb. In dieser Zeit wurde neben den Schlosserarbeiten mit verschiedenen Metallen das Arbeitsfeld der Restaurierung immer wichtiger, es wurden zahlreiche Denkmäler, Brunnen und andere Kunstobjekte wiederhergestellt. Die Firma beschäftigte in dieser Zeit durchschnittlich zehn Mitarbeiter und drei Lehrlinge für jedes Ausbildungsjahr. Restauriert wurden von der Firma Nüssel in München u.a. die Quadriga des Siegestors, die Bronzefiguren an der Mariensäule und ein Originalflügel des Friedensengels, der heute im Münchner Stadtmuseum schwebt. Außerdem sammelt die Kunstschlosserei Nüssel schmiedeeiserne Grabkreuze, die auf Wunsch wiederaufbereitet und eingesetzt werden.

2003 übergab Erich Fritz Nüssel den Betrieb an seinen Sohn Ludwig Nüssel, der die bald 100-jährige Familientradition der angesehenen Kunstschlosserei weiterführt.

www.nuessel.de

3.35 Krebsbauernhof

Oben auf dem Isarhang neben der Auffahrt, der Berggasse, Vorläufer der Nockherbergstraße, stand ein großer Bauernhof, der im 12. und 13. Jahrhundert dem Adelsgeschlecht „derer von Giesingen" gehörte. Mitte des 16. Jahrhunderts war der Besitzer ein Hans Lenthüter (Ländhüter) 1567 erhielt ihn der Hoffischer Herzog Albrechts, Niklas Krebs und seine Frau Margaretha als Pächter. Die Besitzer wechselten mehrfach, u.a. hatte der bayerische Herzog Albrecht Sigismund, Fürstbischof von Freising und Regensburg den Krebsbauernhof besessen und der Sohn von Max Emanuel, Klemens August, Erzbischof Köln. Damit gehörte der Hof zeitweise rechtlich zur Hofmark Berg am Laim und so eigentlich zum Kurfürstbistum Köln, nach dessen Auflösung 1801 wieder zum Kürfürstentum Bayern. Erst 1808 wurde er Teil des Landrentamts München, damals betrieb Josef Steingruber den Hof, ab 1812 der Bauer Balthasar Peter, der eine Tochter Steingrubers geheiratet hatte. Die Regulierung der Auffahrt zum Nockherberg 1903/04 erforderte den Abbruch des Krebsbauernhofes,

Krebsbauernhof kurz vor dem Abbruch

die Besitzer Peter wurden abgefunden und konnten sich auf der verbliebenen Fläche an der Hangkante eine respektable Villa bauen, die der Architekt Emanuel von Seidl plante. In weiteren Nebengebäuden des alten Krebsbauernhofes wurde noch bis in die 1920er Jahre Landwirtschaft betrieben.
Die Peter-Villa wurde 1944 zerstört.

3.36 Schmederer-Villa

Franz Xaver Schmederer (1843–1918), ein Sohn von Heinrich Schmederer, einem der beiden Neffen von Franz Xaver Zacherl, dem Paulanerbräu, erbte mit seinen Brauerei-Anteilen auch das vier Tagwerk große Grundstück auf dem Nockherberg. Er ließ sich 1882 vom Architekten Albert Schmid eine Villa im Schweizer Stil errichten. Seine Anteile an der Brauerei hatte er 1886 verkauft. Die prächtige Villa hatte großzügige Balkone und Loggien als vorgesetzte Holzkonstruktionen, mehrere Terrassen und einen Aussichtsturm mit einem herrlichen Blick über die Stadt, auf den gegenüberliegenden Nockherberg und zu den Alpen, jedenfalls bevor nach 1900 größere Wohnbauten auf der Giesinger Hochebene entstanden. Die Innenräume waren mit einer malerischen Vielfalt dekoriert, u.a. gab es einen Rokoko-Salon. Vom Hofgärtendirektor Karl von Effner ließ sich Schmederer schon um 1870 einen *Englischen Garten* anlegen: geschwungene Wege, Grotten, Statuen, ein türkischer Pavillon und ein kleiner See samt Brücke, nachdem die städtische Wasserversorgung aus dem Mangfalltal verfügbar war. Der Park war von der Hangkante durch eine Mauer abgeschlossen, der schmale Weg außerhalb der Mauer hieß *Räubergassl*.

Nach dem Ersten Weltkrieg wurde die Schmederer-Villa 1919 von Rotarmisten besetzt und geplündert und war später für einige Tage Hauptquartier des Freikorps Epp, das an der brutalen Niederschlagung der Münchner Räterepublik beteiligt war.

3.37 Kronevilla und Cowboy-Ranch

Villa und Park wurden von den Nachfahren Franz Xaver Schmederers 1932 an den Zirkusdirektor Carl Krone (1870–1943) verkauft, der die Villa erweitern und ein Restaurant einrichten wollte. 1944 wurde die Villa bei einem Luftangriff zerstört, die letzten Ruinenteile erst 1952 abgebrochen. Die Witwe des Zirkusdirektors, die Raubtierdompteuse Ida Krone, überließ um 1955 den Schmederer-Park dem Münchner Cowboy-Club zur Nutzung. Es entstand aus teils vorhandenen Baracken und mit Hilfe der Paulanerbrauerei eine *Ranch* mit einem Clubraum und dem sorgsam gepflegten *Indianermuseum.* Nach dem Tod von Ida Krone 1957 kaufte die Stadt München das Gelände auf und stellte den Cowboys ein Grundstück an der Zentrallände in Thalkirchen zur Verfügung.
Der Münchner Cowboyclub wurde 1913 von Martin Fromberger und den Brüdern Hermann und Fred Sommer (dem Vater von Sigi Sommer) aus einer Begeisterung für den Wilden Westen gegründet und als Hilfe für eine Auswanderung in die Vereinigten Staaten. Ausgewandert ist i.Ü. seit Vereinsgründung niemand.

3.38 Kronepark

Im Jahr 1958 entstand auf dem Gelände die städtische Grünanlage *Kronepark* mit einem schönen Kinderspielplatz und einem Brunnen, dessen Zuleitung noch auf den Wasseranschluss des kleinen Schmederer-Sees zurückgeht.

3.39 Schmederersteg

Der Schmederersteg, benannt nach der Brauerfamilie Schmederer, gehört zu den wenigen erhaltenen Eisenkonstruktionen der frühen Eisenbahnstrecken. Gebaut wurde er von der Nürnberger Firma Klett & Co. im Jahr 1869. Der genietete Eisenfachwerkträger überführt den Isarhochuferweg über die Bahnstrecke nach Rosenheim.

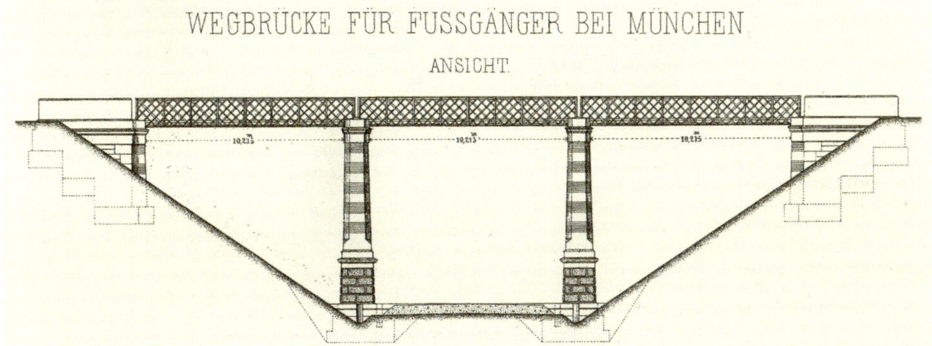

3
Schweigerstraße
Sammtstraße
Am Herrgottseck
Gebsattelstraße
Bereiteranger
Mariahilfstraße
Mariahilfplatz
Mariahilfplatz
Mariahilfplatz
Zeppelinstraße
Ohlmüllerstraße
Asamstraße
Boosstraße
Am Feuerbach
Ackerstraße
Hochstraße
Pöppelstraße
Albanistraße
Falkenstraße
Taubenstraße
Schwalbenstr.
Hochstraße
Regerstraße
Ruhestraße
Hiendlmayerstraße
Nockherstraße
Am Bergsteig
Edelweißstraße
Alpenrosenstraße
Aignerstraße
Alpenplatz
Tegernseer Landstraße
1
2
3
4
5
7
8
8
9
10
11
12
13
100 m
Denkmalgeschützte Bauten

3 Au Mariahilfplatz

Cafés • Bars

1 Solino Caffé
Falkenstraße 17
supernettes Cafe mit vielen Groß- und Kleinoden, die man auch erwerben kann

Café im monaco velo club
Ohlmüllerstr. 7

Carlitos Bar
Ohlmüllerstraße 10

Ravi Café
Falkenstraße 52

Kneipen • Boazn

Bei Schorschi
Ohlmüllerstraße 2

Schwarzer Hahn
Ohlmüllerstraße 8

Essen

Apostel´s Restaurant
Schweigerstr. 10
Junge griechische Küche

Solo Pizza
Bereiteranger 18

Restaurant Keko
Mariahilfstr. 24
Türkisches Restaurant
Gutes Essen – Kein Bauchtanz

2 Österia
Taubenstraße 2
Rahmschwammerl und Backhendl wie in einem Wohnzimmer mit weißem Holzpaneel, roten Tischdecken und Sissi-Foto

3 Zum Alten Kreuz
Falkenstraße 23
bayrisch

Mai Garten
Ohlmüllerstraße 24
Chinesische Spezialitäten

4 Schoberwirt
Ohlmüllerstraße 24

Sesto Senso
Ohlmüllerstraße 12
Holzofen-Pizza

Pavarotti
Bereiteranger 18
Bar Cuccina Pizzeria

Pizzeria „da Mario"
Ohlmüllerstr. 22

Happy Food
Asiatisch
Humboldtstr. 38

5 Henry hat Hunger
Cafe, Kleine Gerichte
Zeppelinstr. 27
supernett

6 Café Hüller
Eduard-Schmid-Str. 8
Erfrischen, Aufwärmen und Beschwingen wollen die Cafetiers u.a. mit Tegernseer und Hopf Weißbier. Wechselnde Ausstellungen.
Ein Traum in der Au

7 Paulaner Garten
Hochstraße 77
Klassisches Wirtshaus & familienfreundlicher Biergarten, dessen Ursprung bis ins 17. Jahrhundert zurückgeht.

Attentat Griechischer Salat
Zugspitzstraße 10
Zeitgemäß interpretierte griechische Küche

Das Edelweiß
Edelweißstraße 10
Speisen von Spätzle bis Curry und Liedermacher-Abende

8 L´angolo dei Sapori
Ecke des Geschmacks
Ohlmüllerstr. 12
Italienische Feinkost
Dolce vita ab 7 Uhr morgens

Lebensmittel

Isarquelle Getränke
Ohlmüllerstraße 2

Sevil Backshop
Ohlmüllerstraße 3

Auryn Biomarkt Naturkost
Ohlmüllerstraße 19

Bäckerei Traublinger
Ohlmüllerstraße 30

3 Au Mariahilfplatz

9 **Kaisers Tengelmann**
Lebensmittel
Zeppelinstr. 25

BäckereiMüller
Schweigerstraße 14

Hofpfisterei
Falkenstraße 2

10 **Ösiwein**
Falkenstraße 29
Weinhandlung

Vinzenzmurr Metzgerei
Tegernseer Landstraße 24

11 **Johann Schnitzler Metzgerei**
Entenbachstraße 2

Döner • Imbiss

Arenz der Imbiss
Ohlmüllerstraße 16

Bosporus
Ohlmüllerstraße 26
Döner, Börek und Falafel

Shopping

Bikedress Store
Ohlmüllerstraße 7

Moba Coffee
Espressomaschinen
Ohlmüllerstr. 18

Radsport Gollwitzer
Regerplatz 4

Pet Stuff

Beute Fuchs
Erste Metzgerei für Hunde und Katzen
Albanistr 14

Gipfelhunde
Ausrüstung für Hunde
Humboldtstr. 5

Specials

Fotografie Holger Weiß
Mariahilfstraße 20

Moba Coffee
Ohlmüllerstraße 18
Kaffeegeschäft

Fahrschule in der Au
Ohlmüllerstr. 40

Conways Recycle Art
Ohlmüllerstr. 40
„glanzvolle Comebacks für alte Möbel"

Blumenhaus Robert Ruf
Tegernseer Landstraße 8

Blumen Hörmann
Tegernseer Landstraße 10
Blumen, Keramik und Geschenke

12 **Polizeiinspektion München 21**
Am Neudeck 1

Apotheken

13 **Mariahilf-Apotheke**
Ohlmüllerstraße 16

Rein & Sauber

Eco-Express Waschsalon
Ohlmüllerstraße 13

Änderungsschneiderei
Ohlmüllerstraße 6

Änderungsschneiderei Vani Safar
Ohlmüllerstr. 18

Bank

Stadtsparkasse Mariahilfplatz
Ohlmüllerstr. 32

Briefkasten

Briefkasten
Mariahilfplatz 22

Briefkasten
Schweigerstr. 10

Briefkasten
Hochstr. 47

Cafe Solino in der Falkenstraße 17

4
Straf arbeitshaus
Unter Giesing

Hochau 1808

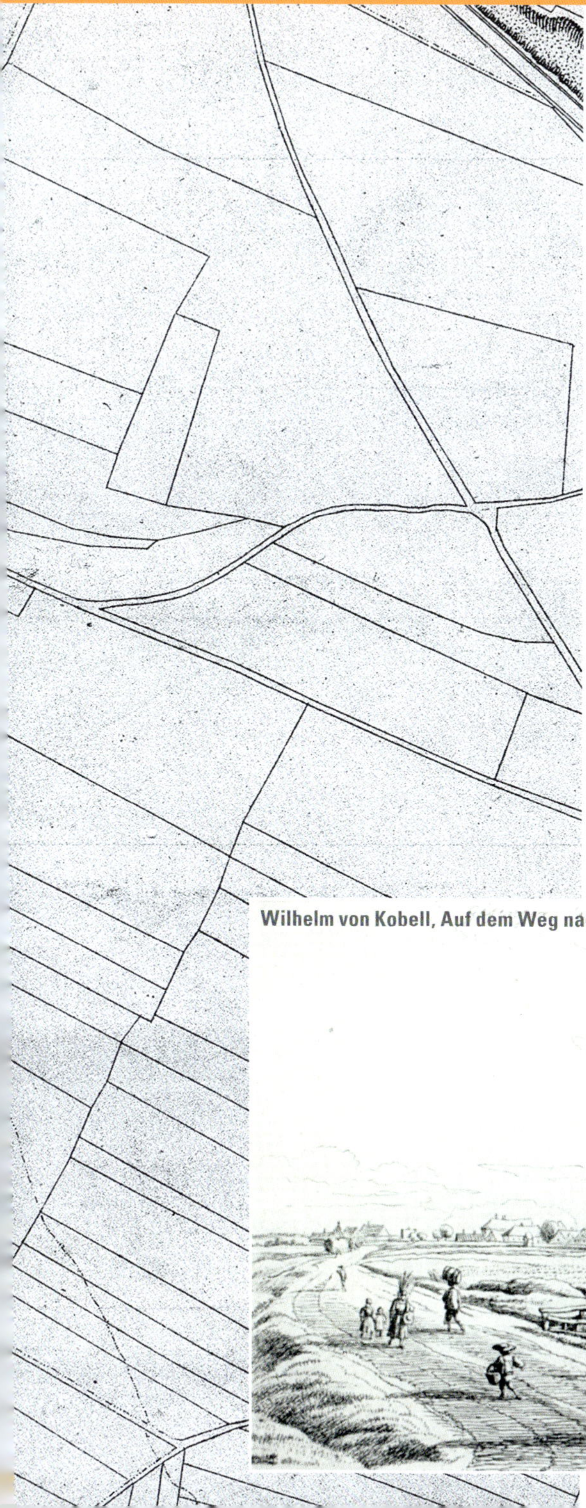

Die Karte links von 1808 zeigt das Gebiet auf der Hochebene zwischen dem Fürstenweg, der heutigen Hochstraße nach Obergiesing und der *Chaussee nach Salzburg*, der heutigen Balanstraße. Bis zur Anlage des Auer Friedhofs 1817 gab es auf der Hochebene nur Felder, der Blick bis Giesing war frei, wie in der Zeichnung von Wilhelm von Kobell, im Bild unten, zu sehen ist. Der Fürstenweg war der Weg nach Grünwald und dem Jagdgebiet der Wittelsbacher, entlang dem Weg reihen sich kleine Herbergshäuser aneinander. 1817 wurde der Begräbnisplatz der Vorstadt Au angelegt und die Ruhestraße als Verbindung vom Nockherberg her. Auch an der heutigen Ackerstraße – damals Feldgasse – standen schon um 1800 einzelne Häuser, bis zur Mitte des 19. Jh. war sie als einzige Querstraße zur Hochstraße beidseitig dicht bebaut.

Ab 1813 ließ der Brauer Franz Xaver Zacherl einen großen Bierkeller für seine gerade erworbene Brauerei des ehemaligen Paulanerklosters bauen, der bis 1826 fertig gestellt war und in den folgenden Jahrzehnten ständig erweitert wurde, das Gebiet um den Krebsbauernhof und den Nockhergarten wurde zunächst als Untergiesing bezeichnet, die Auffahrt von der unteren Au auf die Hochebene auch als Untergiesinger Gasteig, später als Berggasse, heute Am Nockherberg.

Wilhelm von Kobell, Auf dem Weg nach Giesing 1818

4
4.1
4.7
4.2
Mariahilf-Platz
Leist-Str.
Acker-Str.
Pöppel-Str.
Diehl-Str.
VORSTADT A
von München Südbahnhof z. Ost
Oestlicher Fri
530,1
514,4
514,5
529,8
530,8
530,0
515,2
532,6
533,6
533,8
534,8
532,5
532,8
534,0

Hochau 1891

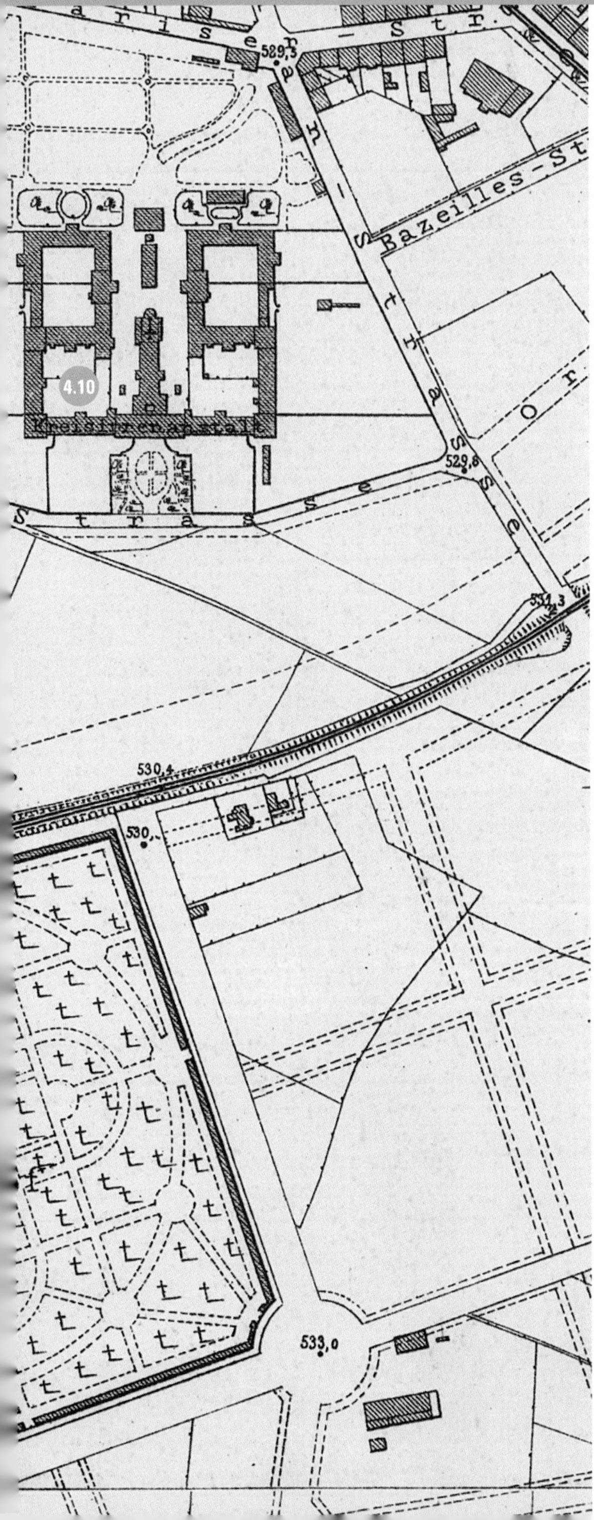

Bis zur Mitte des 19. Jahrhunderts entstanden an der Hochstraße zahlreiche Gärten, u.a. der landwirtschaftliche Betrieb der *Armen-Industrieschule* des Pfarrers Hermann Rabl, auf dessen Grund 1889 das Gebäude des Städtischen Kinderasyls errichtet wurde, das bis heute besteht. 1854 wurden Giesing, die Au und Haidhausen zur Stadt München eingemeindet, damit gehörte das Gebiet, das links in der Karte von 1891 zu sehen ist, ebenfalls zur Stadtgemeinde.

Im Anschluss an den Salvatorkeller entstanden 1877 bis 1889 weitere Lagerkeller der Paulanerbrauerei – Ausgangspunkt für eine stetige Erweiterung der Brauerei bis ins 20. Jahrhundert.

1856–59 wurde vom Bezirk Oberbayern die Kreisirrenanstalt Oberbayern – damals außerhalb der Stadt – in der Hochau errichtet. 1871 entstand die Bahnlinie vom Hauptbahnhof über den Südbahnhof und die Isar (Braunauer Eisenbahnbrücke) zum Ostbahnhof. Für die Auffahrt zur Hochebene musste die Bahntrasse in den Isarhang eingeschnitten werden. Dadurch wurde nicht nur die untere Au durchschnitten, sondern auch die obere. Trotz der Forderungen nach einer Haltestelle im Bereich der Au und Giesings gingen diese Stadtteile leer aus. Nur die Paulanerbrauerei erhielt später ein Industriegleis.

Am oberen Rand der Stadtkarte von 1891 kann man die Bauten der Franziskanerbrauerei erkennen, die ab 1841 ausgebaut wurde, ein erster Bierkeller bestand wohl schon um 1808 an der Hochstraße. Bis 1925 erreichte die Franziskanerbrauerei hier ihre größte Ausdehnung, 1931 wurde der Braubetrieb eingestellt, 1971 wurde auch der Franziskanerkeller abgerissen, an seiner Stelle steht heute eine Wohnanlage.

Der alte Auer Friedhof von 1817 wurde mehrfach erweitert, bis 1891 nach Norden zur Bahnlinie hin nach einem Entwurf von Arnold von Zenetti. In der Stadtkarte links ist die folgende Erweiterung nach einer Planung von Hans Grässel bereits dargestellt, die aber erst ab 1894 bis in die 1930er Jahre ausgeführt wurde.

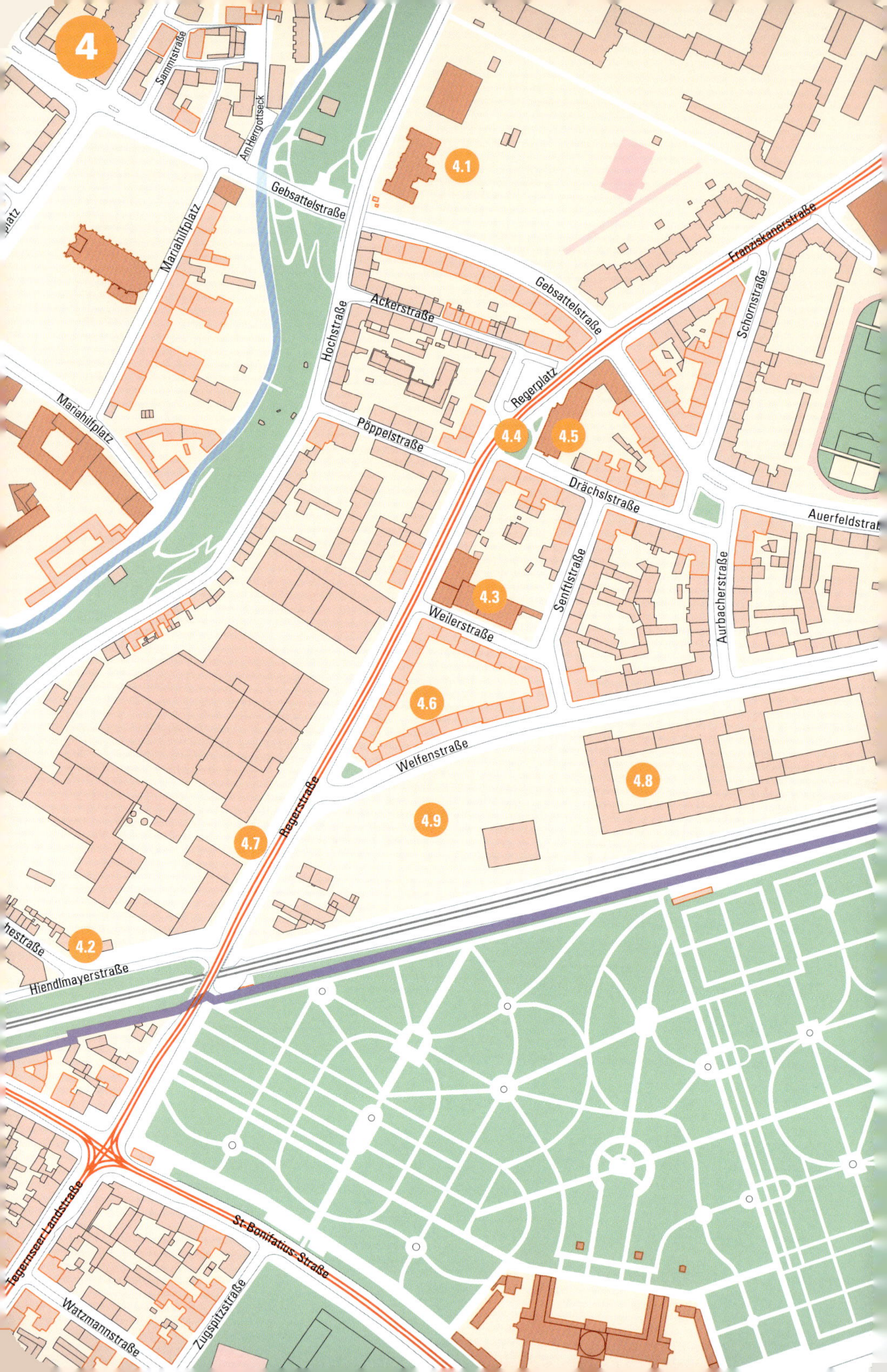
4
Sammtstraße
Am Herrgottseck
Gebsattelstraße
Mariahilfplatz
Hochstraße
Ackerstraße
Gebsattelstraße
Franziskanerstraße
Schornstraße
Regerplatz
Pöppelstraße
Drächslstraße
Auerfeldstraß
Senftlstraße
Aurbacherstraße
Weilerstraße
Welfenstraße
Regerstraße
Hiendlmayerstraße
Tegernseer Landstraße
St.-Bonifatius-Straße
Watzmannstraße
Zugspitzstraße
4.1
4.2
4.3
4.4
4.5
4.6
4.7
4.8
4.9

Hochau 4

Der Verlauf der Reger- und Franziskanerstraße (früher Auer Kirchhof-Straße und Giesinger Weg) und der Balanstraße gehen auf alte Wegeführungen zurück. Auch der größere Teil der Auerfeldstraße war eine alte Querverbindung zwischen der Hochstraße und der Chaussee nach Rosenheim. Weitere Alignements (Baulinien) legte der Stadtbaurat Arnold von Zenetti fest, die auch in der Stadtkarte von 1891 strichliert eingetragen sind, aber nicht ausgeführt wurden. Als der Architekt Theodor Fischer 1893 Leiter des Stadterweiterungsbüros wurde, änderte er die geplanten Straßenführungen, die allerdings erst im Laufe des 20. Jahrhunderts mit Bauten gefüllt wurden, das Gebiet südlich der Welfenstraße erst in den letzten Jahren.

Große Grundstücksflächen werden durch das Salesianum belegt, die Salesianer Don Bosco führen mehrere Jugendeinrichtungen auf dem ehemaligen Gelände der Kreisirrenanstalt des Bezirks Oberbayern, das sie 1920 erworben hatten. Von den ürsprünglichen Bauten sind nur noch wenige Reste vorhanden, der Bau wurde im Zweiten Weltkrieg weitgehend zerstört.

Zu den Gewerbegebieten, die in den letzten Jahren aufgelöst wurden, gehört auch der Standort der Nudelfabrik Bernbacher am Tassiloplatz, auf dem 200 Wohnungen entstehen werden.

Auf dem Gelände der ehemaligen Franziskanerbrauerei zwischen Hochstraße und Franziskanerstraße entstand in den 1970er Jahren eine große Wohnanlage. Das Gebiet der Paulanerbrauerei, einer der wenigen verbliebenen großen Braustandorte in der Innenstadt wird zur Zeit aufgelöst und soll bis 2018 neu bebaut werden.

Durch die Auflassung der Gewerbeflächen bzw. Lagerflächen wie an der Welfenstraße wird sich dieser Bereich der Hochau grundlegend ändern. Mit den Bebauungen der ehemaligen Produktionsanlagen von Bernbacher und der Paulanerbrauerei soll die Einwohnerzahl im Bereich der Au in den nächsten Jahren um ca. 5.000 steigen.

4 **Hochau** Kinderasyl

Kinderasyl 1945

4.1 Städtisches Kinderasyl

Nach dem Ende des Deutsch-Französischen Kriegs 1871 wurde in den Münchner Gemeindegremien die Einrichtung eines Asyls für Kriegswaisen diskutiert, zusätzlich zum bestehenden Waisenhaus in der Auer Findlingstraße. Zu einer Entscheidung kam es lange nicht, da man sich weder über die konfessionelle Ausrichtung noch die Übertragung an einen kirchlichen Orden einigen konnte. Schließlich wurde 1888/89 durch den städtischen Baurat Hartwig Eggers ein Gebäude an der Hochstraße errichtet, auf dem ehemaligen Gelände der *Armen-Industrieschule* des Pfarrers Rabl. Das Kinderasyl enthielt acht Schlafsäle, einen Speisesaal, Turn- und Beschäftigungssäle, einen protestantischen Betraum und eine katholische Kapelle. In einem Nebengebäude war die Wäscherei untergebracht und ein Stall für 10 bis 12 Kühe. Es gab einen Gärtner für den Gemüseanbau und einen Schweizer für die Viehhaltung, damit sollte auch die Anstalt versorgt werden.

Im Zweiten Weltkrieg mit dem Beginn der Luftangriffe zogen die Kinder und Erzieher auf das städtische Gut Karlshof. Das Kinderasyl wurde schwer beschädigt und nach Kriegsende weitgehend wiederhergestellt, ab August 1950 wurden wieder 165 Kinder in sechs Gruppen untergebracht. 1952 wurde das Haus schließlich in *Münchner Kindl-Heim* umbenannt. Eine strukturelle Umgestaltung und Neuorientierung erzieherischer Grundsätze wie im *Münchner Waisenhaus* in Gern unterblieb aber.

Grundschule und Tagesheim

Im März 1962 zog das Münchner Kindl-Heim in neue Baulichkeiten in Neuharlaching, die nach „modernen Prinzipien einer Heimerziehung" konzipiert waren. Im Gebäude an der Hochstraße eröffnete im September 1963 eine Tagesheimschule für Kinder und Jugendliche aus dem ganzen Stadtgebiet, deren Konzept auch heute noch besteht: vormittags gehen die Schülerinnen und Schüler in die staatliche Grund- und Mittelschule, nach dem Mittagessen werden sie im städtischen Tagesheim betreut. Ab 2017 soll auf dem Grundstück eine neue, dreizügige Grundschule gebaut werden, die bis Herbst 2019 fertig sein soll.

Ruhestraße um 1910

4.2 Auer Friedhof / Ruhestraße

Seit der Einrichtung des Strafarbeitshauses am Neudeck 1807 genügte der Giesinger Friedhof nicht mehr für die steigende Anzahl der Bestattungen. Daher legte man ab 1817 einen neuen Gottesacker für die Pfarrei Au in der Hochau am Weg nach Grünwald an. Bis 1822 entstand auch eine Kapelle mit einem Leichenhaus. Für die Ausstattung verwendete man Utensilien der ehemaligen Kreuzkapelle, die 1817 abgerissen wurde.

Als Wegeverbindung entstand die Ruhestraße. Erweiterungen des Friedhofs geschahen nach den Cholera-Epidemien von 1836 und 1854. Ausgehend vom alten Auer Friedhof wurde ab 1889 der Ostfriedhof nach Plänen von Zenetti und ab 1894 nach einer Neuplanung von Hans Grässel angelegt. Die Kapelle des alten Auer Friedhofs wurde 1944 zerstört und nicht wieder aufgebaut.

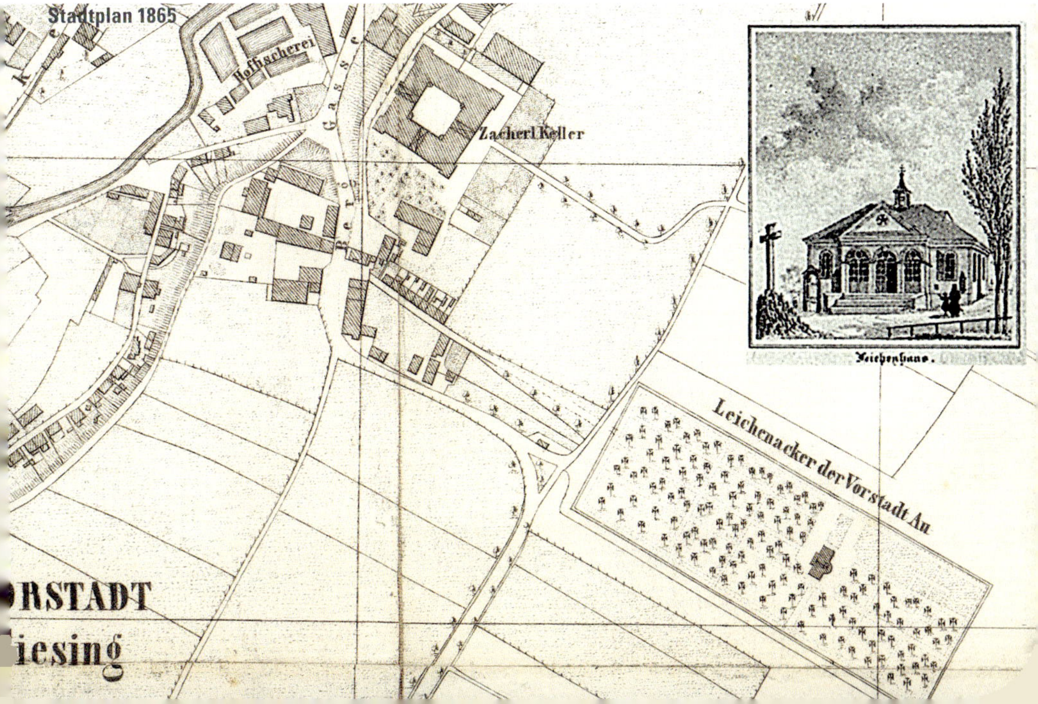

Stadtplan 1865

4 Hochau

4.3 Weilerschule

Die städtische Volksschule in der Hochau entstand bis 1899 nach Plänen des Architekten Carl Hocheder an der Ecke Franziskaner- und Weilerstraße. Das Gebäude enthielt ursprünglich 29 Klassenräume, ein Schulbad und Werkstätten im Keller und einen Kindergarten. Der Hauptgiebel zur Weilerstraße zeigt ein Glasmosaik des Historienmalers Waldemar Kolmsberger d.Ä., das durch den Architekten und Mosaikkünstler Simon Theodor Rauecker ausgeführt wurde, dem späteren Inhaber der Königlich Bayerischen Mosaik-Hofkunstanstalt.

Das Schulgebäude gehört zu dem umfassenden städtischen Schul-Bauprogramm um die Jahrhundertwende und entspricht auch weitgehend einem allgemeinen Typ, den Hocheder bereits bei der Schule am Kolumbusplatz entwickelt hat: einer malerischen Anordnung mehrerer Bauvolumen, oft an städtebaulich bedeutenden Standorten, die nach außen auch prominent eine der damals modernsten Funktionen darstellen: den Turnsaal, der hier zweigeschoßig direkt an der Ecke zur Franziskanerstraße liegt. Im ersten Weltkrieg wurde die Schule auch als Reservelazarett genutzt.

Die Weilerschule wurde 1999–2001 instandgesetzt nach einer Planung des Architekten Hein Goldstein. Dabei wurde das ehemalige Treppenhaus in eine offene Pausenhalle umgebaut (mit einem Fenstermosaik der Münchner Künstlerin Lali Johne) und eine großzügige Aula geschaffen. Das Flachdach über dem Turnhallentrakt wurde zum Freiluft-Klassenzimmer, aus dem ehemaligen Bunker im Keller wurden ebenfalls Schulräume. Nach dem Umbau erhielt das Gebäude den Fassadenpreis der Stadt München.

Heute werden in der Grund- und Mittelschule an der Weilerstraße ca. 300 Schüler in 19 Klassen unterrichtet.

4.4 Reiherbrunnen

Der Brunnen am Regerplatz wurde 1899 aufgestellt. Bildhauer war Josef Flossmann in Zusammenarbeit mit dem Architekten Theodor Fischer und Adalbert Brandstetter, der die Bronze-Plastiken gegossen hat. Die Schalen sind aus Kupfer, die Figuren, ein Reiher der einen Aal fängt, aus Bronze. Auf der Kuppel des Steinbaldachins steht ein kleiner Bub, der in der linken Hand die drei Lilien der Au und mit der rechten Hand das Münchner Stadtwappen hält. Der Bildhauer Flossmann stammte aus Pasing und war Vorgänger von Joseph Wackerle an der Kunstgewerbeschule.

4.5 Maria-Theresia-Gymnasium

Das Maria-Theresia-Gymnasium ist ein Naturwissenschaftlich-technologisches und Sprachliches Gymnasium am Regerplatz. Gegründet wurde es als Maria-Theresia-Kreisrealschule 1899, benannt nach der Prinzessin Maria Theresia, der späteren (letzten) Königin von Bayern. Bauherr war die Kreisgemeinde Oberbayern, Architekt Adolf Stauffer. Bereits 1912 musste der Bau wegen der steigenden Schülerzahlen erweitert werden, nach dem Zweiten Weltkrieg wurde ein weiteres Geschoß aufgebaut und mit einem Anbau entlang des Regerplatzes nach Norden erweitert. Seit 2012 wird die Fassade und einzelne Lehrräume des Schulgebäudes nach einer Planung der Münchner Architekten Fischer + Steiger saniert. Das Gebäude steht unter Denkmalschutz. Heute besuchen ca. 900 Schülerinnen und Schüler das Maria-Theresia-Gymnasium.

4.6 Weilerblock

Der eindrucksvolle Baublock zwischen Weiler-, Welfen- und Regerstraße entstand in den Jahren 1925–27 nach Plänen des Architekten Ludwig Naneder. Bauherr war der München-Haidhauser Bauverein, eine Baugenossenschaft, die 1919 gegründet wurde. 1925 konnte bereits die ersten Wohnungen – im Schornblock in Haidhausen – bezogen werden.

In den Kriegsjahren 1942 und 1943 wurde die Baugenossenschaft mit der *Kleinwohnungsbaugenossenschaft München-Ostbahnhof-Hochau*, der *Baugenossenschaft München-Ost* und mit der *Volksheimbaugenossenschaft München* zusammengeschlossen. Der *Bauverein München-Haidhausen* hat heute über 2.000 Mitglieder und besitzt insgesamt 1.490 Wohnungen. Der Weiler-Block wurde bis 2008 renoviert.

4.7 Paulanerbrauerei

1849 erbten die Brüder Ludwig und Heinrich Schmederer, Neffen von Elisabeth Zacherl (1776–1840), der Frau des kinderlos verstorbenen Brauers Franz Xaver Zacherl (1772–1849) dessen Brauerei, danach wurde sie in *Gebrüder Schmederer Bierbrauerei* umbenannt. Diese beiden hatten insgesamt vier Söhne: Max, Cajetan, Franz Xaver und Ludwig II. Schmederer, die beiden letzteren leiteten die Brauerei bis 1886, danach wurde die Brauerei in eine Aktiengesellschaft umgewandelt, die *Gebrüder Schmederer Aktiengesellschaft*, sämtliche Anteile blieben in der Familie. Mit der endgültigen rechtlichen Anerkennung des Markennamens *Salvator* wurde die *Gebrüder Schmederer Aktienbrauerei* in *Paulaner-Salvator-Brauerei* umbenannt. Bis nach dem Zweiten Weltkrieg wurde die Aktiengesellschaft von Mitgliedern der Familien Schmederer bzw. der angeheirateten Roeckls geführt.

Die Tochter von Franz Xaver Schmederer und seiner Frau Theresia, Luise (1874–1958) hatte den Handschuhfabrikanten Heinrich I. Roeckl geheiratet, dessen Großvater i.Ü. der Spatenbräu Gabriel Sedlmayr war.

Der Weg zur Großbrauerei

Durch die Heirat von Franz Xaver Schmederer mit Theresia Fest, der Witwe des Schleibingerbräus, kam 1872 die letzte der Münchner Traditionsbrauereien zur damaligen Schmedererbrauerei. 1920 wurde die *Eberl-Faber-Brauerei* in der Sendlinger Straße übernommen, 1928 fusionierte die Brauerei mit der *Gebrüder Thomas Bierbrauerei* in München zum *Paulaner-Salvator-Thomas-Bräu.* Ende der 1970er Jahre erwarb der Bau- und Braumagnat Josef Schörghuber die Paulaner- und die Hacker-Pschorr-Brauerei, die 1985 mit der *Auerbräu AG Rosenheim* zur *Paulanergruppe* zusammengeschlossen wurden. 1994 erfolgte die Umwandlung in die *Paulaner Brauerei AG*, die schon 1999 wieder zur *Paulaner GmbH und Co. KG* wurde. 2001 wurde eine gemeinsame Joint-Venture-Gesellschaft mit der niederländischen Brauerei *Heineken N.V.* gegründet.

Zur *Paulaner Brauereigruppe* gehören heute neben Paulaner die Brauereien *Auerbräu AG* in Rosenheim, die *Weißbierbrauerei Hopf* in Miesbach und die Biermarken *Hacker-Pschorr* aus München und *Thurn und Taxis* aus Regensburg. Die Paulaner Gruppe befindet sich zu je 50 % im Eigentum der *Schörghuber Unternehmensgruppe* und der *Brau Holding International* (BHI). An der BHI ist Schörghuber wiederum mit 50,1 % beteiligt, den Rest (49,9 %) der BHI hält die niederländische *Heineken International B.V*

Am Standort in der Hochau wurden (nach eigenen Angaben) jährlich 2 bis 3 Millionen Hektoliter produziert. Da die Brauerei am Nockherberg nicht erweitert werden konnte, wurde im Juni 2014 im Stadtteil Langwied der Grundstein für einen Brauereineubau gelegt. Mit einem *Braumeisterumzug* zogen am 14. August 2015 die Braumeister mit ihren im Betrieb erstellten Bierhefestämmen in die neue Brauerei um. Seit Februar 2016 läuft die Brauerei in Langwied auf Vollbetrieb, die fast 400-jährige Brautätigkeit in der Au fand im März 2016 ihr Ende (mit Ausnahme der Eiswerk-Brauerei), der Firmensitz bleibt jedoch an der Hochstraße bzw. an der Ohlmüllerstraße im überbauten ehemaligen Brauhaus der Paulanermönche.

Die Salvator-Legende

Angeblich soll das Starkbier von den ansonsten recht kärglich lebenden Paulanermönchen als Nahrungsersatz erfunden worden sein (*Flüssiges bricht das Fasten nicht*) und das *flüssige Brot* brauchte natürlich eine stärkende Wirkung. Tatsächlich wurde dieses Starkbier erst in den letzten Jahren des Bestehens des Paulanerklosters und der Brauerei gebraut, bevor alles in private Hände ging. Das Rezept für die Herstellung des Starkbiers soll auf den Amberger Paulanermönch Valentin Stephan Still zurückgehen, der 1773 nach München kam und als *Bruder Barnabas* die Brauerei führte. Die Bezeichnung Salvatorbier geht vermutlich nicht auf die Benennung als Sankt-Vater-Öl oder -Bier zurück, sondern auf die Bezeichnung eines Lagerkellers, für dessen Neubau die Mönche um 1679 ein Grundstück erwarben als der bisherige Keller aufgrund der Nachfrage nicht mehr ausreichte.

Das neue Grundstück lag in Obergiesing, der Lambacherhof, er gehörte zu einem Benefizium der 1578 geweihten St.-Salvator-Kirche am Äußeren Gottesacker, dem heutigen Alten Südlichen Friedhof. Der Lambacher Bauer war auch Tafernwirt, und da die Mönche, um zum Keller fahren zu können, auch durch den Hof der Wirtschaft fahren mussten, bekam der Wirt pro Jahr zwei Eimer Bier, also knapp 130 Liter, die reißenden Absatz fanden, das Salvator-Bier.

Eigentlich durften die Paulanermönche mit einer kurfürstlichen Genehmigung von 1634 zunächst ja nur für ihren eigenen Bedarf brauen. Jedes Jahr zum Festtag ihres Namenspatrons allerdings auch für die Besucher dieses Festes, dessen prominentester Vertreter der Kurfürst selbst war, samt seinem Hofstaat, aber auch an die Münchner wurde ausgeschenkt, aus Höflichkeit quasi und an die Bedürftigen sowieso und Bedürftige gab es in der Au reichlich.

Schon 1634 beschwerten sich die Münchner Brauer über diese ungenehmigte Konkurrenz und dabei blieb es nicht – und obwohl ihnen auch von kurfürstlicher Seite hohe Geldstrafen angedroht wurden sowie der Verlust der Braugerechtigkeit – die Paulaner ließen sich nicht beirren, auch nicht durch ein Verbot des Brauens von weißem und braunem Bier (um die kurfürstlichen Brauereien zu schützen). Auf die behördliche Anfrage von 1734, „wer ihnen hierzu die Lizenz erteilt habe", gaben sie zur Antwort „sie brauten in einem Kessel lediglich für Unpäßliche. Dabei blieb es." schreibt Volker Laturell in seinem wunderbaren Buch *Volkskultur in München*.

Es ist erstaunlich, wie es den Paulanern bei ihren Streitereien mit den Münchner Wirten und der kurfürstlichen Verwaltung gelang, trotz allem Dispense und zahlreiche Vergünstigungen zu erlangen: Sie wurden lange vom Bieraufschlag befreit, ein Bierausschank im Auer Tannen-Wirt wurde erlaubt, auch ein Ausschank im Kloster selbst, in dem es zumindest bis 1777 lustig zugegangen sein soll. Inwieweit die alljährliche großzügige Bescherung des Kurfürsten mit 16 Maß Bier bei diesen Entscheidungen eine Rolle gespielt hat – wir wissen es nicht. Das Erfolgsrezept hat sich jedenfalls bis heute bewährt.

Starkbierausschank

Die *Pertinenzien*, also Zugehörigkeiten waren wohl für den Brauer Zacherl beim Kauf der Brauerei besonders interessant, eingeschlossen war damit auch der Ausschank des Salvator-Starkbiers, auch Zacherl-Öl genannt, zu einem höheren als dem regulierten Preis. Es kam zum Streit mit der Regierung des Isarkreises und deren Drohung, den Ausschank des Salvatorbieres ganz zu verbieten, letztlich hat König Ludwig I. am 25. März 1837 erlaubt „auf solange ich nichts anderes verfüge" das Salvatorbier zu einer festgelegten Zeit im Jahr auszuschenken, aber nicht mit der für andere Biere festgelegten Abgabe, „da dieses Bier als Luxusartikel zu betrachten ist". Der Salvator-Ausschank fand ab 1822 im früheren Paulanergarten statt, hinter den neuen Brauereigebäuden Zacherls an der heutigen Ohlmüllerstraße, nach 1846 im Neudecker Garten und ab 1861 im großen Zacherl-Keller auf dem Nockherberg, der dann auch Salvator-Keller genannt wurde. Im Zweiten Weltkrieg wurde der Salvatorkeller beim Luftangriff vom 24./25. April 1944 zerstört, unter dem Keller befand sich seit 1938 die Zentrale Leitstelle des Luft- und Feuerschutzes, in dem bei Luftangriffen der Polizeipräsident als örtlicher Luftschutzleiter die notwendigen Maßnahmen koordinierte. Bis 1950 wurde ein neuer Festsaal wieder aufgebaut. In der Nacht zum 28. November 1999 brannte der Keller nicht für alle überraschend bis auf die Grundmauern nieder, seit 2003 wird in einem Neubau ausgeschenkt.

Salvatorkeller 1912

Von der Au in die Welt: Die Starkbier-Atoren

Die nachhaltigste und weltumspannendste Erfindung der Au: Knackige Bezeichnungen für Starkbiere.

Dem Missbrauch ihrer Biermarke *Salvator* wurde die Paulanerbrauerei erst 1896 Herr, als das Warenzeichen in die Zeichenrolle des kaiserlichen Patentamts in Berlin eingetragen wurde. Davor verwendeten auch andere Brauereien diesen Markennamen. Danach erfanden sie lauter eigene Starkbier-Atoren.

Absolvinator (Meinel-Bräu, Hof), **Accelerator** (Beer Works, Boston, MA), **Adamator** (Adam-Bräu, Bodenmais), **Äquator** (Pschorrbräu, München), **Ärwinator** (Brauhaus Zeche Jacobi), **Affumicator** (Brauerei Beck, Lisberg-Trabelsdorf), **Aktionator** (Bürgerbräu Wolnzach), **Alleviator** (Bethlehem Beer Works, Bethlehem), **Alligator** (Privatbrauerei Hofmühl, Eichstätt), **Aloisiator** (Brauerei Gässl, Pfarrkirchen), **Alpinator** (Brauhaus Füssen, Füssen), **Alsator** (Brauerei Adelshoffen, Schiltigheim), **Alt Kunstator** Urstoff (Brauerei Leikeim, Altenkunstadt), **Amandator** (Bürgerbräu Göggingen, Augsburg-Göggingen), **Ambrator** (Brauhaus Amberg), **Ambräusiator** (Gasthausbrauerei Ambräusianum, Bamberg), **Andygator** (Abita Brewing, Abita Springs, LA), **Angelator** (Münz-Brauerei, Günzburg), **Animator** (Hacker-Pschorr Bräu, München), **Annihilator** (Alcatraz Brewing, Indianapolis), **Apostelator** (Brauerei Eichbaum-Werger, Worms), **Apostulator** (Brauerei Eichbaum-Werger, Worms), **Apostulator** (Eichbaum Brauereien, Mannheim), **Arcolator** (Gräfliche Brauerei Arco-Valley, Bad Birnbach), **Aromator** (Löwenbräu, München), **Auerator** (Auerbräu, Rosenheim), **Augelator** (Münz-Brauerei, Günzburg), **Auriator** (Auerbräu, Rosenheim), **Awetator** (Brauerei Adolf Weideneder, Tann), **Aviator** (Airbräu, München), **Aviator** (Anacortes Brewery, Anacortes), **Aviator** (Back Road Brewery, LaPorte), **Aviator** (Fliegerbräu, Feldkirchen-Riem), **Aviator** (Goose Island Beer Company, Chicago), **B.O.G.Inator** (Big Horse Brewing, Hood River), **Babator** (Bayerische Aktien-Brauerei Aschaffenburg), **Bajuvator** (Brauerei Tucher Bräu, Fürth), **Bajuvator** (Brauerei Tucher Bräu, Nürnberg), **Bajuvator** (Brauhaus Nürnberg J. G. Reif, Nürnberg), **Bambergator** (Brauerei Fässla, Bamberg), **Bamboozleator** (Ale Asylum, Madison), **Baronator** (Schlossbrauerei Au, Au-Hallertau), **Bavariator** (Müllerbräu Pfaffenhofen), **Bayerator** (Bayer Bräu Rothenfels), **Bazotonator** (Conviktbrauerei, Dillingen), **Beckator** (Brauerei Beck, Lisberg-Trabelsdorf), **Befuddelator** (Titletown Brewing, Green Bay), **Bergator** (Berg Bräu, Fürth), **Bibator** (Brauerei Bauer, Schwarzenfeld), **Bier'ator** (Birrificio Francesco Vismara, Bulgarograsso), **Bockator** (Beck Bräu, Trabelsdorf), **Bockulator** (Brauerei Geismann, Fürth), **Bonator** (Klosterbrauerei Weissenlohe), **Bonifator** (Löwenbrauerei Hof), **Brandiator** (Brauerei Warthausen), **Brooklynator** (Brooklyn Brewery, New York), **Brunator** (Brunner-Bräu, Spanberg-Eggenfelden), **Brunsviegator** (Feldschlösschen Brauerei, Braunschweig), **Buronator** (Rosenbrauerei Kaufbeuren), **Cambonator** (Allgäuer Brauhaus, Kempten), **Caramelator** (Berliner Schlossbräu, Berlin-Schöneberg), **Carolator** (Hoepfner Bräu, Karlsruhe), **Castellator** (Schlossquell Brauerei, Heidelberg), **Celebrator** (Privatbrauerei Franz Inselkammer, Aying), **Cervator** (Hirschbrauerei A. Welzhofer, Günzburg), **Christator** (Brauerei Ochsen Link, Möhringen), **Cinnator** (Brauerei Hauck, Langenzenn), **Claudiator** (Brauerei Andorfer, Passau), **Cohabitator** (Back Street Brewery, Yorba Linda), **Collaborator** (Flying Dog Brewing, Frederick), **Collegiator** (Convikt Bräu, Dillingen), **Commemorator** (Owen O'Leary's, Natick), Commemorator (Spoetzl Brewing, Shiner), **Consecrator** (Bell's Brewing, Kalamanzoo), **Consolator** (WEB Landesbrauerei, Leipzig), **Coronator** (Arcobräu Gräfliches Brauhaus, Moos), **Coronator** (Brauerei Zur Krone, Tettnang), **Coronator** (Kronen Bräu, Tuttlingen-Möhringen), **Curator** (Klosterbrauerei Ettal), **Czechator** (Czewo Bräu, Neutraubling), **Daxiator** (Brauerei Daxau, Isen-Daxau), **Decelerator** (John Harvard's Brew House, Cambridge), **Delicator** (Staatliches Hofbräuhaus München), **Denogginator** (Paper City Brewing, Holyoke), **Denominator** (Church Brew Works, Pittsburgh), **Desimator** (Ellicot Mills Brewing, Ellicot), **Desimator** (Three Lloyds Brewing, Munster), **Dessa**
tor (WEB Brauerei Dessau, Dessau), **Detonator** (Fish Brewing, Olympi
Devastator (Wasatch Brew Pub & Brewery, Park City), **Dionat**
(Schlossbrauerei Hohenburg, Lenggries), **Diplomator** (Hackerbräu, Mü
chen), **Discombobulator** (Big Horse Brewing, Hood River), **Discomb**
bulator (Titletown Brewing, Green Bay), **Distelator** (Distelhäuser Bra
erei E. Bauer, Tauberbischofsheim-Distelhausen), **Dominator** (Brauer
Bilger, Gottmadingen), **Dominator** (City Steam Brewery, Hartfor
Dominator (Dommelsche Bierbrouwerij), **Dominator** (Great Dane Pub
Brewing, Madison), **Dominator** (Mönchshof Brauerei, Kulmbach), Dom
nator (WEB Vereinsbrauerei Apolda), **Dominikator** (Brauerei Soye
Altenhohenau), **Donator** (Bürgerbräu, Weiden), **Dornator** (Dorn Brä
Ammerndorf), **Dukator** (Städtische Brauerei, Goslar), **Duplikator** (Bra
erei Hübner, Moosbach), **Duplikator** (Sandlerbräu, Kulmbach), **Eganat**
(Egan Brewing, De Pere), **Eichator** (Schlossbrauerei Eichhofen, Nitte
dorf), **El Rojo-ator** (Big Rock Chop House & Brewery, Birmingham), **El**
vator (Elevator Brewery, Columbus), **Elixator** (Höllbräu, Traunstei
Elongator (Bethlehem Beer Works, Bethlehem), **Emancipator** (Christi
Moerlein Brewing, Cincinnati), **Emancipator** (Ukiah Brewing, Ukia
Emerator (Brauerei Georgensgmünd), **Enthusiator** (Indslev Bryggeri, N
Åby), **Enzymator** (Ireks Malzextrakt, Kulmbach), **Equator** (Brauer
Rössle, Laupheim), **Ergolator** (Brauerei Carl Wittmann, Landshu
Excellator (Leinerbräu, Förtschendorf), **Exclamator** (Nelson Bays Br
wery, Tahunanui), **Exterminator** (McNeill's Brewery, Brattleboro), **Fa**
rikator (Ölfabrikken, Vejby), **Felsator** (Felsenbräu Thalmannsfeld), **For**
tinator (Brauereigenossenschaft Gut Forsting), **Fortunator** (Bürge
ches Brauhaus, Augsburg-Göggingen), **Fortunator** (Privatbrauerei Fra
Inselkammer, Aying), **Fortunator** (X. Münch Bräu, Feldkirchen), **Franzi**
kator (Spaten-Franziskaner Bräu, München), **Fuchsiator** (Brauer
Späth, Furth im Wald), **Fuchsikator** (Brauerei Josef Fuchsbüchler, Pa
ling), **Fumator** (1516 Brewing Company, Wien), **Fundator** (Herzoglich
Brauhaus, Tegernsee), **Gambonator** (Allgäuer Brauhaus, Kempte
Gambrinator (Gambrinus Brauerei, Weiden), **Ganserator** (Privatbrau
rei Ganser, Leverkusen), **Gaudiator** (Brauerei Hofmark, Loifling), **Gaud**
ator (Brauerei Hubmann, Schwandorf), **Gladiator** (Brauerei Lorrai
Metz), **Gladiator** (Dimpfl Bräu, Furth), **Gloriator** (Hümmer Bräu, Dingo
hausen), **Goosinator** (Left Hand Brewing, Longmont), **Gravitator** (Bre
Moon Brewery, Honolulu), **Gubernator** (Brasserie de Clausen, Luxe
bourg), **Gustator** (Fürstenberg Brauerei, Donaueschingen), **Hagenat**
(Brauerei Hagenmeyer, Schweinfurt), **Hallator** (Löwenbrauerei Ha
Schwäbisch Hall), **Hanseator** (Brauerei Winterhude, Hamburg), **Heilat**
(Bürgerbräu, Bamberg), **Hermannator** (Vancouver Island Brewery), **He**
minator (Ziegelbräu, Mainburg), **Hexator** (Michelsbräu, Babenhause
Heylator (Privatbrauerei Josef Lang, Jandelsbrunn), **Hibernator** (Trip
7 Brewpub, Las Vegas), **Hofator** (Deininger Kronenbräu, Hof), **Honorat**
(Ingo Bräu, Ingolstadt), **Hoperator** (Stoudts Brewing, Adamstow
Humorator (Brauerei Hacklberg, Passau), **Hümator** (Brauerei Hümm
Dingolshausen), **Hönickator** (Hönicka Bräu, Wunsiedel), **Illuminat**
(Dock Street Brewing, Philadelphia), **Illuminator** (Half Moon Bay Bre
ing), **Imperator** (Bill Brauerei, Hamburg), **Imperator** (Brand Brouwe
Wijlre), **Imperator** (Brouwerij Excelsior, Gent), **Imperator** (Browar Jab
novo, Wolka Kosowska), **Imperator** (Königsbräu, Wunsiedel), **Impuls**
tor (Brauerei M. C. Wieninger, Teisendorf), **Incinerator** (Bethlehem Be
Works, Bethlehem), **Incinerator** (Two Brothers Brewing, Warrenvill
Inebriator (Tractor Brewing, Los Lunas), **Impulsator** (Privatbrauerei M
Wieninger, Teisendorf), **Insinerator** (Amherst Brewing, Amherst), **Insp**
rator (Brauerei Wifling, Wifling), **Instigator** (Sly Fox Brewing, Roye
ford), **Insulator** (Inselbrauerei, Freiburg), **Intimidator** (Maplewo
Farms, Amherst), **Intoxicator** (Rock Bottom Minneapolis), **Ironator** (Ir
Hill Brewery & Restaurant, West Chester), **Isitator** (Schlossbraue
Schwendi), **Jakobator** (Familienbrauerei Jakob, Bodenwöhr), **Josefa**
(Amthofbrauerei, Kirchberg), **Josefator** (Brauerei Bachma yer, Dorfe
Josefator (Schwindbräu, Aschaffenburg-Schweinheim), **Jubila**
(Adlerbrauerei, Krumbach), **Jubilator** (Dommelsche Bierbrouwerij, Do
melen), **Jubilator** (Klosterbauerei Weingarten), **Jubilator** (Löwenbr
München), **Jubilator** (Schlossbrauerei Maxlrain, Tuntenhausen), **Jubi**
tor (Schutzenberger Brasserie, Schiltigheim), **Jubilator** (Schweizerh
Bräu, Kulmbach), **Jubilator** (Spessart Brauerei, Kreuzwertheim), **Jubi**
tor (Wagner Bräu, Rossstadt), **Juranator** (Jura Bräu, Pegnitz), **Kaffin**

or (Ithaka Beer Company, Ithaka), **Kalomator** (Kalt Loch Bräu, Miltenerg), **Kantator** (Grandes Brasseries de Charmes), **Kanzslator** Schlossbrauerei Odelzhausen), **Karnevalator** (Brauerei Hintz, Marne), **Kasenator** (Magnus Bräu A. Düll, Kasendorf), **Kastator** (Brauerei Storz, Iornberg), **Kat-h-ator** (Big Dog's Brewing, Las Vegas), **Kemenator** Brauhaus Kemnath), **Kiliator** (Brauerei Zur Eiche, Kiel), **Klausator** (Bürger & Engelbräu, Memmingen), **Kolosator** (Bürgerliches Brauhaus, Ravensburg), **Kommendator** (Brauerei Haselbach, München), **Konsumator** (Gruber Bräu, Eggenfelden), **Kronator** (Brauerei Kaiserhöfer, Kroach), **Kronator** (Brauerei Sailer, Marktoberdorf), **Kronator** (Kronenbräu, Ottensoos), **Kulinator** (Brauerei Hutthurm), **Kulminator** (EKU Actienrauerei, Kulmbach), **Kunstator** (Brauerei Leikeim Urstoff-Altenkunstadt), **Kusator** (Brauerei Emrich, Kusel), **Lagunator** (Lagunitas Brewing, etaluma), **Landlator** (Brauerei Bender, Mühlhausen), **Lanzator** (Stadtrauerei Wangen), **Laudator** (Aktienbrauerei zum Hasen, Augsburg), **Laudator** (Hasenbräu, Augsburg), **Leonator** (Löwenbrauerei Böhmisches Brauhaus, Berlin-Neukölln), **Leusator** (Löwenbrauerei Bad Wörisofen), **Liberator** (Aiken Brewing, Aiken), **Liberator** (Angelic Brewing, Madison), **Liberator** (Baron Brewing/Lunar Brewing, Seattle), **Liberator** Brauhaus Wendelstein), **Liberator** (Liberty Steakhouse & Brewery, High Point), **Liberator** (Saxer Brewing, Lake Oswego), **Liberator** (Thomas Hooker Brewing, Hartfort), **Liberator** (Troutbrook Brewing, Bloomfield), **Lichtenator** (Hauffbräu, Lichtenau), **Lionator** (Löwenbrauerei Böhmisch Brauhaus, Berlin), **Lipsiator** (Stadtbrauerei F. A. Ulrich, Leipzig), **Liquidator** (Big Boss Brewing, Raleigh), **Liverator** (The Livery, Benton Harbor), **Lorenzator** (Brasserie de Lorenzen), **Lunator** (Grebbestad Bryggeri, Grebbestad), **Lurator** (Brauerei Jahns Erben, Ludwigstadt), **Luvator** Aktienbrauerei Bürgerbräu, Ludwigshafen), **Luxator** (WEB Vereinigte Brauereien, Magdeburg), **Märkator** (Brauerei Märkl, Freudenberg), **Märzator** (Brauerei J. F. Schmidt, Rodewisch), **Magistrator** (Brauerei ck), **Malxator** (Brauerei Max Rattey, Neisse-Malxetal-Gross Kölzig), **Markator** (Bürgerbräu Bayreuth), **Martinator** (Lahnsteiner Brauhaus), **Martinator** (Martini Bräu, Kassel), **Martinator** (Wagner Bräu, Rossstadt), **Maximator** (Amsterdams Brouwhuis Maximiliaan, Amsterdam), **Maximator** (Augustiner Bräu, München), **Mercator** (Full Sail Brewing, Hood River), **Merkator** (Brauerei Hellein, Merkendorf), **Mirator** (Brauerei Schneider, Rohrenfels), **Mobilator** (Gottmannsgrüner v. Koch'sche Brauerei), **Mörinator** (Kronen Bräu, Tuttlingen-Möhringen), **Moguntiator** (Mainzer Aktien-Brauerei), **Molomator** (Kalt-Loch-Bräu, Miltenberg), **Montator** (Herzogliches Brauhaus Tegernsee), **Muflonator** (Panimoavintola Beerhunter's, Pori, Suomi), **Multiplikator** (Brauerei Farny, Dürren), **Multiplikator** (Edelweissbrauerei Odelzhausen), **Münchator** Löwenbräu München),**Munikator** (X. Münch Bräu, Feldkirchen), **Muntalator** (Back Street Brewery, Yorba Linda), **Muskulator** (Polsterbräu, Heunkirchen), **Navigator** (Azalea Coast Brewing, Wilmington), **Navigator** (Ballast Point Brewing, San Diego), **Navigator** (Cape Ann Brewing, Gloucester), **Nicolator** (Brauhaus, Bad Kreuznach), **Nicolator** (Zum chad Brauerei, Halle), **Nileator** (Oasis Brewing, Boulder), **Nährator** Hackerbräu, München), **Oleator** (Sand Creek Brewing, Black River Falls), **Olympiator** (Brauhaus Garmisch), **Onoldiator** (Brauerei Gebr. Maisel, Ansbach), **Operator** (Schlossbrauerei Odelzhausen), **Optimator** (Spaten-Franziskaner-Bräu, München), **Ozzelator** (Brauerei Sauerteig, Oeslau), **Palatinator** (Palatinat Brewery, Wodonga), **Palmator** (Prössl Bräu, Petendorf-Adlersberg), **Patenator** (Hackerbräu, München), **Patriator** Brasserie Schutzenberger, Schiltigheim), **Patronator** (Hackerbräu, München), **Peccator** (Brauerei Kühbach, Küchbach), **Peccator** (Schlossbrauerei Au), **Perkulator** (Dark Horse Brewing, Marshall), **Pfaffenator** (Brauerei Stöttner, Mallersdorf-Pfaffenberg), **Pilsator** (Brauerei Union, Umet), **Pilsator** (Brauhaus Saalfeld), **Pilsator** (Germania Brauerei, Aschersleben), **Pilsator** (Konsum Brauerei, Weimar), **Pilsator** (Löwenbrauerei Böhmisches Brauhaus, Berlin-Neukölln), **Pilsator** (WEB Berliner Bürgerbräu, Berlin-Friedrichshagen), **Pirkator** (Pirker Brauhaus, Pirk), **Pirminator** (Parkbräu, Pirmasens), **Plochinator** (Plochinger Waldhornbräu C. Endriss, Plochingen), **Poculator** (Brauerei Geismann, Fürth), **Poculator** (Patrizier Bräu, Nürnberg), **Pollinator** (Portland Brewing, Portland), **Poltator** (Weissbierbrauerei Hopf, Miesbach), **Portator** Thornbräu, Augsburg), **Portinator** (Port Washington Brewing), **Prädiator** (Brauhaus Wörner & Söhne, Erbach), **Prädikator** (Landshuter Brauhaus), **Präsidiator** (Brauerei Kneuer, Bad Königshofen), **Primator** (Bierbrouwerij Hertog Jan, Arcen), **Primator** (Brauerei Vriendenkring, Arcen), **Primator** (Lederer Bräu, Nürnberg), **Principator** (Brauerei Schweiger, Markt Schwaben), **Probator** (Brauerei Probst, Dillingen), **Procrastinator** (Back Street Brewery, Vista + Yorba Linda), **Procrastinator** (Elevator Brewing, Columbus), **Procrastinator** (Flatlanders Brewery, Lincolnshire), **Procreator** (Z Street Brewing, Leominster), **Prominator** (Grüner Bräu, Fürth), **Prostrator** (Nicolet Brewing, Florence), **Prügelator** (Prügelbräu, Augsburg),**Pulsator** (Brauerei Christian Schwarz, Bayreuth), **Quickator** (Schlossbrauerei Odelzhausen), **Radiator** (Alley Cat Brewing, Edmonton), **Räucherator** (Brauerei-Gaststätte Hummel, Memmelsdorf), **Rariator** (Münzbräu, Günzburg), **Reformator** (Brauhaus zum Reformator, Lutherstadt-Eisleben), **Regenator** (Falter-Bräu, Regen), **Regenerator** (Brauerei Simon, Waimes), **Reginator** (Falter-Bräu, Regen), **Reichelator** (Reichelbräu Neuhausen, München), **Rejewvenator** (Shmaltz Brewing, Saratoga Springs), **Rejuvenator** (Pacific Coast Brewing, Oakland), **Renator** (Weißbräu Freilassing), **Respektator** (Schlossbrauerei Drachselsried), **Reyator** (König Brauerei, Duisburg), **Rhönator** (Rother-Bräu, Roth), **Rigolator** (Braugesellschaft Meyer & Söhne, Riegel), **Rittator** (Schmitt Bräu, Schesslitz), **Rivator** (Brauerei Richzenhain, Waldheim), **Rojoator** (Big Rock Chop House & Brewery, Birmingham), **Rubator** (Brauerei Bauer, Schwarzenfeld), **Ruttminator** (Bürgerbräu Selb), **Salutator** (Löwenbrauerei Baienfurt), **Salvator** (Brouwerij Van Roy, Wieze), **Salvator** (Paulaner Brauerei, München), **Schallator** (Schaller Bräu, Bonstetten), **Schnivator** (Julian's Selbstgebraut, Braunschweig), **Seeyoulator** (Boulevard Brewing, Kansas City), **Sekenator** (Brauhaus Jochsberg), **Selectrator** (Schlossbrauerei Odelzhausen), **Senator** (Brauerei Siecle, Cambrai), **Senator** (Bürgerliches Brauhaus Ravensburg), **Senator** (Hofbräuhaus Hanau), **Senator** (Holsen-Brauerei, Hamburg), **Senator** (Vereinigte Kärntner Brauereien, Villach), **Shtupulator** (Alchemist Pub & Brewery, Waterbury), **Siechator** (Brauhaus J. G. Reif, Nürnberg), **Sigonator** (Siegenburger Spezialitätenbrauerei), **Silvator** (Dampfbierbrauerei Zwiesel), **Skatator** (Brauerei Kiesling, Georgensgmünd), **Slussinator** (Örebro Bryggeri, Örebro), **Smuttonator/S'muttonator** (Smuttynose Brewing, Portsmouth), **Sörnator** (Stadin Panimo, Helsinki), **Somnambulator** (Walking Man Brewing, Stevenson), **Spallator** (Brauerei Albert Spall, Ballenberg), **Spektakulator** (Weissbräu Jodlbauer, Rotthalmünster), **Spekulator** (Weissbräu Jodlbauer, Rotthalmüster), **Speziator** (Brauerei S. Riegele, Augsburg), **Spionator** (Löwenbrauerei Aalen), **Stachelator** (Sternbräu, Pettstadt), **Steinator** (Schlossbrauerei Stei-Wiskott, Bad Reichenhall), **Sternator** (Sternbräu, Dettelbach), **Stimulator** (Klosterbrauerei Weissenlohe), **Stufinator** (Lechner Bräu, Baunach), **Sublimator** (Barley's Casino & Brewing, Henderson), **Subliminator** (Frederick Brewing, Frederick), **Subliminator** (Wild Goose Brewing, Frederick), **Suffikator** (Bürgerbräu, Bad Reichenhall), **Superator** (Brauerei Bruckmüller, Amberg), **Supliminator** (Frederick Brewing, Frederick), **Suprimator** (Löwenbrauerei, München), **Sympathor** (Postbräu, Thannhausen), **Sympator** (Würzburger Hofbräu), **Tannator** (Schlossbrauerei Hohenthann), **Tassilator** (Brauerei Wasserburger, Dingolfing), **Terminator** (Arbor Brewing, Ann Arbor), **Theresator** (Brauerei Hiernickel, Hassfurt), **Tremonator** (Dortmunder Aktien Brauerei), **Tremonator** (Thier Brauerei, Dortmund), **Triumphator** (Bürgerbräu, München), **Triumphator** (Konsum Brauerei, Weimar), **Triumphator** (Löwenbräu, München), **Troegenator** (Tröegs Brewing, Harrisburg), **Trunator** (Hofbräuhaus Traunstein), **Ulimator** (Dachsbräu, Weilheim), **Ultimator** (Löwenbräu, München), **Ultimator** (Stadin Panimo, Helsinki), **Uniator** (Unionbrauerei, Gross-Gerau), **Unikator** (Sperberbräu, Sulzbach-Rosenberg), **Unimator** (Unionsbräu Haidhausen, München), **Urprimator** (Brauerei Lederer, Nürnberg), **Ursator** (Bärenbrauerei, Berlin), **Venator** (Brasserie de la Chasse Royale, Brys-sel), **Viagrator** (Lindwurmbräu, Heideck), **Vibrator** (Brauerei Mathes, Manching), **Vilsator** (Brauerei Hammer, Vilseck), **Vindicator** (Babes Brewhouse, Rancho Mirage), **Vitator** (Gesellschaftsbrauerei, Viechtach), **Vivator** (Löwenbräu, München), **Voodoo Vator** (Atwater Block Brewery, Detroit), **Weeizinator** (Seven Brides Brewing, Silverton), **Weizenator** (Bj's Brewhouse, Brea), **Wobiator** (Hacker-Pschorr, München),

Quelle: www.beerfinland.com u.a.

4 Hochau Salvator

Die Salvatorschlacht 1888

Eine Massenschlägerei mit 2.000 entfesselten Teilnehmern hat sich am 25. März 1888 auf dem Starkbierfest am Nockherberg zugetragen. Über den Auslöser dazu gibt es mehrere Theorien: Eine davon: ein Zylinderhut, der einem Gast vom Kopf geschlagen wurde, an anderer Stelle heißt es, der Zylinder wurde dem Gast von einem Betrunkenen „tief in die Stirn bis zur Nase eingetrieben", also zusammengedrückt. Beim volkstümlichen Salvatoranstich war der vornehme Zylinder „als Salonhut" nicht gern gesehen. Alles schrie „Cylinder, Cylinder" wenn sich jemand damit blicken ließ. Nach einem Zeitungsbericht soll dies der Beginn der Schlägerei gewesen sein. Vielleicht war es auch der allgemeine Unmut dem Militär gegenüber – das bayerische Militär soll sich unter dem preußischen Einfluss immer arroganter verhalten haben. Ein unbedeutender Streit zwischen Zivilisten und Soldaten soll der Beginn der Schlägerei gewesen sein.

Und nicht zuletzt gab es ausgerechnet in der Starkbierzeit im März 1888 eine Bierpreiserhöhung um einen Pfennig pro Maß. Damit haben in München schon ganz andere Bier-Krawalle begonnen: 1843 *„schlug ein Pöbelhaufen bei einer Anzahl Bräuer die Fenster ein und verübte anderen Unfug … das Pschorrbräuhaus wurde förmlich demoliert, trotz Polizei, Landwehr- und Kürassierabteilungen, die alle zu spät kamen und, selber ärgerlich über die Bräuer, sehr wenig guten Willen zur Steuerung des Unfugs bezeugten"*, schreibt Friedrich Pecht in seinen Lebenserinnerungen. Ein Jahr später, im Mai 1844 kommt es nach einer Bierpreiserhöhung um einen halben Kreuzer zu Tumulten: *„In Zeit von ein und einer halben Stunde waren in sämtlichen Bräuhäusern in und außer der Stadt alle Fenster eingeschlagen, Türen und Kreuzstöcke zertrümmert, Möbel und Gerätschaften zerschlagen"*. 1865 und 1866 gab es Bierschlachten auf dem Oktoberfest, Bierstreike gab es 1859 und 1871, als die Maurer sechs Wochen lang nur noch Milch tranken.

Auf dem Nockherberg flogen schnell die ersten Maßkrüge. Man verständigte die Gendarmen in der Strafanstalt in Neudeck, aber die rebellische Menge wandte sich gegen die Gendarmen und „befreite" die Festgenommenen. Erst als 50 Schwere Reiter aus der Isarkaserne in die Halle hineinritten, konnten sie mit ihren Säbeln wieder Ruhe herstellen. Es gab viele Verletzte und einige Schwerverletzte. Der Salvatorausschank wurde polizeilich eingestellt, ab dem nächsten Jahr waren Zylinder verboten.

Salvatoranstich – Derblecken

Seit 1861 fand der Salvator-Ausschank im alten Zacherlkeller auf dem Nockherberg statt und geriet immer mehr zu einem Volksfest. Der Termin des Starkbiers-Anstichs wurde früher im Jahr gewählt und nicht mehr am 2. April zum Festtag des Ordensstifters Franz von Paola. Auch die Inszenierung des Anstichs nahm eigene Formen an: Vor einem „äußerst gewählten Herrenpublikum" von 300 *Herren* der sogen. besseren Gesellschaft eröffnete der populäre Volkssänger Jakob Geis mit launigen Reden den Starkbieranstich, wie Volker Laturell in seinem Buch über die Volkskultur in München schreibt. „Der Saal des Salvatorkellers war mit hunderten von Lampions erleuchtet" und „prachtvoll assyrisch dekoriert". Es folgten weitere Stimmungsmacher, heftig gesungen wurde aber auch schon vorher im Salvatorkeller.

Jakob „Papa" Geis

Einen neuen Höhepunkt in der theatralischen Inszenierung machte der Volks- und Gstanzlsänger Weiß Ferdl, eigentlich Ferdinand Weißheitinger (1883–1949), der ab 1922 auftrat und sich 1929 als Münchner Kindl verkleidet von mittelalterlichen Bräuknechten in den Salvatorkeller tragen ließ. Weiß Ferdl gehörte zu den hunderten Volkssängern in München, die um 1900 bis in die 1930er Jahre hinein in Gastwirtschaften, besonderen Volkssängerlokalen und großen Festhallen wie dem Kolosseum auftraten. Wie schon Jakob *Papa* Geis dichtete er (und ließ dichten) humoristische Couplets und Gstanzln, oft mit aktuellen Bezügen und kritischen Anspielungen. Ihm folgte u.a. der Conferencier und Kabarettist Adolf Gondrell (1902–1954).

Weiß Ferdl

Nach der Zerstörung im Zweiten Weltkrieg wurde bis zum März 1950 eine neue Festhalle erstellt, in der ab dem folgenden Jahr auch wieder die Salvatoranstiche aufgenommen wurden. Ab 1954 prägte der niederbayerische Forstbeamte und Gstanzlsänger Roider Jackl (1906–1975) mit seinen ironischen und bissigen Gstanzln das Geschehen, das „Derblecken" der „Gwappelten" Prominenz beim Anstich wurde zum Ritual. Die folgenden Salvatorredner und *Derblecker* waren der Hörfunk-Moderator und Volkssänger Emil Vierlinger bis 1979, ab 1982 Volksschauspieler Walter Sedlmayr als *Bruder Barnabas* (1926–1990) und ab 1992 Max Grießer (1928–2000), der auch schon im Singspiel mitgewirkt hatte und bis 1996 über 27 Jahre beim Starkbieranstich beteiligt war. Für Sedlmayr, Grießer und den nachfolgen Salvatorredner Erich Hallhuber (1951–2003) schrieb der Journalist Hannes Burger die genialen Texte. 2004 übernahm der Kabarettist Bruno Jonas die Rolle des Bruder Barnabas und 2007 für ein Jahr der Kabarettist Django Asül, 2008 bis 2010 Michael Lechenberg und seit 2011 Luise Kinseher als Personifikation der *Bavaria* und Salvatorrednerin.

Roider Jackl

Jetzt muaß i aufhern zum Singa
sonst wer i berühmt
und kriag a r'a so a Denkmal
da wo's Wasser rausrinnt.

Fastenpredigt und Singspiel gehören heute zu den großen bayerischen Festtagen im Jahr. Die versammelte meist Münchner Prominenz muss sich bei Freibier und Brotzeit den Satirikern des Landes stellen: eine Herausforderung für beide, jedes Zucken wird in HD übertragen. Aber trotz mancher Empfindlichkeiten bleibt die Höchststrafe, nicht *derbleckt* zu werden.

„Bavaria" Luise Kinseher

4 Hochau

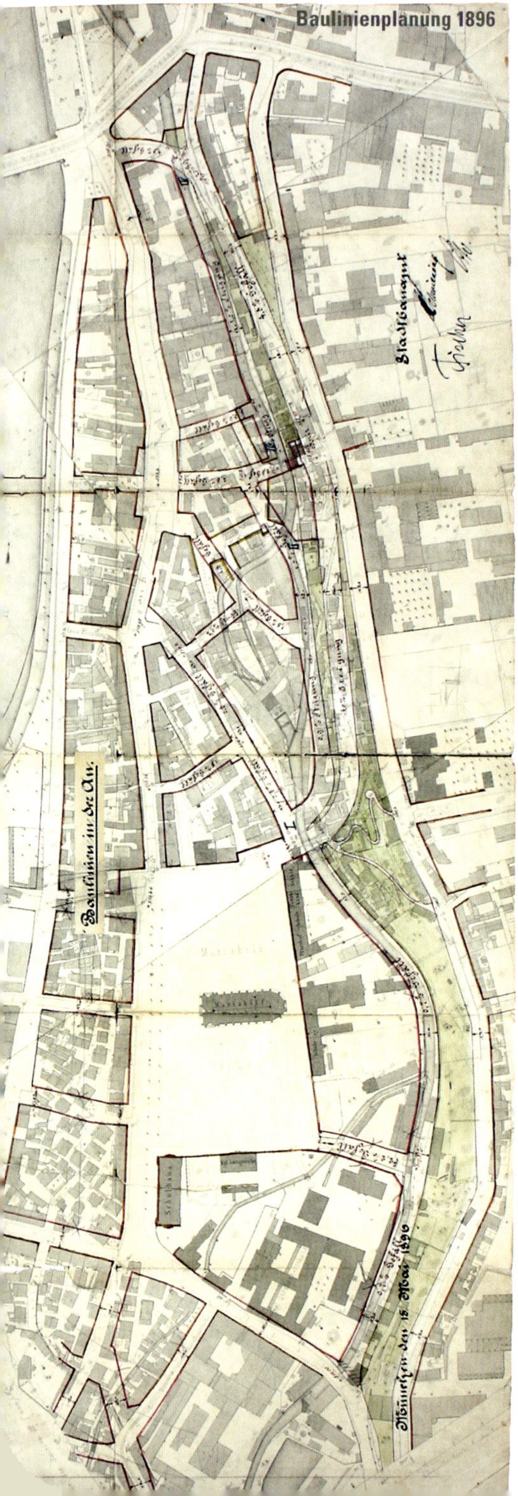

Städtebauer Theodor Fischer und die Au

Der Architekt Theodor Fischer hat sich in seiner Zeit als Leiter des Stadterweiterungsbüros (1893–1901) in mehrfacher Hinsicht mit der städtebaulichen Entwicklung der Au befasst. Mit der Bauordnung von 1879, zum ersten Mal bei der Baulinienfestlegung für das Wiesenviertel angewandt, wurde in München das *offene Bausystem* verbindlich, das auch erstmals Gesundheitsaspekte berücksichtigte und Abstände zwischen den Häusern, ein Höchstmaß an Stockwerken, das Verbot von Kellerwohnungen und direkte Belichtung von Wohnräumen, Küchen und Aborten verlangte. Die Herbergswohnungen in der Au, in Giesing und in Haidhausen entsprachen diesen Forderungen in keinster Weise. Mit steigendem Siedlungsdruck wurden sie durch Spekulanten aufgekauft, die sie teils weiter vermieteten bzw. neu bebauten. Erst nach der Jahrhundertwende kaufte die Stadt selbst einzelne Herbergen auf und ließ die Anwesen abbrechen.

In dieser Zeit entstanden auch mehrere Baulinienplanungen für die untere Au, die v.a. eine verbesserte Verkehrsführung von der Lilienstraße zur Quellenstraße und Auffahrten zur Hochstraße vorsahen. Auf die alten Wegeführungen nahmen die Planungen kaum Rücksicht ebenso wenig wie auf die Herbergen. Die Verkehrsverbindung zur Hochstraße wurde schließlich elegant mit dem Bau der Gebsattelstraße als Verlängerung der neu geschaffenen Straße von der Corneliusbrücke her und als Einschnitt in den Isarhang gelöst, die Hochstraße führte Fischer über eine von ihm auch entworfene Brücke. Damit blieb der Hang unterhalb der Hochstraße unbehelligt, die meisten Herbergsanwesen direkt am Hang wurden erst in späteren Jahren abgerissen.

Zur Gestaltung des Hangs und der anschließenden Bebauung nahm Theodor Fischer mehrfach Stellung. 1895 hatte er in einer Übersicht über die Hangkanten auf beiden Seiten der Isar bereits deutlich gemacht, dass er eine Bebauung der Hänge strikt ablehnte und auch Bebauungen am Fuß der Hänge mit Sorgfalt zu planen seien, v.a. um die begrünten Hangflächen erfahrbar zu machen und den Blick von den Hochstraßen auf die Stadt zu ermöglichen. Dies wirkte sich in den Baulinienplänen für die Au durch niedrigere Gebäudehöhen zum Auer Mühlbach hin aus. Von den Baulinienplanungen Fischers im gesamten Bereich zwischen Ohlmüllerstraße und Ludwigsbrücke wurde mit Ausnahme des Straßendurchstichs als Verlängerung der Corneliusbrücke kaum etwas ausgeführt. Auch die Neuplanung nach 1945 hat wenig davon übernommen. Nur im Bereich des Kolumbusplatzes und seiner Umgebung wurden die Baulinienplanungen von Fischer verwirklicht.

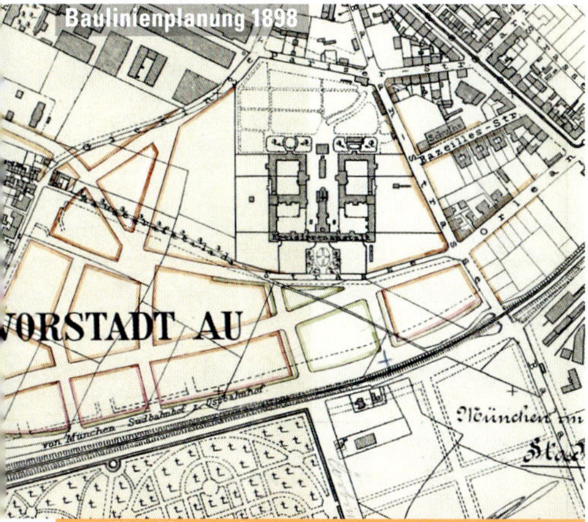

Baulinienplanung 1898

4.8 Welfenhöfe

Für das Gebiet zwischen der Bahnstrecke nach Braunau, der Hochstraße und der Rosenheimer Straße hat Theodor Fischer im Februar 1898 ebenfalls Baulinien festgelegt, die weitgehend umgesetzt wurden. Auch die Anlage des Tassiloplatzes ist in seinen Plänen vorgesehen. Die ausgewiesenen Flächen wurden allerdings teilweise erst nach 1945 bebaut, als letztes die Baublöcke an der Welfenstraße, die bis vor einigen Jahren durch Gewerbe und Lagerflächen belegt waren.

Die Welfenhöfe wurden als langer Block mit differenzierter Volumen- und Fassadengliederung konzipiert und bis 2013 fertig gestellt. Um drei großzügige Innenhöfe sind 480 Wohnungen angeordnet – eine Mischung aus Eigentumswohnungen und Sozialwohnungen. Der 300 m lange Baublock wurde von vier Architekturbüros entworfen: 03 Architekten, München; Peter Ebner and Friends, Wien; Stefan Forster, Frankfurt sowie Hild und K Architekten, München und den Landschaftsarchitekten Gerd Aufmkolk und Erika Berger, Nürnberg.

Stammgelände der Paulanerbrauerei in der unteren Au

4.9 Paulanergelände

Das Stammgelände der Paulanerbrauerei liegt zum einen in der unteren Au – das ehemalige Klostergelände der Paulaner – und in der Hochau – als Standort des Zacherlkellers. Von hier aus hat die Brauerei über 200 Jahre weitere Flächen für Produktion und Lagerung erworben und zu einem bedeutenden Brauereistandort in München entwickelt.
Schon seit Jahrzehnten bestanden Überlegungen, die Brauerei mit ihrem großen Flächenbedarf nach außerhalb zu verlagern, angemessene Grundstücke zu finden ist nicht ganz einfach, denn nach wie vor besteht die Grundbedingung für eine *Münchner* Brauerei – und damit die Berechtigung, beim Oktoberfest Bier auszuschenken – dass zumindest die Sudstätte auch im Münchner Stadtgebiet liegt. Aufgrund mangelnder Erweiterungsflächen im Auer Stammgelände und als Folge der ökonomisch gewinnbringenden Verwertbarkeit der innenstadtnahen Grundstücke durch immer noch steigende Immobilienpreise hat sich die Brauerei Ende 2011 entschlossen, ihre Produktion nach Langwied zu verlegen. Im Sommer 2015 erfolgte der Umzug. Der Sitz der Brauereiverwaltung bleibt in der Au.

Damit wurden insgesamt ca. 90.000 m² Grundstücksflächen für eine neue Nutzung frei. Ende Oktober 2012 hat die *Bayerische Hausbau* (Schörghuber Unternehmensgruppe) als Bauherr und Investor einen zweistufigen städtebaulichen und landschaftsplanerischen Wettbewerb ausgelobt. Abgestimmt wurde das Verfahren mit dem Referat für Stadtplanung und Bauordnung, der Stadtrat hatte im Oktober 2012 detaillierte Planungsziele beschlossen.

Besonderer Wert im Wettbewerbsverfahren wurde von städtischer Seite und auch von Seiten der Bauherren auch auf die Beteiligung der Bürger gelegt. U.a. wurde am 13. April 2013 eine ganztägige Bürgerwerkstatt angeboten und weitere Erörterungsveranstaltungen und Ausstellungen. Oberbürgermeister Christian Ude sprach sogar davon, dass es „ein Verfahren in dieser Dauer, Breite und Beteiligungstiefe ... bisher in München noch nie gegeben" habe – die Bürger der Au waren teilweise anderer Meinung. Streitpunkt und Forderung der Bürger war u.a. die Höhe der Bauvolumen, die nach dem Wettbewerb von der Bayerischen Hausbau auf 28 m beschränkt wurde (die Höhe des bestehenden Paulaner-Verwaltungsgebäudes). Das Immobilienunternehmen hatte der Stadt auch ein Grundstück im Planungsgebiet an der Regerstraße zu „marktüblichen Preisen" für den Bau von Sozialwohnungen angeboten. Die Stadt hat das Angebot abgelehnt, obwohl entsprechend der städtischen Wohnungsbauoffensive „Wohnen in München V" pro Jahr Grundstücke für 150 geförderte Wohnungen auch für genossenschaftliche Projekte angekauft werden sollen. Hauptsächliches Argument war die Hoffnung, mit den notwendigen Finanzmitteln an anderer Stelle in der Stadt effizienter vorgehen zu können. Ohnehin muss der Bauherr beim Projekt Paulanergelände 30% öffentlich geförderte Wohnungen anbieten – nach dem Prinzip der SoBoN, der sozialgerechten Bodennutzung, eine Regelung der Stadt, die inzwischen auch in anderen Städten beispielhaft verfolgt wird. Danach muss der Investor für den finanziellen Gewinn, der durch eine Bebauungszusage entsteht, Mittel für den geförderten Wohnungsbau und für Investitionsmaßnahemn zur Erschließung abgeben. Damit wird auch eine gesellschaftlich angemessenere Mischung der Bewohnerschaft erreicht.

Ehem. Brauereigelände in der oberen Au

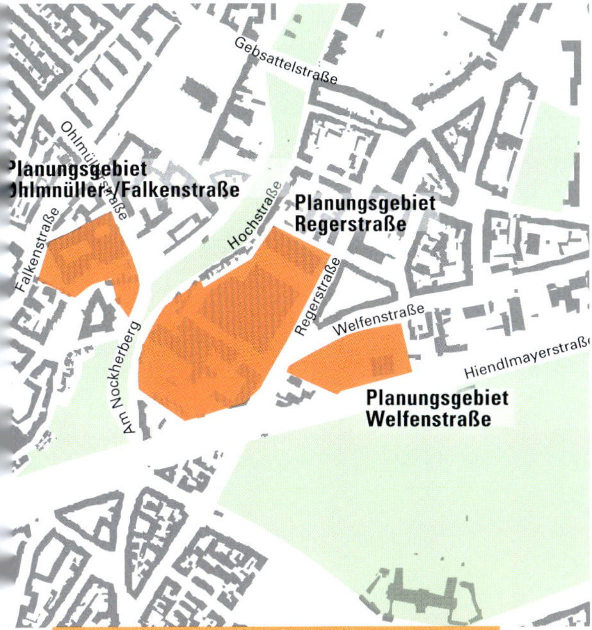

Planungsgebiet Welfenstraße (2,3 ha)
Ausgeführt wird der Entwurf des Londoner Büros Caruso St John Architects mit Vogt Landschaftsarchitekten aus Zürich, die einen keilförmigen Baublock vorschlagen, der dem Straßenverlauf folgt und auf die Baulinienplanung von Theodor Fischer zurückgeht. In der Überarbeitungsphase wurde die Höhe der Baukörper um einige Geschoße reduziert.

Planungsgebiet Ohlmüller-/Falkenstraße (1,7 ha)
Der Siegerentwurf vom Münchner Büro Steidle Architekten mit dem Wiener Landschaftsarchitekturbüro Atelier Auböck+Kárász schlägt einen bis zu achtgeschoßigen Wohnblock vor, der sich nach Süden zum Auer Mühlbach öffnet, der hier auch öffentlich zugänglich werden soll. Südlich des Stadtbachs soll ein Kindergarten im Zusammenhang mit der alten Braumeistervilla entstehen.

Ergebnisse des Wettbewerbs

Planungsgebiet Regerstraße (5,1 ha)
Das Amsterdamer Büro Rapp+Rapp und die Landschaftsarchitekten Atelier Quadrat aus Rotterdam gewannen mit ihrem Entwurf für den ehemaligen Produktions-Standort der Brauerei u.a. wegen der guten Einbindung der Baukörper in die umgebende Bebauung und dem differenzierten Angebot an privaten und öffentlichen Freiflächen.

Insgesamt sollen neben der Verwaltungszentrale der Paulanerbrauerei ca. 1.500 Wohnungen entstehen, ein neues Wohngebiet für bis zu 3.500 Bewohner. In den Neubau der Brauereiverwaltung an der Ohlmüllerstraße wird die denkmalgeschützte Fassade des Zacherl-Baus einbezogen. Noch 2016 sollen die Bauarbeiten an der Welfenstraße beginnen, eine Fertigstellung aller Planungen ist bis 2023 vorgesehen.

4.11 Konsumverein von 1864

Konsumvereine bzw. -Konsumgenossenschaften entstanden im Zusammenhang mit der Entwicklung der Genossenschaftsbewegung im 19. Jh. Ziel war die Verbesserung der Lebensumstände der Genossenschaftsmitglieder durch einen günstigeren Einkauf der Lebensmittel bei Großhändlern bzw. Herstellern und eine Weitergabe an die eingetragenen Mitglieder. Dagegen wehrten sich zwar die Kleinhändler, letztlich entwickelten sich die Konsumvereine zu mächtigen Handelspartnern.
In München gab es zwei Konsumvereine: einen bedeutenderen in Sendling und in Konkurrenz dazu den Konsumverein von 1864 in der Hochau. 1902 hatte der Konsumverein Grundstücke mit Bahnanschluss an der Auerfeldstraße erworben, um dort zunächst ein Holz- und Kohlenlager zu errichten.

Nachdem weitere benachbarte Grundstücke angekauft wurden, entstand hier die Verwaltungszentrale des Konsumvereins in einem mehrgeschoßigen Kontorgebäude, 1922 wurde eine eigene Fabrik zur Herstellung von Brot und Nudeln ergänzt (im Bild oben rechts). Die industriell gefertigte Ware wurde im ganzen Stadtgebiet vertrieben und bewirkte einen rapiden Rückgang der kleinen Bäckereien. Zu dieser Zeit versorgten sich beinahe die Hälfte der Einwohner Münchens über Konsumvereine, die nicht nur preisgünstiger produzieren konnten, sondern auch qualitativ besser waren und ihren Beschäftigten auch höhere Löhne zahlten. Damit stießen sie jedoch auf heftigen Widerstand der mittelständischen Handwerksbetriebe und Kleinhändler. Nach der Machtübernahme durch die Nationalsozialisten im Mai 1933 wurden nicht nur die Arbeitervereine und -organisationen, sondern auch die Konsumvereine enteignet und aufgelöst.

Bäckerei Bernbacher

Neuer Besitzer (seit 1935) war die *Schutzgemeinschaft Bayerischer Bäcker und Müller GmbH*, die genossenschaftliche Bäckerei hieß seit 1935 *Brotfabrik Anton Hellstern*. Kurz danach konnte der Bäcker Josef Bernbacher das Gelände des ehemaligen Konsumvereins übernehmen. Bernbacher hatte seit 1898 in der Quellenstraße 42 eine kleine Bäckerei, 1918 zog er in die Hochau (Rablstraße 38) um und musste 1927 schließlich unter dem Konkurrenzdruck der Konsumvereine nach Trudering gehen. Er übernahm zunächst mit anderen Unternehmern das Gelände an der Auerfeldstraße und einen Produktionszweig, den die Konsumvereine seit 1922 betrieben: Nudeln. Er musste allerdings zusagen, kein Brot mehr herzustellen.

Trotz der fast vollständigen Zerstörung der Fabrikationsanlagen am Tassiloplatz im Zweiten Weltkrieg konnte Bernbacher in den folgenden Jahren die Produktion wieder aufbauen und wurde zu einem der deutschen Branchenführer mit einer Jahresproduktion von 30.000 t Nudeln. 1973 wurden ehemalige Bahnflächen an der Balanstraße angekauft. Im Jahr 2013 zog der Betrieb nach Hohenbrunn in eine hochmoderne Nudelfabrik. Auf dem Gelände am Tassiloplatz, das von der Baywobau erworben wurde, sollen ca. 200 Wohnungen entstehen.

Rohde & Schwarz

Seit 1937 hatte die Elektrotechnikfirma Rohde & Schwarz ihren Sitz am Tassiloplatz 7. Gegründet wurde die Firma 1933 von drei Wissenschaftlern: Lothar Rohde, Hermann Schwarz und dem Ingenieur Evertz mit einem Entwicklungsbüro in einer Wohnung in der Thierschstraße 36. Am Tassiloplatz wurden kriegsnotwendige Sende- und Funkanlagen entwickelt und 1949 der erste UKW-Sender Westdeutschlands produziert. Heute beschäftigt der internationale Betrieb an die 10.000 Mitarbeiter in 70 Ländern. Hauptsitz des Betriebs ist heute in der Mühldorfer Straße am Ostbahnhof.

Kreisirrenanstalt um 1875

4.10 Kreisirrenstalt Oberbayern

Seit 1803 bestand in der Au am heutigen Kolumbusplatz eine Psychiatrische Klinik, das *Giesinger Tollhaus*. 1832 sollte die Anstalt zu einer Kreisirrenstalt umgebaut werden, Kostengründe verhinderten zunächst die Ausführung. Erst 1853 nahm man einen neuen Anlauf zu einer entsprechenden Baumaßnahme, der Zivilbauinspektor Karl Reuter besuchte beispielhafte Anstalten in Prag und Wien. Zuständig war aufgrund eines Gesetzes aus dem Jahr 1837, das König Ludwig I. erlassen hatte, die Kreisverwaltung des Isarkreises. Ein Standort in der Nähe einer großen Stadt, aber auch mit deutlichem Abstand wegen einer notwendigen Abgeschlossenheit schien in der Hochau gefunden zu sein, damals zu Giesing gehörig.

Bernhard von Gudden (1824–1886)

Baubeginn war 1856, im November 1859 konnten die ersten Patienten eingewiesen werden. Erster Direktor der Klinik war Karl August von Solbrig, sein Nachfolger ab 1872 Professor Bernhard von Gudden, Gutachter des kranken König Ludwig II., mit dem er am 13. Juni 1886 gemeinsam im Starnberger See ertrank.

Bis dahin war die Versorgung der psychiatrisch Kranken in München hoffnungslos rückständig. Der neue Bau war nun nach den seit Mitte der 1850er Jahre diskutierten Anforderungen an eine moderne Heil- und Pflegeanstalt organisiert: die Bauten waren um vier Höfe angelegt, die eine Aufteilung nach den Geschlechtern und auch nach der Schwere der Erkrankung ermöglichten, wobei alle Krankenzimmer zu den Innenhöfen orientiert waren und damit nicht von außen einsehbar. Haupteingang, zentrale Verwaltung, Anstaltskirche, Turnhalle, Werkstätten und technische Einrichtungen waren in der Mittelachse angeordnet. Ganz im Sinn der ursprünglichen Anforderungen wurde die Kreisirrenanstalt ab 1896 weiter nach außerhalb verlegt, nach Eglfing. Das Gelände in der Hochau wurde 1920 von der Ordensgemeinschaft der Salesianer Don Bosco aufgekauft, die seit 1919 in München tätig waren und in den Gebäuden das Salesianum einrichteten. Heute führt der weltweit tätige Orden hier u.a. ein Jugendwohnheim, betreute Wohngruppen und ein Jugendgästehaus. Von den Bauten des ehemaligen Irrenhauses ist nach den Zerstörungen des Zweiten Weltkriegs nur wenig erhalten.

Kreisirrenanstalt um 1860

4.13 Pfarrkirche St. Wolfgang

Die Kirche wurde 1915–1920 nach Plänen des Münchner Architekten Hans Schurr errichtet. Schurr (1864–1934) war ein Schüler von Georg von Hauberrisser, von ihm stammten auch die Entwürfe zur Kirche St. Joseph in der Maxvorstadt und zu St. Mariä Schutz in Pasing. Geweiht wurde die Kirche nach dem Regensburger Bischof, dem Hl. Wolfgang. Der neobarocke Bau wurde bei den Luftangriffen des Zweiten Weltkriegs großenteils zerstört, nur der Turm der Kirche blieb erhalten. Zwei Jahrzehnte lang dienten Behelfsbauten der Kirchengemeinde als Gotteshaus, erst 1966 entstand der Neubau, für den der Architekt Michael Steinbrecher (1887–1976) einen Entwurf fertigte. Steinbrecher hatte auch für die untere Au Wiederaufbauplanungen erstellt.

Der moderne Kirchenraum erhielt große Glasfenster des Grafinger Künstlers Alfred Schöpffe (1917–1992). Von ihm stammt auch das Mosaikrelief *Die Wiederkunft Christi inmitten von Menschengruppen* an der Rückwand des Altarraumes. Die Orgel von St. Wolfgang wurde ursprünglich 1907 von dem englischen Orgelbauer Albert Keates in Sheffield gefertigt und 2004 vom Münchner Orgelbauer Johannes Führer wieder aufgebaut. Es soll das erste und einzige original englische Instrument mit symphonischem Charakter in Bayern sein.

4.12 Tassiloplatz

Die Freifläche wurde 1899 nach einem Entwurf von Stadtgärtendirektor Jakob Heiler angelegt und in den Jahren 1927/33 durch Otto Multerer zu einem eher funktionalen Erholungs- und Spielplatz umgestaltet. In den letzten Jahren wurde die Grünfläche deutlich erweitert und neu gestaltet. Nach Einsprüchen der Bürger blieb auch der Bereich des ersten Münchner „Mädchenspielplatzes“ erhalten.

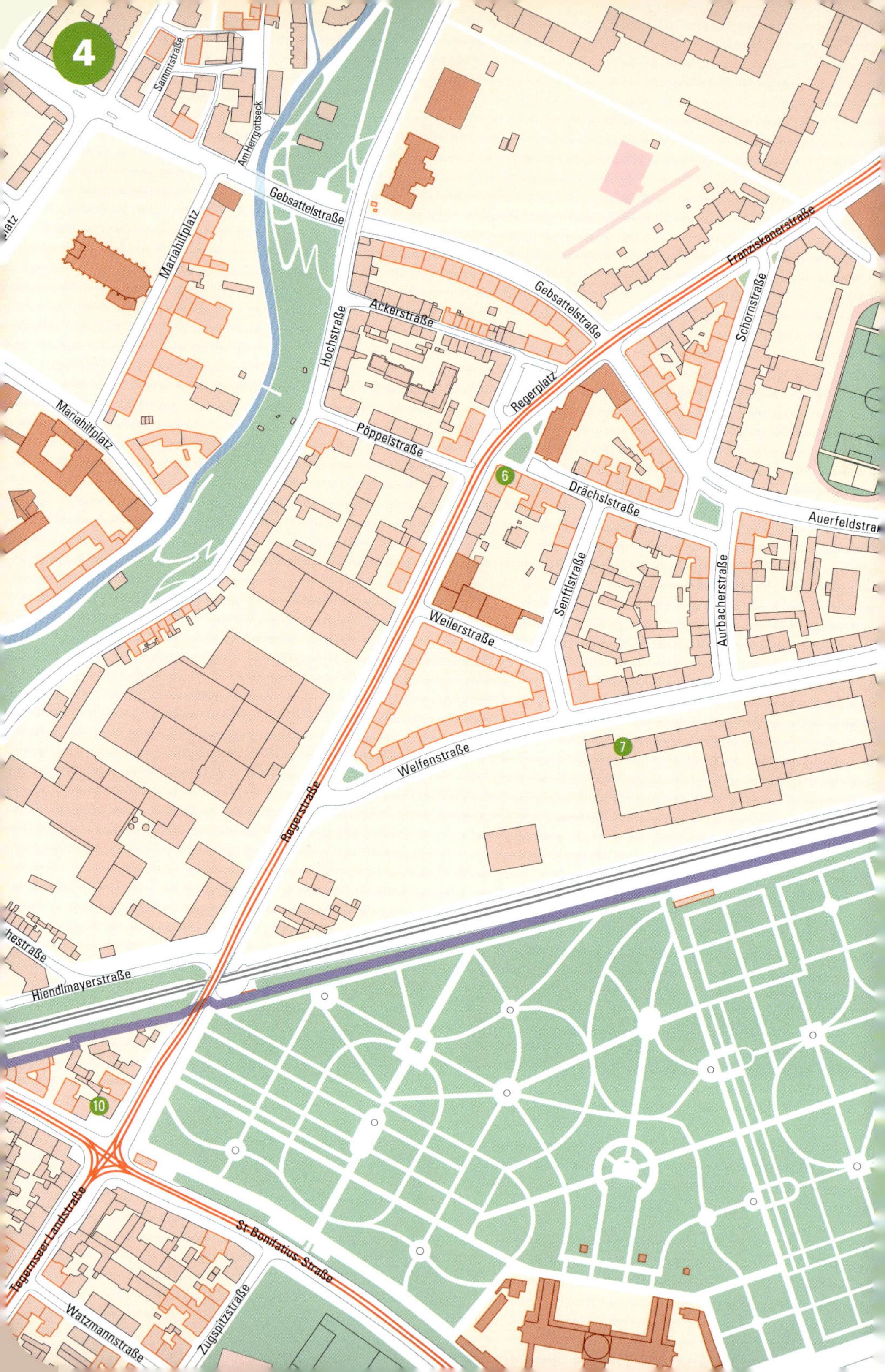
4
Sammtstraße
Am Herrgottseck
Gebsattelstraße
Mariahilfplatz
Franziskanerstraße
Schornstraße
Ackerstraße
Hochstraße
Regerplatz
Pöppelstraße
Drächslstraße
Auerfeldstra
Senftlstraße
Aurbacherstraße
Weilerstraße
Welfenstraße
Regerstraße
Hiendlmayerstraße
Tegernseer Landstraße
St.-Bonifatius-Straße
Watzmannstraße
Zugspitzstraße
6
7
10

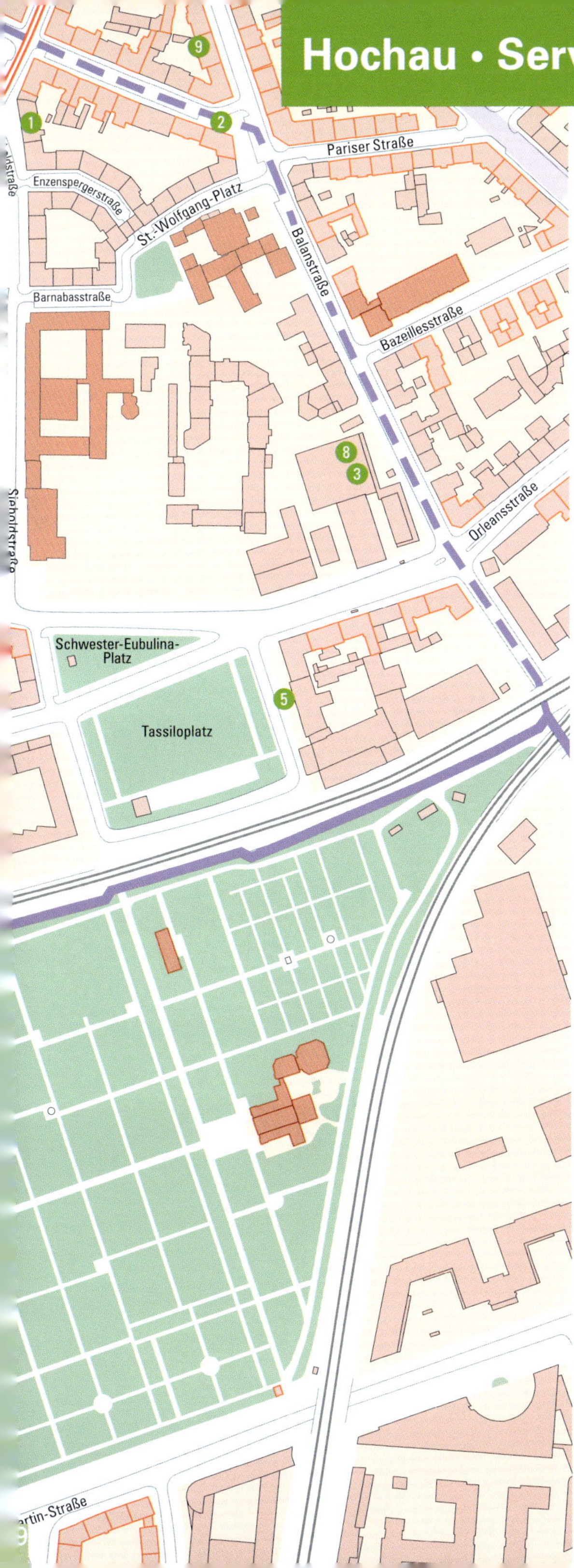

Hochau • Service

4

Cafés • Bars

Lounge und Bar
Hochstr. 45

Galerie-Café Käthe
Gebsattelstraße 34

Ihle-Café
Welfenstraße 24

Plaisir Eiscafe
Welfenstraße 24

Eiscafe
Regerplatz 1

Cafe Bistro Hölzl
Regerplatz 4

Backspielhaus Cafe
Franziskanerstr. 1

1 **White Rabbit's Room**
Franziskanerstraße 19
Café mit kleinem Dekoladen
Hausgemachtes Frühstück, Mittagsgerichte

Kneipen • Boazn

Miniwirt
Senftlstraße 2

C3 Treff
Senftlstraße 3

Auerfeld
Auerfeldstr. 23
Augustiner

Simplicissimus
Balanstr. 12
Augustiner

rococo
Balanstr. 34
Augustiner

Essen

2 Klinglwirt
Balanstraße 16/Ecke Rablstraße
Bayerisches Wirtshaus, regionale Produkte aus biologischer und artgerechter Tierhaltung Löwenbräu

pitahaya
Franziskanerstr. 15
Vietnamesisch

3 Tassilo da Sebastiano
Balanstraße 34
Ristorante

curva est Trattoria Bar Pizzeria
Sieboldstraße 4
Wirtshaus und Biergarten des TSV München-Ost

4 Franziskaner in der Au
Schornstraße 2
Bayerische Wirtschaft
Spaten-Löwenbräu

5 Tassilo-Garten
Auerfeldstr. 18
Biergarten, Sonntagsbrunch

Dilan Meze & Bar
Gebsattelstraße 15
Traditionelle türkische Gaststätte mit Bauchtanz

6 Hans im Glück
Regerplatz 1
Burgerkette

restaurant ebert
Regerplatz 3
Klein aber fein

Tiato Viet Deli
Welfenstr. 106
Vietnamesisch

Mitani
Rablstraße 45
Sushi, Sukiyaki, Shabu-Shabu

Lebensmittel

Claus Zapf
Balanstr. 50

7 Tengelmann
Welfenstr. 24

Müller-Brot AG
Bäckerei
Dráchslstr. 12

Getränkedienst Elsholtz
Regerstr. 12

Bäckerei Cafe
Balanstr. 30

Fritz Mühlenbäckerei
Rablstr. 38

Metzgerei
Franziskanerstr. 13

Döner • Imbiss

Buon Gusto
Auerfeldstraße 27

Shopping

HolyGhost Fashion
Schornstraße 8

POLO Motorrad Store
Balanstr. 38
Motorrad-Zubehör

Spätzünder Motocross
Balanstr. 34

8 Hein Gericke
Motorrad Ausstattung
Balanstr. 34

Louis Shop München-Au
Auerfeldstr. 25
Motorradbekleidung und Zubehör

Drogerie Rossmann
Welfenstr. 20/Regerhof

Blumen Karl Birzer
Regerstr. 29

Radsport
Regerplatz 4

Juliemode
Balanstr. 16

Rasselfisch
Kindersachen
Auerfeldstr. 22

Blütenduft Blumen
Auerfeldstr. 28

Bazar de Cuisine
Küchenzeug Geschirr
Balanstr. 8

Berufskleidung á la carte
Franziskanerstr. 13

Hochau • Service

Bücher

9 Buchhandlung Lentner Buch & Cafe
Balanstraße 14

Kunst • Kultur

TSV München-Ost
Sieboldstr. 4
Sportverein mit 4.300 Mitgliedern

el teatro e.V.
St.-Wolfgangs-Platz 9
Theatergruppe

Specials

Bavaria Musik Studios
Tonstudio
Schornstr. 13

yourbeautypix.de
Aurbacherstr. 2
Fotostudio

Munich Repair Shop
Franziskanerstraße 49
Musikinstrumentenreparaturwerkstatt

OMV Tankstelle Shop
Auerfeldstr. 21

Chor.de
Noten & Musikalien nicht nur für Chöre
Franziskanerstr. 43

Apotheke

10 Salvator-Apotheke
St.-Bonifatius-Straße 5

Soziales

Don Bosco Jugendgästehaus
St.-Wolfgangs-Platz 11

Diakonie-Jugendhilfe
Oberbayerisches Haus für Kinder
Welfenstr. 34

Salesianum
Jugendzentrum
St.-Wolfgangs-Platz 11

Kindergarten
St.Wolfgang

Caritas-Zentrum
Alten Service Zentrum
Au-Haidhausen-Giesing
Balanstr. 28

Städtische Berufsschule
Simon-Knoll-Platz 1

Bank

Stadtsparkasse
SB-Center V-Markt
Balanstr. 50

Briefkasten

Briefkasten
Regerplatz 1

Briefkasten
Simon-Knoll-Platz

Briefkasten
Rablstr. 14

Hermes PaketShop
Welfenstr. 13A

Straßennamen

* Jahr der Benennung durch den Beschluss des Bauausschusses des Stadtrats

Ackerstraße *1861

Nach den einst östlich der Au gelegenen Äckern, zu denen die Straße früher führte. (früher Feldgasse)

Albanistraße *1877

Francesco Albani (1578-1660), ital. Maler; schuf Fresken und Altarwerke in Bologna und Rom.

Am Bergsteig *1856

Nach der Lage am steil abfallenden rechten Isarhang.

Am Feuerbächl *1857:

Nach dem hier 1806 gebauten Abwasserkanal, der auch als Löschwasserreservoir diente.

Am Gasteig *13. Jahrhundert

Gasteig (frühere Schreibweisen: Gasta, Gaster, Gachsteig), alte Bezeichnung für einen steilen („gachen") Weg; hier entstand 1978–1985 nach Plänen des Architektenteams Raue-Rollenhagen-Grossmann-Lindemann Münchens Kulturzentrum am Gasteig mit Philharmonie, Carl-Orff-Saal, Blackbox, Stadtbibliothek und Volkshochschule.

Am Herrgottseck *1984

Erinnert an die früher in der Au häufig an Hauswänden angebrachten Kruzifixe sowie an das Gebäude des im Krieg zerstörten „Herrgottskramers".

Am Lilienberg *um 1700

Nach dem dort ab 1700 errichteten Nonnenkloster, das 1802 aufgehoben wurde. Reste des Gebäudes finden sich im „Haus des Deutschen Ostens" (Am Lilienberg 5).

Am Neudeck *1857

Nach dem Jagdschlösschen Neudeck des Herzogs Wilhelm IV., das 1660 zum Paulanerkloster kam.

Am Nockherberg *1857

Nach der Bankiersfamilie Nockher, die seit dem frühen 18. Jahrhundert in München wohnhaft war; die Familie besaß ein Sommerhaus, das sogen. Nockherschlösschen, an dieser Bergstraße; das Schloß wurde 1858 zu einer Wirtschaft umgebaut und 1904 abgebrochen.

Am Wageck *1958

Nach dem ehemaligen Adelssitz und Weiler Wageck, der hier schon im 15. Jahrhundert urkundlich erwähnt wurde.

Asamstraße *1877

Nach den Brüdern Cosmas Damian Asam (1686–1739), Maler, Architekt, Stukkateur und Egid Qurin Asam (1692–1750), Bildhauer, Maler, Stukkateur; beide waren berühmte Künstler des Barock und Rokokos mit Einfluss bis zum Rhein, nach Böhmen und Schlesien; u.a. Bau und Ausstattung der Münchner Asamkirche (Johann-Nepomuk-Kirche) sowie der Klosterkirchen Weltenburg, Rohr, Aldersbach und Osterhofen.

Auenstraße *1874

Nach den Isarauen.

Auerfeldstraße *1856

Nach den umliegenden Auen, führte früher zu den Feldern der oberen Au.

Barnabasstraße *1956

Pater Barnabas Still (1750–1797) war Braumeister des einstigen Paulanerklosters in der Au und der „Erfinder" des Salvators.

Berggasse

heute Am Nockherberg

Bereiteranger *1900

Nach einer einstigen Wiese, die zur Pferdedressur und als Weide benutzt wurde.

Boosstraße *1877

Roman Anton Boos (1733–1810), Bildhauer; war von 1770 bis 1806 Professor an der Akademie der Bildenden Künste in München; am Ende des 18. Jahrhunderts Münchens bedeutendster Bildhauer, der den Übergang vom Rokoko zum frühen Klassizismus markierte (profane Stein- und Marmorplastik).

Dollmannstraße *1897

Georg von Dollmann (1830–1895) Architekt; Schüler von Leo von Klenze, seit 1868 Hofarchitekt König Ludwigs II. von Bayern, ab 1872 Königl. Hofbaurat (fiel 1882 in Ungnade); baute Schloß Linderhof (1874–1878) und begann den Bau von Herrenchiemsee (1878 ff.).

Drächeslstraße *1883

Drächsl (Draechsael) heißt ein altes Münchner Patriziergeschlecht des 14. Jahrhunderts.

Eduard-Schmid-Straße *1946

Eduard Schmid (1861–1933); Redakteur der „Münchner Post". Ehrenamtlicher 1. Bürgermeister in München von 1919 bis 1924, SPD-Stadtrat von 1925 bis 3. April 1933; Ehrenbürger der Stadt München.

Entenbachstraße *1857

Nach einem Wasserarm der Isar, der wohl früher ein Tummelplatz für die vielen Enten der dort wohnenden Züchter und Händler war.

Färbergasse

heute südlich vom Paulanerplatz.

Falkenstraße 1849

Nach der früheren, zu Haidhausen gehörenden Falkenau, die nach der Falknerei benannt war, welche im 16. Jahrhundert dem Jagdschlößchen von Herzog Albrecht V. angefügt wurde.

Feldgasse (in der Hochau)

heute Ackerstraße.

Fischerweg *1934

Nach den früher hier ansässigen Fischern.

Franz-Prüller-Straße *1956

Franz Prüller (1805–1879) war Souffleur am Residenztheater und ein erfolgreicher Münchner Volks- und Theaterschriftsteller.

Fraunhofer-Straße in der Au

(als Fortsetzung von der westlichen Isarseite) heute Ohlmüllerstraße.

Freudenbergerweg *1991

Josef Freudenberger (1854–1928), Arzt; er war seit 1909 Armenarzt für den (damaligen) 5. und 17. Stadtbezirk; er hat sich außerdem um die Erforschung der Geschichte der Au äußerst verdient gemacht; von ihm sind u.a. erschienen „Aus der Geschichte der Au" und „Die alte Au", das im wesentlichen die Verhältnisse vor 1800 behandelt.

Fürstengasse (in der Hochau)

heute Hochstraße.

Gebsattelstraße *1897

Lothar Karl Anselm Joseph Freiherr von Gebsattel (1761–1846), ehemaliger Domdechant in Würzburg, war ab 1818 erster Erzbischof (geweiht erst 1821) der neuerrichteten Erzdiözese München-Freising; Gebsattel war seit 1806, als Würzburg als Großherzogtum an Ferdinand von Toskana fiel (bis 1814), Gesandter der neuen Würzburger Herren am königlichen Hof in München.

Hochstraße *1857

Nach der Lage auf dem Isarhang.

Jägergasse

heute Nockherstraße.

Joseph-Holzer-Weg *1979

Joseph Holzer (1904–1977), Stadtpfarrer der Pfarrei Mariahilf in der Au; war 30 Jahre im Verein zur Betreuung gefährdeter Jugend tätig; erwarb sich Verdienste für seine Aufbaumitarbeit an der Mariahilfkirche und am Kolpinghaus 1962.

Kegelhof *1857

Nach dem Kegelhof (Kögelhof), einem ehemaligen Anwesen, das zu der nach ihrem Besitzer benannten Kögelmühle gehörte.

Kolumbusplatz *1916

Nach dem Entdecker Amerikas, Christoph Kolumbus (span. Cristobal Colón; 1451–1506), dem genuesischen Seefahrer in spanischen Diensten, der 1492 auf der Suche nach einem Seeweg nach Indien auf der Bahama-Insel Guanahani (San Salvador oder Samana Cay) landete; erst nach seinem Tode wurde die Tragweite seiner Entdeckungsreisen erkannt.

Kreuzplätzchen *1857

An dieser Stelle soll ein zu Ehren des hl. Kreuzes erbautes und 1466 geweihtes Kirchlein gestanden haben.

Krumpterstraße *1878

Hans Joachim Krumpter (Krumpper; um 1570–1634), Erzgießer, Bildhauer und Baumeister; seit 1584 am Münchner Hof, festangestellt ab 1597 im Dienst Herzog Maximilians I.; er knüpfte an die spätgotische Tradition an und näherte sich in seinen Bildwerken dem Frühbarock unter Aufnahme niederländischer und italienischer Einflüsse; Schöpfer der Patrona Boiariae an der Münchner Residenz (1614/1616), des Grabmals von Herzog Ferdinand von Bayern (um 1608) in der Hl.-Geist-Kirche und des Grabdenkmals für Kaiser Ludwig den Bayern (1622) in der Frauenkirche.

Lilienstraße *1857

Nach ihrer Lage unterhalb des Lilienberges, auf dem sich seit dem 17. Jahrhundert (bis 1803) ein Frauenkloster und eine Kapelle befanden.

Lohstraße *1814

Lohe ist der Name eines Dorfes, das 1814 mit Giesing (dem heutigen Untergiesing) vereinigt wurde; das Wort Loh deutet darauf hin, dass der Ort am Rand der sumpfigen Isarauen lag.

Mariahilfplatz *1857

Nach der Mariahilfkirche, die als vierte Kirche an diesem Platz von 1831 bis 1839 von Joseph Daniel Ohlmüller erbaut und von Georg Friedrich Ziebland vollendet wurde; 1944 wurde sie bis auf die Mauern zerstört, Wiederaufbau 1952/53.

Nockherstraße *1857

Nockher hieß eine Münchner Bankiersfamilie im 18./19. Jahrhundert, deren Angehörige Jakob und Georg Nockher 1742 für arme Münchner ein Krankenhaus an der Blumenstraße erbauen ließ; die Familie besaß auf der Isarhöhe zwuschen Au und Giesing eine 1903 abgebrochene Sommerresidenz (seit 1858 von einer Brauerei erworben und als Gartenwirtschaft betrieben), die dem Nockherberg den Namen gab.

Obere Isargasse

heute Entenbachstraße

Oefelestraße * 1877

Felix Andreas Oefele (Öfele; 1706–1780), Bibliothekar und Historiker; war ab 1735 Erzieher und Lehrer der Prinzen Max und Clemens am Hofe von Kurfürst Karl Albrecht; ab 1746 Hofrat in München; Kurfürst Max III. Joseph übertrug ihm die Leitung der Hofbibliothek und die Aufsicht über das Antiquarium in der Residenz; Oefele war Mittelpunkt eines Gelehrtenkreises, aus dem 1759 die Bayerische Akademie der Wissenschaften hervorging; er erwarb sich besondere Verdienste mit der Edition altbayerischer Geschichtsschreiber und hinterließ eine große Zahl ungedruckter Schriften, wie z.B. zehn Bände Lebensgeschichten der gelehrten Männer Bayerns (1723 bis 1732).

Ohlmüllerstraße *1874

Joseph Dniel Ohlmüller (1791–1839), Architekt; hatte von 1819 bis 1830 unter der Oberleitung von Klenze die Aufsicht beim Bau der Glyptothek, wurde 1835 Regierungsbaurat; war der Erbauer der neugotischen Mariahilfkirche in der Au (1831 bis 1839), von Ziebland vollendet; beteiligt an der Wiederherstellung von Schloß Hohenschwangau; König Ludwig I. ließ seine Büste in der Ruhmeshalle über der Theresienwiese aufstellen; der Architekt ist auch mit zahlreichen Entwurfszeichnungen für Grabdenkmäler bekannt geworden.

Paulanerplatz * 1857

In Erinnerung an das ehemalige Paulanerkloster am Neudeck (zwischen 1660 und 1665 erbaut), 1799 aufgehoben), auch durch den alljährlichen Ausschank des Starkbieres „Salvator" bekannt.

Pfarrgasse

heute Am Herrgottseck.

Pöppelstraße *1878

Johann Michael Pöppel (gest. 1763) war Privatlehrer und hat in der Au ein Waisenhaus gegründet.

Quellenstraße * 1857

Nach den vielen aus dem dortigen Isarhang hervorsprudelnden Quellen.

Rablstraße * 1898

Hermann Rabl (1778–1848), Stadtpfarrer an der Mariahilfkirche in der Au, die 1831 bis 1839 durch seine Initiative und unter finanzieller Mithilfe von König Ludwig I. und von Auer Bürgern gebaut wurde.

Regerplatz *1899

1) Max Reger (1816–1884), Stadtpfarrer in der Pfarrkirche Mariahilf in der Au.
2) Max Reger (1873–1916), Komponist; lebte ab 1901 in München, wurde 1905 Lehrer für Orgel und Komposition an der Akademie der Tonkunst in München, ab 1907 Professor in Leipzig; sein umfangreiches Werk, an Bach orientiert, von Brahms beeinflusst, umfasst alle musikalischen Gattungsbereiche außer der Oper.

Reichenbachbrücke *nach 1831

Georg von Reichenbach (1771–1826), Mechaniker und Ingenieur; Mitbegründer einer mechanisch-mathematischen Anstalt 1804 und einer optischen Anstalt in Benediktbeuern 1809; entwickelte sogen. Wassersäulenmaschinen zur Überwindung von Höhenunterschieden beim Bau der Soleleitung Berchtesgaden–Reichenhall (1817); seine Büste wurde in die Ruhmeshalle aufgenommen; er war Mitglied der Bayerischen Akademie der Wissenschaften.

Riggauerweg *1927

Konrad Riggauer (1853–1927), Landesgewerberat, langjähriger Gemeindebevollmächtigter, Magistratsrat und Stadtrat in München für die Zentrumspartei bzw. die Bayerische Volkspartei (von 1893 bis 1927).

Ruhestraße *1857

Nach dem Verlauf der Straße, die früher zum östlichen Auer Friedhof führte.

Sammtstraße *1854

Nach den Sammt- (Sammet, Samt) und Purpurwebern aus der Tuchmacherzunft.

Schlotthauerstraße *1877

Joseph Schlotthauer (1789–1869), Maler und Lithograph; half bei der Herstellung der Fresken in der Glyptothek (im Zweiten Weltkrieg zerstört); 1831 Inspektor der Münchner Akademie der Bildenden Künste; hat u.a. das Pompejanum in Aschaffenburg ausgemalt.

Schmedererweg *1928

Schmederer hieß eine Münchner Brauerfamilie des 19. und 20. Jahrhunderts; Besitzer der Paulaner-Salvator-Brauerei; betätigten sich als Stifter und Wohltäter; Max Schmederer (1854–1917) stiftete seine umfangreiche Krippensammlung dem Bayerischen Nationalmuseum.

Schornstraße *1898

Karl Schorn (1803–1850), Maler; ab 1827 in München, von 1847 an Professor an der Akademie der Bildenden Künste; malte Genrebilder, historische Darstellungen („Wiedertäufer zu Münster", 1843 bis 1845) und Monumentalbilder; von ihm stammen die allegorischen Figuren über den Bogenpfeilern der Münchner Hofgartenarkaden.

Schweigerstraße * 1899

Schweiger hieß eine bekannte Münchner Schauspielerfamilie im 19. Jahrhundert, aus der u.a. Komiker und Theaterdirektoren hervorgingen; Mitglieder der Familie betrieben Volkstheaterbühnen vor dem Karlstor, vor dem Maxtor, in der Lilienstraße und der Kolosseumstraße.

Senftlstraße *1898

Senftl hieß eine Münchner Bürgerfamilie, zu der u.a. der Kirchenpropst Otto Senftl (1434–1468) gehörte.

Sommerstraße *1894

Nach der Jahreszeit Sommer.

Taubenstraße *1898

nach den Tauben, einer artenreichen Vogelfamilie.

Viktualienmarkt

heute Sammtstraße.

Weilerstraße *1898

Die Weiler (Weyler) von Garatshausen (Tutzing) waren ein reiches und angesehenes Münchner Patriziergeschlecht des 15./16. Jahrhunderts.

Untere Isargasse

heute Zeppelinstraße.

Welfenstraße *1898

Nach den Welfen, dem deutschen Herrschergeschlecht, das von 1070 bis 1180 mit Unterbrechungen die Herzöge von Bayern stellte; dem Welfenherzog Heinrich dem Löwen verdankt München seine Gründung (1158).

Wilhelm-Herbert-Weg *1965

Wilhelm Herbert, eigentl. Wilhelm Mayer (1863–1925), Landgerichtspräsident in München; wurde auch der „Vergleichsmayer" oder „Der dichtende Amtsgerichtsdirektor in der Au" genannt; um die Jahrhundertwende war er als „guter" Richter und Schriftsteller bekannt.

Zacherlweg *1928

Franz Xaver Zacherl (1772–1849), Bierbrauer; übernahm 1806 die Paulaner Klosterbrauerei in Pacht und kaufte sie 1813 mit allen „Zugehörungen und anhaftenden Rechten", auch dem Privileg des Salvatorausschanks. 1826 kaufte er auch den Spöckmeierbräu in der Rosengasse.

Zenneckbrücke *1959

Jonathan Zenneck (1871–1959), technischer Physiker; seit 1913 Professor für Experimentalphysik und Rektor an der TH München; er war ein Pionier der Funktechnik, erfand u.a. den Wellenmesser (1899), das Richtsenden mit einem Reflektordraht (1899), stellte eine Theorie der Ausbreitung elektrischer Wellen längs der Erdoberfläche auf (1907) und errichtete wenige Jahre nach dem Ersten Weltkrieg bei Kochel die erste deutsche Ionosphärenstation; Mitglied der Bayerischen Akademie der Wissenschaften und Vorsitzender des Vorstands des Deutschen Museums.

Zeppelinstraße *verm. 1906

Ferdinand Graf von Zeppelin (1833–1917), General der Kavallerie und Erfinder des nach ihm benannten motorenbetriebenen und lenkbaren Starrluftschiffes, an dessen Verwirklichung er seit 1874 arbeitete; am 2. Juli 1900 stieg das erste Luftschiff von Friedrichshafen aus auf, im April 1909 landete der erste Zeppelin in München; Ehrenbürger der Stadt München.

Zweibrücken-Straße

heute Rosenheimer Straße.

Literatur zur Au

Arbeitskreis „Auer Historie", 1905–1945–1985: Der Münchner Stadtteil Au im Wandel der letzten 80 Jahre, München 1985

Assél, Astrid; Huber, Christian: München und das Bier, München 2009

Bärmoser, Martin: Neudeck im Wandel, München 1986

Bauer, Richard und Graf, Eva (Hrsg.): Zu Gast im alten München, Erinnerungen an Hotels, Wirtschaften und Cafés, München 1982

Bauer, Richard: Das alte München, Photographien 1855–1912. Gesammelt von Karl Valentin, München 1982

Bauer Richard (Hrsg.): Ansichten und Einsichten, Hans Grässels Fotosammlung zur Architekturgeschichte Münchens 1860–1945, München 1994

Bauer Richard (Hrsg.): Links und rechts der Isar, Bilder aus dem groß- und kleinbürgerlichen München, München 1991

Bauer, Richard und Graf, Eva: Nachbarschaften, Altmünchner Herbergsviertel und ihre Bewohner, München 1984

Bauer, Richard: Fliegeralarm, Luftangriffe auf München 1940–1945, München 1987

Bayerischer Architekten- und Ingenieurverein (Hrsg.): München und seine Bauten, München 1912

Bayerisches Landesamt für Denkmalpflege (Hrsg.): Münchner Lebenswelten im Wandel. Au, Haidhausen und Giesing 1890–1914. Katalog zur Ausstellung in der Stadtsparkasse München, München 2008

Biller, Josef H.; Rasp, Hans-Peter: München – Kunst und Kultur, München 2003

Burger, Hannes: Paulaner-Salvator-Thomasbräu AG 1634–1984, Jubiläums-Festschrift, München 1984

Derschatta, Erich: Frei? Zeit? Heim?, Das Freizeitheim in der Münchner Au, Bericht, Dokumente, Analysen, Perspektiven, Starnberg 1974

Dölker, Wolfgang: Das Herbergsrecht in der Münchner Au, München 1969

Erdmannsdorfer, Karl: Das Bürgerhaus in München, Tübingen 1972

Fachhochschule München/Fachbereich Architektur (Hrsg.): Herbergen und Kleinhäuser der historischen Münchner Vorstadt Au, München 1976

Freudenberger, Josef: Die Au, Wie sie war, ist und werden soll, München 1898

Freudenberger, Josef: Aus der Geschichte der Au, Hauptsächlich die Geschichte der Au von Beginn des 19. Jahrhunderts bis zur Einverleibung in München, München 1913

Freudenberger, Josef: Aus der Geschichte der Au (München), Die alte Au, Nach amtlichen Quellen dargestellt, München 1927

Freunde der Mariahilfschule München (Hrsg.): 100 Jahre Volksschule am Mariahilfplatz 1880–1980, Chronik der Schule mit vielen Klassenbildern. Die Au, gestern – heute – morgen. Eine Dokumentation in Wort und Bild. Die Hundertjahrfeier. Die Au als Heimat, München 1981

Geipel, R., Hartke, W., Heinritz, G.: München. Ein geographischer Exkursionsführer. Münchner Geographische Hefte Nr. 55/56, München 1987

Gimmel, Rainer Alexander: Die Mariahilfkirche in der Münchner Au, München 2014

Haus der Bayerischen Geschichte (Hrsg.): An jedem Eck a Gaudi. Edition Bayern #04 Sonderheft, Augsburg 2011

Hippius, H. und Hoff, P.: Psychiatrische Klinik der Ludwig-Maximilians-Universität München. Dokumente zur Baugeschichte der Nervenklinik in der Nußbaumstraße und ihrer Vorläufer, München 1991

Hubrich, Eugen und Heyde, Helmut von der (Hrsg.): München-Dachauer Papierfabriken 1837–1937, Dachau 1999

Katholische Arbeitnehmerbewegung Mariahilf, München-Au (Hrsg.): Hundert Jahre Katholischer Arbeiterverein München-Au-Giesing 1891–1991, München 1991

Klimesch, Peter: Drunt in der grünen Au. Die Nockherstraße im Wandel der Zeit, München 2014

Kornprobst, Joseph: Kleine Chronik der Au. Festschrift, München 1889

Laturell, Volker D.: Volkskultur in München, Herausgegeben vom Kulturreferat der Landeshauptstadt München, München 1997

Lindner Helmut: Alte Dörfer rechts der Isar vor den Toren Münchens, Giesing Au Haidhausen, Seit 125 Jahren bei München, 1854–1979, München 1979

Lipowsky, Felix Joseph: Geschichte der Vorstadt Au, München 1816

Lorenz, Gisela: Die Auer Dult zu München, Ergötzliches und Kurioses von heute und aus alten Tagen, München 1971

Martin, Anselm: Topographie und Statistik des K.B. Landgerichts Au bei München, München 1837

Matsche, Franz: In memoriam Joseph Daniel Ohlmüller (Bamberg 1791–München 1839). Die öffentlichen Würdigungen im 19. Jahrhundert. In: Oberbayerisches Archiv, Bd. 115, München 1991

Mayer-Zaky, Renate: Die Münchner Au, Bamberg 1993

Maxstadt, Erni: Münchner Volkstheater im 19. Jahrhundert und ihre Direktoren, München 2002

Megele, Max: Baugeschichtlicher Atlas der Landeshauptstadt München, 3 Bände, München 1951, 1956, 1960

Mitterwieser, A.: Die alte Vorstadt Au, ihre Bevölkerung und ihre Herbergen. In: Die Propyläen, München 1936/37

Ongyerth, Gerhard: Münchner Bergführer, 100 Stadtberge, Bergl und Berganstiege, München 2015

Pasinger Fabrik GmbH (Hrsg.): Wirtshäuser in München um 1900, München 1997

Rabl, Richard: Joseph Hermann Rabl 1778–1848, Pfarrer in der Vorstadt Au bei München, München 1974

Reinkowski, Martin: Die Au um 1900. Vorstadt zwischen Mittelalter und Moderne. Herausgegeben von der Geschichtswerkstatt Au, München 1988

Rädlinger, Christine: Armenwesen und Armenanstalten in München vom 14. bis zum 18. Jahrhundert, In: Oberbayerisches Archiv, Bd. 116, München 1992

Rädlinger, Christine: Geschichte der Münchner Brücken. Brücken bauen von der Stadtgründung bis heute, München 2008

Rädlinger, Christine: Geschichte der Münchner Stadtbäche, München 2004

Rädlinger, Christine, Geschichte der Isar in München, München 2012

Sankt-Elisabethen-Verein Mariahilf zur Unterstützung armer, kranker und verwahrloster Kinder (Hrsg.): 125 Jahre Elisabethen-Verein-Mariahilf. München-Au 1872–1997, München 1997

St. Vinzentiusverein Konferenz Mariahilf München-Au (Hrsg.): 150 Jahre St. Vinzentiusverein Konferenz Mariahilf München-Au 1850–2000, München 2000

Schaden, Adolph von: Geschichte der Erbauung, Vollendung, Ausschmückung und Einweihung der neuen Pfarrkirche in der Vorstadt Au, München o.D.

Schaden, Adolph, München, wie es trinkt und ist, wie es lacht und küßt, Heft 1, München 1835

Schattenhofer, Michael: Die alten Münchner Märkte und Dulten. In: Oberbayerisches Archiv, Bd. 109, München 1984

Schatz, Uwe G.: Der Mariahilfplatz in München-Au, Planungen 1816–1830. In: Oberbayerisches Archiv, Bd. 111, München 1986

Schiermeier, Franz: Stadtatlas München. Karten und Modelle von 1572 bis heute, München 2003

Schiermeier, Franz: Münchner Stadtbäche. Reiseführer zu den Lebensadern einer Stadt, München 2012

Schmederer, Franz Xaver: Geschichte meiner Villa resp. des Anwesens Nr. 7 am Nockherberg in München, München 1916

Schmid, Alois: Geschichte des Binderbundes der Zimmerleute in der Vorstadt Au, dessen heldenmüthiger Kampf in der Schlacht bei Sendling für Fürst und Vaterland und der daraus entsprungene Pilgergang nach dem Berge Andechs, München 1899

Schmid, Alois: Aus der Geschichte der Kranken-Unterstützungs- und Sterbekasse der Zimmerleute und Schreiner Au-München 1606–1931, München 1931

Schwarz, Johann: Die Vereinigung der Vorstädte Au, Haidhausen und Giesing mit der Hauptstadt München, München 1898

Stapf, Franz und Hufnagel, Max Josef; Die Basilianermönche in München-Au. In: Forschungen zur bayerischen und schwäbischen Geschichte, Bd. 22, Heft 1, München 1961

Steinberger, Ludwig: Zur Kirchengeschichte der Münchner Vorstadt Au, In: Altbayerische Monatsschrift, Bd. 11, München 1912

Verein *Freunde der Vorstadt Au* (Hrsg.): 150 Jahre Mariahilfkirche München-Au, München 1989

Vogel, Hanns (Hrsg.): Au Giesing Haidhausen, 100 Jahre bei München 1854–1954, München 1954

Westenrieder, Lorenz von: Beschreibung des kurfürstlichen Gerichts ob der Au naechst München, In: Beyträge zur vaterländischen Historie, Bd. 6, München 1800

Westermayer: Zur Geschichte der Vorstadt Au. In: Xenien vom X. Balde-Symposium, Augsburg 1877

Weveld, Johann Baptist von: Die Beschäftigungsweise der Criminal-Strafanstalt München, 1819

Weyerer, Benedikt: München zu Fuß, 20 Stadtteilrundgänge durch Geschichte und Gegenwart, Hamburg 1988

Weyerer, Benedikt: München, 1919–1933, Stadtrundgänge zur politischen Geschichte, Herausgegeben von der Landeshauptstadt München, München 1993

Wilhelm, Hermann: In der Münchner Vorstadt Au. Vergessene Lebenswelten des siebzehnten, achtzehnten und neunzehnten Jahrhunderts, München 2003

Will, Thomas (TUM, Lehrstuhl für Entwerfen und Denkmalpflege): Der Auer Mühlbach. Architektonisches Entwerfen als Interpretation des Ortes. Studienprojekte für einen Münchner Stadtbach, München 1984

Wolfrum, Sophie; Block, Alexandra; Lanz, Markus; Schiermeier, Franz: Theodor Fischer Atlas, Städtebauliche Planungen München, München 2012

Zell, Franz: Volkstümliche Bauweise in der Au bei München, Altmünchner Tanzplätze, Frankfurt/Main 1908

Die Au im Internet:
www.auer-muehlbach.de
www.freundedervorstadtau.de

Stichwortverzeichnis

Die Au in Zahlen

Statistische Werte

Daten: Statistisches Amt der Landeshauptstadt München. Stand 2015/April 2016

Stadtbezirksteile	5.5 Obere Au und 5.6 Untere Au	Anteil in %	Stadt München gesamt Anteil in %	
Fläche in Hektar (ha)	149,53		31.075	
davon Gebäude inkl. Freiflächen in ha	84,57	55,8 %	44,4 %	
Wohnflächen in ha	55,33	37,0 %	28,6 %	
Grün-, Waldflächen in ha	16,53	11,1 %	21,3 %	
Einwohner	25.351			
Einwohnerdichte Einwohner/ha	169,54		49,2	zweithöchste Einwohnerdichte im Stadtbereich
Anteil Bewohner über 65 Jahre	3.806	15,0 %	17,6 %	
Anteil Bewohner 15– 64 Jahre	18.230	71,9 %	70,2 %	
Anteil Bewohner unter 15 Jahre	3.315	13,1 %	12,5 %	
Ausländische Bewohner Anteil in Prozent	9.176	36,2 %	27,6 %	zweithöchster Anteil im Stadtbereich
Geburten	323			
Sterbefälle	198			
Zuzüge ins Stadtviertel 2015	4.299			
Wegzüge aus dem Stadtviertel 2015	3.702			
Tageseinrichtungen für Kinder	28			
Betreute Kinder	1.229			
Grund- und Hauptschulen	5			
Realschulen	0			
Gymnasien	1			
Berufliche Schulen	3			
Bibliotheken	3			
Museen	0			
Theater	2			
Kinosäle	4			
Kraftfahrzeuge	8.721			
KFZ je 1.000 Einwohner	344		520	

Einwohner, historische Entwicklung

Daten: Westenrieder, Freudenberger, Münchner Jahrbuch

Jahr	Einwohner
1583	127
1800	5.369
1854	10.840
1905	23.734
1970	23.035
1979	22.521

Vergleich mit anderen Stadtvierteln

Münchner Bürgerinnen- und Bürgerbefragung 2010, Statistisches Amt der Landeshauptstadt München

	Stadtbezirk 5 gesamt Au-Haidhausen	Vergleichswerte München gesamt Mittelwert	Andere Stadtbezirke höchster Wert	niedrigster Wert
Anteil der Personen in Einpersonenhaushalten	**39%** hoher Wert	33 %	Bezirk 3: 44 %	Bezirk 24: 20 %
Haushalte mit Kindern	**15 %** niedriger Wert	17 %	Bezirk 15: 36 %	Bezirke: 2, 3, 25 18 %
Anteil der Einwohner über 60 Jahre	**24%** niedriger Wert	23 %	Bezirk 19: 34 %	Bezirk 2: 17 %
Anteil der Einwohner mit Fachabitur	**50%** hoher Wert	37 %	Bezirk 1: 63 %	Bezirk 24: 17 %
Pro-Kopf Einkommen (in Euro)	**1.700** niedriger Wert	2.500	Bezirk 1: 2000	Bezirk 24: 1388
Durchschnittliche Miete pro qm (in Euro)	**13,31** hoher Durchschnitt		Bezirk 3: 14,79	Bezirk 22: 9,24

Zufriedenheit der Einwohner im Stadtbezirk 5

Befragung 2010, Statistisches Amt der Landeshauptstadt München
(Prozentanteile sehr zufrieden und zufrieden)

	Stadtbezirk 5 Au-Haidhausen	Vergleichswerte München gesamt Mittelwert	Andere Stadtbezirke höchster Wert	niedrigster Wert
Parkmöglichkeiten	**23%** niedriger Wert	55 %	Bezirk 21: 73 %	Bezirk 3: 19 %
Kulturangebot	**80%** sehr hoher Wert	57 %	Bezirk 1: 87 %	Bezirk 22: 33 %
Einkaufsmöglichkeiten im Viertel	**81%** hoher Wert	76 %	Bezirk 11: 87 %	Bezirke: 18, 23 60 %
Versorgung mit Wohnungen	**14%** niedriger Wert	86 %	Bezirke: 12, 13 95 %	Bezirk 3: 79 %
Attraktivität der Grün- und Freiflächen	**79%** hoher Wert	80 %	Bezirk 4: 88 %	Bezirk 8: 59 %
Versorgung mit Sportanlagen	**74%** mittlerer Wert	64 %	Bezirk 15: 81 %	Bezirk 8: 62 %
Angebot an niedergelassenen Ärzten	**86%** sehr hoher Wert	83 %	Bezirk 1: 87 %	Bezirk 24: 63 %
Anbindung an öffentlichen Nahverkehr	**97%** zweithöchster Wert	89 %	Bezirk 6: 98 %	Bezirk 23: 72 %
Abstellmöglichkeiten für Fahrräder	**53%** niedriger Wert	65 %	Bezirk 14: 72 %	Bezirk 1: 44 %
Sicherheit im Wohnumfeld	**88%** höchster Wert	84 %	Bezirke: 5, 6, 21 88 %	Bezirk 14: 75 %

Bildnachweis • Impressum

Architektursammlung der TUM: 11m, 27o, 66o, 97ul, 102l.
Bayer. Staatsbibliothek: 14–15o.
Bayer. Nationalmuseum: 14–15u, 127or, 132(3), 133(4).
Bayer. Hauptstaatsarchiv: 16, 17u, 20–21, 32, 49, 76, 92, 106, 107l, 125ol, 126ol, 162.
Historischer Verein von Oberbayern: 12–13 (HVBS-B-01-09).
Münchner Stadtmuseum, Sammlung Graphik und Gemälde: 51, 56o, 84, 93, 101, 126or, 144o, 163.
LHM, Baureferat: 86o, 136o, 157m.
LHM, Planungsreferat: 182, 183.
LHM, Stadtjugendamt: 168o.
Stadtarchiv München: 18ur (HB-XX-M-023), 18ul, 19o (HB-XX-G-52), 19ur (KV-1015), 26o, 30o (FS-STR-0076), 32ul (HB-VII-0409), 35o (Pett1-0208), 39O (HB-XX-L-049), 35u (HB-XX-L-050), 44u (WRop_0032), 45ol (FS-STR-1309), 45u (R1764), 47m (FS-STR-0712 M), 47ur (HB-XX-K-089), 50ul (KV-0995), 51m (KV-0793), 51ur (KV-1019), 52o (KV-0790), 53ol (KV-1024), 53m (Pett1-2263), 53u (Pett2-1572), 54ol (KV-1023), , 55ol (Pett1-2016), 58o (Pett1-0778), 65ol (Pett1-1646), 77 (Stb-Baeche-001), 85o, 85m (Pett2-0853), 86o (PlSlg A7/4), 107ur (KV-1612), 108–109 (KV-1612), 110–111 (KV-1612), 120ol (HB-XX-M-007), 120or (Pett1-2262), 127m (HB-XX-N-17), 129m (KV-1023), 134u (Pett1-2693), 145o (Stb-Maerkte-0169), 145u (Pett2-2661), 147(KV-0719), 154, 156o (HB-XX-N-54), 169or (Pett1-3119), 175u (KV-0938), 180 (LBK 214), 181ol (LBK 215).
Preußischer Kulturbesitz: 103l (50129935), 103r (50091328).
Verkehrsmuseum Nürnberg: 79u.
Sudetendeutsches Haus: 36o.
Katholische Kirchenstiftung Mariahilf München-Au: 102, 114.
Paulanerbrauerei: 135, 139ol, 172,
GWG Städtische Wohnungsgesellschaft München mbH: 123m.
Freunde der Vorstadt Au:
27m, 53or, 69u (Auer Journal Nr. 28), 121, 122o.
Museumslichtspiele: 58u, 59(3).
Theater in der Au e.V.: 60o.
Sammlung Enderlein: 22–23, 31, 78, 94, 164–165.
Sammlung Arz: 25o, 44o, 45m.
Sammlung Braune: 28m.
Sammlung Meiller: 40u(2).
Sammlung Wilhelm: 85u.
Sammlung Ongyerth: 37m.
Sammlung Koppenhöfer: 151m.

Aus Publikationen:
Bauer, Graf; Zu Gast im alten München: 50, 52u, 71(2), 135u, 153o.
Bauer, Graf; Nachbarschaften, Altmünchner Herbergsviertel und ihre Bewohner: 43m, 43u.
Megele; Baugeschichtlicher Atlas, 1965: 10, 11, 95(2).
Das Bürgerhaus in München, 1972: 10, 43o, 46(2), 113u.
150 Jahre St. Vinzentiusverein 1850–2000: 11ur.
Die Wasserversorgung der K. Haupt- u. Residenzstadt München, 1912: 32o, 33 (4), 129ul.
Wilhelm; In der Münchner Vorstadt Au, München 2003: 48u.
Maxstadt; Münchner Volkstheater im 19. Jh., 2002: 57ol, 57u.
Baumann; Das Münchner Waisenhaus, Chronik 1899–1999: 63ol.
Au, Giesing, Haidhausen, 125 Jahre bei der Stadt München, 1979: 40o, 67ol, 62m.
München und seine Bauten, 1912: 116or, 141.
Valentin Bio: 117
Nerdinger (Hrsg.); Aufbauzeit, Planen und Bauen München 1945–1950: 122u, 122m,
Geschichtswerkstatt Auer Mühlbach; Das Neudeck in der Au, 2006: 137u.
Burger; Paulaner-Salvator-Thomasbräu 350 Jahre, München 1984: 178o.
Hippius/Hoff (Hrsg.); Psychiatrische Klinik der Ludwig-Maximilians-Universität München, Dokumente zur Baugeschichte, 1991: 184(3).
Reinkowski/Geschichtswerkstatt Au; Die Au um 1900, o.J.: 40ul, 40ur, 40o.
München im Wandel der Jahrhunderte; Hrsg. vom Kreis der Freunde Alt-Münchens: 95o.
Wikimedia commons: 173o (Wolfgang Kopp), 179(4), 186or.

Alle anderen Abbildungen: Verlag Franz Schiermeier München

Übersichtskarten, Stand 2015
Basisdaten: Open street maps/Verlag
4–5, 24–25, 72–73, 80, 88, 96, 158, 166–167, 188–189
www.openstreetmap.org

In einigen Fällen gelang es nicht, die Rechteinhaber einzelner Abbildungen zu ermitteln. Der Verlag bittet daher diese oder eventuelle Rechtsnachfolger um Benachrichtigung.

Impressum

Franz Schiermeier
Au, Reiseführer für Münchner

Gestaltung: Edgar Hohl, Franz Schiermeier
Gesetzt aus der Univers von Adrian Frutiger
Druck: Fuchsdruck Miesbach

München, im Herbst 2016
ISBN 978-3-943866-17-9

Mit Liebe gemacht
(schon auch mit Muehe)